山东省"十四五"职业教育规划教材修订版

高等职业教育精品教材·财务会计类

纳税实务

（第 2 版）

主　编　张小玲

副主编　李　娟　樊正玲　安茂森

北京理工大学出版社

BEIJING INSTITUTE OF TECHNOLOGY PRESS

内 容 简 介

本教材为山东省首批"十四五"职业教育规划教材修订版。教材采用"项目任务式"编排方法，全书共分为七个项目，每个项目中又分若干任务。每个项目包括项目情境、项目导学、若干任务、实训任务、项目总结、项目情境分析、项目训练 7 个模块，并配有相应的纳税申报表及填写说明。在每一个任务中，均配有任务情境、任务地图、任务描述、任务目标、知识链接、任务情境分析与实施、课堂任务、课后任务、任务评价、任务总结 10 个板块。在知识链接中，针对较难理解的知识点，配有相应的图表及例题，帮助学习者梳理知识点，掌握重难点内容，同时结合课堂任务、课后任务，在学习之余可以进行针对性训练、巩固。

本教材主要适用于高等院校财经类学生、从事财经类工作的社会人士。这是一本为高等教学、职业资格考试、职业技能大赛、财税实训课、证书培训、企业纳税申报等提供理论与实操的实用型教材。

图书在版编目（CIP）数据

纳税实务／张小玲主编． --2 版． --北京：北京理工大学出版社，2024. 6（2024. 10 重印）.
ISBN 978 - 7 - 5763 - 4169 - 0

Ⅰ. F812.42

中国国家版本馆 CIP 数据核字第 2024V52T26 号

责任编辑：李　薇　　**文案编辑：**李　薇
责任校对：周瑞红　　**责任印制：**施胜娟

出版发行／北京理工大学出版社有限责任公司
社　　址／北京市丰台区四合庄路 6 号
邮　　编／100070
电　　话／（010）68914026（教材售后服务热线）
　　　　　　（010）63726648（课件资源服务热线）
网　　址／http：//www.bitpress.com.cn

版 印 次／2024 年 10 月第 2 版第 2 次印刷
印　　刷／三河市天利华印刷装订有限公司
开　　本／787 mm×1092 mm　1/16
印　　张／19
字　　数／470 千字
定　　价／55.00 元

前　言

本教材于 2022 年被评为山东省首批"十四五"职业教育规划教材。由于我国税收法律不断更新发展，我们在本教材 2019 年版本的基础上，根据最新的税收法律制度进行了全新的修订。本教材根据高职院校学生的学习特点、财经类技术资格考试要求、高职院校财经类专业的人才培养目标进行编订。

本教材采用"项目任务式"编排方法。全书共分七个项目，项目中又分具体若干任务。每个项目包括项目情境、项目情境分析、项目导学、若干任务、实训任务、项目总结、项目训练共 7 个模块，部分项目配有相应的纳税申报表及填写说明。在每一个任务中，均配有任务情境、任务地图、任务描述、任务目标、知识链接、任务情境分析与实施、课堂任务、课后任务、任务评价、任务总结 10 个板块。在知识链接中配有相应的图表及例题，帮助学习者梳理知识点，掌握重难点内容，同时结合课堂任务、课后任务，在学习之余可以进行针对性的训练、巩固。

另外，增加了"传统文化一角——聊聊中国古代税制"和"放眼看世界"两个板块，为读者介绍我国不同朝代实行的、对当时经济发展起到重要作用或者对后世影响巨大的税收制度。同时学习者也可以了解到当前税制改革的趋势及当前主要国家（地区）各具特色的税种及税收体系。

党的二十大报告提出"绿色、低碳、循环的发展理念"。为贯彻党的二十大精神，本教材将课堂任务、课后任务、实训任务、项目训练的解析与答案、操作步骤以二维码形式呈现，扫码即可观看微课视频、音频。数字化学习资源不仅节约纸张，还方便学习者随时利用电子设备进行学习、查阅。

党的二十大报告指出："推动经济社会发展绿色化、低碳化是实现高质量发展的关键环节。""广泛形成绿色生产生活方式，碳排放达峰后稳中有降，生态环境根本好转，美丽中国目标基本实现"，是 2035 年我国发展的总体目标之一。"推进教育数字化，建设全民终身学习的学习型社会、学习型大国。""加快建设法治社会，弘扬社会主义法治精神，传承中华优秀传统法律文化，引导全体人民做社会主义法治的忠实崇尚者、自觉遵守者、坚定捍卫者。"

结合党的二十大精神，本教材的出版有三个意义。第一，环境保护税、资源税、耕地占用税均体现了我国实现中国式现代化、坚持绿色发展、可持续发展的理念和信心。第二，经过几年的课程建设，我们把教材中的主要内容转化为微课视频、教学课件、任务工单、同步练习、动画导学、情景剧、职场体验、税费申报实操等学习资源，搭建了免费学习平台。"纳税实务"课程网址：https：//course. rzpt. cn/front/kcjs. php？ course_id = 104。课程平台为学习者提供丰富的学习资源，学习者可以利用空余时间随时上网学习，体现了党的二十大关于教育数字化的精神。第三，本教材主要介绍了我国当前税种的征税范围、计税方法、税收优惠政策、纳税申报等内容。从广义上讲，税法是我国法律制度体系的有机组成部分，让学习者了解税法体系、掌握税法知识、树立依法纳税意识，也是为全面依法治国、加快建设法治社会添砖加瓦。

　　本教材的编写人员有：主编张小玲（日照职业技术学院）、副主编李娟（日照职业技术学院）、副主编樊正玲（日照职业技术学院）、副主编安茂森（国家税务总局日照高新技术产业开发区税务局）。前三位老师负责全书的编写工作，安茂森老师负责全书项目情境、任务情境及实训任务的编写工作，并为本书的结构与内容把关，同时提供税务理论及实操方面的专业指导。在此特别感谢安茂森老师在百忙之中提供的帮助。每位老师都为本教材的出版付出了巨大的努力，在此表示诚挚的谢意！

　　由于编者水平有限，教材中难免有不足之处，请广大读者提出宝贵意见及建议。

　　特别说明：本教材中用到的案例均引自参考文献中的案例；"传统文化一角——聊聊中国古代税制"及"放眼看世界"板块中的内容均摘自参考文献；实训任务部分引自"网中网"金税实训平台及锦绣人生实训平台。

目录 Contents

目录
Contents

熟知税法基本原理

◎ 项目情境

清人选编的《古诗源》一书的开篇,有一位老农开心地敲着木头唱歌:"日出而作,日入而息。凿井而饮,耕田而食。帝力于我何有哉?"

美国开国元勋富兰克林说:"死亡与税收,是人生中不可避免的两件大事。"

◎ 项目情境分析

老农安居乐业的生活状态让人羡慕,但他是否想过,如果有外敌入侵,他还会拥有这样美好的田园生活吗?而国家抵御外敌,是需要大量的人力、物力、财力的,这些钱从哪里来?是的,来自税收。为什么富兰克林说税收是人生中不可避免的大事?国家凭什么征税?为什么税收具有强制性?国家征税的目的是什么?

◎ 项目导学

我国税收立法权的划分 ┐
我国税法体系 ── → 我国税收立法权 ── → 税法基本 ── → 税法概念及 ── → 税法与税收的区别
我国税收征管范围、   及税法体系   原理   税法要素
税收收入划分 ┘   税法要素

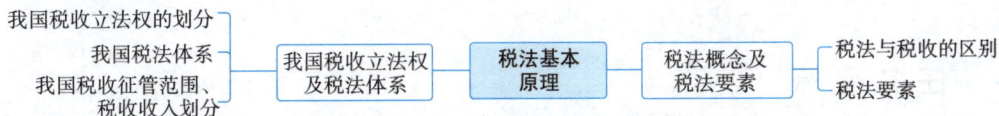

传统文化一角——聊聊中国古代税制

国家要获得财政收入总要依托某种工具,现代财政把这种依托工具叫作"税柄"。根据"税柄"划分的财政收入形式有税人、税地、税商三种。在中国古代历史上,三种税柄都在使用。以人口为税柄被称为税人,就是让人亲身服劳役或者按人头征税;以土地为税柄就是税地,即按土地的面积来征收粮食或货币,称为"履亩而税";以工商业活动为税柄就是税商,就是针对商品交易额、工商业从业者的财产与收益征税,或者采用许可、官营等形式分享商业活动的收益。

任务一 掌握税法概念及税法要素

◎ 任务情境

2013 年 11 月,党的十八届三中全会通过的《中共中央关于全面深化改革若干重大问题的决定》,首次提出要"落实税收法定原则"。

　　2015年3月，第十二届全国人民代表大会第三次会议修改了《中华人民共和国立法法》，明确规定"税种的设立、税率的确定和税收征收管理等税收基本制度只能制定法律"。随着我国税收领域的法治化建设不断推进，截至目前，我国18个税种中，立法税种已达12个，加上《中华人民共和国税收征收管理法》，共有13部税收法律。

　　你知道还有哪些税种的立法工作正在推行中？虽然税种不同，你认为这些税种有共同的基本要素吗？

任务地图

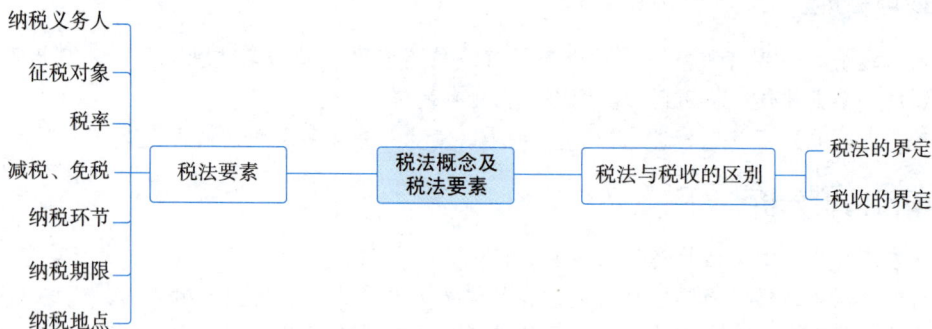

任务描述

　　掌握税法与税收的概念差异。掌握税法的七个要素，为各税种的学习奠定坚实的理论基础。

任务目标

　　1. 熟悉税法与税收的差异；

　　2. 掌握纳税义务人、负税人、代扣代缴义务人、代收代缴义务人、代征代缴义务人的区别；

　　3. 掌握比例税率、超额累进税率、超率累进税率的概念；

　　4. 熟悉不同的纳税环节；

　　5. 树立税收法律意识；

　　6. 培养税收收入取之于民、用之于民的公共服务意识。

知识链接

一、税法与税收的区别

（一）税法的界定

　　税法是法学概念。税法是用以调整国家与纳税人之间在征纳税方面的权利义务关系的法律规范的总称。税法是税收制度的核心内容。税法有两个特点：一是具有综合性，税法的内容涉及课税的内容、征纳双方的权利与义务、税收管理规则、法律责任、解决税务争议的法律规范等；二是税法属于义务性法规，以规定纳税人的义务为主，纳税人的权利处于从属地位。税法的本质是调整国家与纳税人之间在征纳税方面的权利及义务关系。

（二）税收的界定

税收是经济学概念。税收是政府为满足社会公共需要，凭借政治权力，按照法律规定的标准和程序，强制、无偿地取得财政收入的一种形式。税收的本质是一种分配关系。

税收有三个特点。

1. 强制性

税收的强制性是指政府凭借其政治权力，以法律、法令形式对税收征纳双方的权利与义务进行规范。

2. 无偿性

税收的无偿性是指国家征税后，税款一律纳入国家财政预算统一分配，而不直接向具体纳税人返还或支付报酬。税收的无偿性是从个体纳税人角度而言的，其享有的公共利益与其缴纳的税款并非一一对等。但就纳税人的整体而言是对等的，政府使用税款的目的是向社会全体成员包括具体纳税人提供社会公共产品和公共服务。因此，税收的无偿性表现为个体的无偿性、整体的有偿性。

3. 固定性

税收的固定性是指国家在征税之前预先规定了统一的征税标准，包括纳税人、课税对象、税率、纳税期限、纳税地点等。这些标准一经确定，在一定时间内是相对固定的。

二、税法要素

（一）纳税义务人

纳税义务人又称纳税人，是税法规定的直接负有纳税义务的单位和个人。纳税人包括法人和自然人两种基本形式。自然人可分为居民个人、非居民个人、个体经营者、其他个人等。法人可分为居民企业和非居民企业，还可以按照企业的不同所有制性质进行划分。

与"纳税义务人"紧密相关的四个概念。

1. 负税人

负税人是指最终负担税款的单位或个人。纳税人如果能够通过一定途径把税款转嫁或转移给他人，纳税人就不再是负税人。否则，纳税人同时也是负税人。

2. 代扣代缴义务人

代扣代缴义务人是指虽然不承担纳税义务，但在向纳税人支付收入、结算货款、收取费用时有义务代扣代缴其应纳税款的单位和个人。如个人应缴纳的个人所得税，由发放工资薪金的单位代扣代缴。

如果单位或个人未按规定代扣代缴税款，造成税款流失或将已扣缴的税款私自截留挪用，经税务机关发现，要承担相应的法律责任。

3. 代收代缴义务人

代收代缴义务人是指虽然不承担纳税义务，但在向纳税人收取商品或劳务收入时，有义务代收代缴其应纳税款的单位和个人。如车船税由办理交强险的保险机构代收代缴。

4. 代征代缴义务人

代征代缴义务人是指受税务机关委托，代征税款的单位和个人。如进口环节的增值税、消费税由海关代征。

（二）征税对象

征税对象又称"课税对象"，是税法规定的征税目的物、征税客体，即对什么征税。课税对象是一种税区别于另一种税的主要标志。如车船税的征税对象是车辆、船舶；房产税的征税对象是房屋。征税对象是税法最基本的要素，决定了某一种税的基本征税范围。

税目是征税对象的具体表述，反映具体的征税范围。税目分为列举税目和概括税目。

列举税目就是将每一种应税商品或经营项目一一列举，分别规定税目，必要时还可以在税目下划分若干个细目。如消费税税目，就属于列举税目。

概括税目就是按照商品大类或行业，采用概括方法设计税目。如资源税税目，就属于概括税目。

（三）税率

税率是征税对象的征收比例或征收程度，是计算应纳税额的尺度，体现征税的深度。税率关系到国家财政收入的多少和纳税人负担的轻重，是体现税收政策的核心环节。现行税率有以下三种形式。

1. 比例税率

（1）单一比例税率。

单一比例税率是指对同一征税对象的所有纳税人都适用同一比例税率。

（2）差别比例税率。

差别比例税率是指对同一征税对象的不同纳税人适用不同的比例税率。差别比例税率有三种。

①产品差别比例税率。

产品差别比例税率是指不同产品分别适用不同的比例税率。我国现行的消费税采用这种税率形式。

②行业差别比例税率。

行业差别比例税率是指对不同行业分别适用不同的比例税率，同一行业采用同一比例税率。如现行的增值税，采用行业差别比例税率形式。

③地区差别比例税率。

地区差别比例税率是指按照不同地区的生产水平和收益水平，采用不同的比例税率，如城市维护建设税不同地区的比例税率不同。

（3）幅度比例税率。

幅度比例税率是指对同一征税对象，税法只规定最低税率和最高税率，各地区在该幅度内确定具体的适用税率。如现行的资源税。

2. 累进税率

累进税率是指对同一征税对象，随着数额增大，征收比例也随之增高的税率。这种税率形式将征税对象按数额大小划分成若干等级，不同等级适用由低到高的不同税率。累进税率又分为四种。

（1）全额累进税率。

全额累进税率是指将征税对象的应纳税数额划分为若干等级（级距），从低到高每一等级规定一个适用税率，当征税数额超过某个级距时，征税对象的全部数额均按提高后级距的税率计算应纳税额。我国目前没有采用全额累进税率。

（2）超额累进税率。

超额累进税率是指将课税对象按数额大小划分为若干个等级，并分别规定每一等级的税率，当征税对象的数额增加到需要提高一级税率时，仅就超过上一等级的部分，按高一级税率征税的累进税率。换言之，同一征税对象，可能适用几个等级的税率，因此，该征税对象的全部应纳税额为多个等级部分应纳税额的合计数。目前我国个人所得税的综合所得、经营所得采用超额累进税率。

（3）超率累进税率。

超率累进税率是指将征税对象按相对率划分为若干等级（级距），从低到高每一等级规定一个适用税率，相对率每超过一个级距的，对超过的部分按高一级的税率计算征税。我国现行的土地增值税采用超率累进税率。

3. 定额税率

定额税率是指按征税对象的标准计量单位直接规定固定的征税数额。如现行的消费税，对汽油、柴油均以"升"为计量单位，啤酒以"吨"为计量单位。

（四）减税、免税

减税、免税是指税法规定对某些纳税人或课税对象给予少征一部分税款或全部免于征税的特殊规定。减税和免税是国家给予某些纳税人或征税对象的税收优惠措施。目前我国各税种均有一定的减免税政策。

（五）纳税环节

纳税环节是指税法规定的征税对象在生产到消费的流转过程中应当缴纳税款的环节。纳税环节包括生产环节、流通环节、分配环节、消费环节。如增值税在生产环节、流通环节均征税，车辆购置税在消费环节征税，个人所得税和企业所得税在分配环节征税。

（六）纳税期限

纳税期限是指税法规定的纳税人向国家缴纳税款的法定期限。目前，我国现行税制有三种纳税期限。

（1）按年计征，分期预缴或缴纳。

如企业所得税、房产税，按年计征，分期缴纳。

（2）按期纳税。

如增值税规定以1日、3日、5日、10日、15日、1个月或1个季度为一个纳税期。

（3）按次纳税。

如车辆购置税、耕地占用税，在应税行为发生时，缴纳一次税款即可。

（七）纳税地点

纳税地点是税法规定纳税人（包括代征、代扣、代缴义务人）申报、缴纳税款的地点。

任务情境分析与实施

我国目前有18个税种，其中正式立法的税种有12个：个人所得税、企业所得税、环境保护税、车船税、烟叶税、船舶吨税、车辆购置税、耕地占用税、资源税、城市维护建设税、契税、印花税。其余6个税种的立法也在积极推进中。

这些税种的共同点是都由税法要素构成。纳税义务人构成税收法律关系的主体；征税对象构成税收法律关系的客体、征税的标的物；税率、纳税环节、纳税期限、减税免税、纳税地点等，构成了税收法律关系的内容。

课堂任务

任务名称	掌握纳税义务人的概念
任务目标	掌握纳税人与负税人、扣缴义务人的概念；培养税收收入取之于民、用之于民的公共服务意识
任务描述	请根据本教材中关于个人所得税的内容，说出个人所得税的税法要素之一：纳税人有哪些？在个人所得税中，纳税人与负税人两者是否有差异？请说明理由
任务分析	
任务实施	

课后任务

任务名称	掌握税法七要素
任务目标	掌握税法要素的内容及概念；树立税收法律意识
任务描述	请根据本教材中关于个人所得税的内容，尝试说出个人所得税的七个税法要素
任务分析	
任务实施	

任务评价

知识及技能	评分（5分）	素质能力	评分（5分）
1. 掌握税法与税收的区别		1. 树立税收法律意识	
2. 掌握税法七要素		2. 培养税收收入取之于民、用之于民的公共服务意识	

任务总结

　　本任务是认识税法、了解税法的基础。经过本任务的学习，我们要熟悉税法与税收的区别，掌握税法七要素的内容。各个税种的学习都是按照七要素的逻辑进行，因此本任务是学习税法知识的基础，也是应重点掌握的内容。

任务二　了解我国税收立法权及税法体系

任务情境

　　2024年3月8日，在第十四届全国人民代表大会第二次会议上，全国人民代表大会常务委员会委员长赵乐际在全国人民代表大会常务委员会工作报告中指出："落实税收法定原则，审议增值税法、关税法草案。"已经形成征求意见稿的税种有：消费税、土地增值税，应当立法但暂未形成意见稿的有：城镇土地使用税、房地产税。

任务地图

```
国家税务总局 ┐
            ├─ 我国税收征管范围 ┐                    ┌─ 我国税收立法权的划分 ┬─ 税收法律
海关        ┘                  │                    │                      ├─ 税收法规
                              ├─ 我国税收立法权及税法体系 ┤                      └─ 税收规章
中央政府固定收入 ┐            │                    │
地方政府固定收入 ├─ 我国税收收入划分 ┘                    └─ 我国税法体系 ┬─ 税收实体法
中央与地方     ┘                                                        └─ 税收程序法
  共享收入
```

任务描述

　　掌握我国现行税收立法权是如何划分的以及法律效力的差异，熟悉我国现行的 18 个税种。掌握我国税收收入的划分，中央政府固定收入、地方政府固定收入、中央与地方共享收入的划分及比例。

任务目标

1. 掌握税收法律、税收法规、税收规章各自的立法机关及区别；
2. 掌握税收实体法 18 个税种的分类；
3. 掌握中央与地方税收收入的划分及比例；
4. 培养贯彻国家方针、政策的大局意识；
5. 培养税收收入取之于民、用之于民的公共服务意识。

知识链接

一、我国税收立法权的划分

　　税收立法权是制定、修改、解释或废止税收法律、法规、规章和规范性文件的权力。各有权机关根据国家立法体制规定所制定的一系列税收法律、税收法规、税收规章，构成了我国税收法律体系。

（一）税收法律

　　我国税收法律的立法权由全国人民代表大会及其常务委员会行使。除《宪法》外，在税法体系中，税收法律具有最高的法律效力。目前，由全国人民代表大会通过的税收法律有：《中华人民共和国企业所得税法》《中华人民共和国个人所得税法》，由全国人民代表大会常务委员会通过的税收法律有：《中华人民共和国环境保护税法》《中华人民共和国车船税法》《中华人民共和国烟叶税法》《中华人民共和国船舶吨税法》《中华人民共和国资源税法》《中华人民共和国车辆购置税法》《中华人民共和国耕地占用税法》《中华人民共和国契税法》《中华人民共和国印花税法》《中华人民共和国城市维护建设税法》《中华人民共和国税收征收管理法》。

> 💡 **小贴士**
>
> 　　目前我国正式立法的税种有 12 个。

（二）税收法规

　　国务院是最高行政机关，依宪法和法律制定行政法规。目前，我国税收法律的实施细则或实施条例均以税收法规的形式体现，如《中华人民共和国增值税暂行条例》《中华人民共和国个人所得税法实施条例》，均属于税收法规。

（三）税收规章

税收规章的制定，应贯彻落实党的路线、方针、政策和决策部署，体现全面依法治国精神，符合社会主义核心价值观的要求。只有在法律或国务院行政法规已有规定的前提下，才可以制定税收规章，税收规章不得与宪法、税收法律、行政法规相抵触。制定税收规章的目的，是执行法律和国务院的行政法规、决定和命令。税收规章的制定有两种情形。

1. 国务院税务主管部门制定的税收部门规章

国务院税务主管部门包括国家税务总局、财政部、海关总署。该级次如财政部、国家税务总局颁布的《中华人民共和国增值税暂行条例实施细则》就属于税收部门规章。

2. 地方政府制定的税收地方规章

省、自治区、直辖市的人民政府可以根据法律、行政法规和本省、自治区、直辖市的地方性法规，制定规章，报国务院和本级人民代表大会常务委员会备案。

设区的市、自治州的人民政府可以根据法律、行政法规和本省、自治区的地方性法规，依照法律规定的权限制定规章。报国务院和省、自治区的人民代表大会常务委员会、人民政府以及本级人民代表大会常务委员会备案。

二、我国税法体系

税法体系包括税收实体法和税收程序法。我国现行税收实体法由18个税种构成，按征税对象，可以将18个税种进行分类，如表1-2-1所示。

> ⚡ **小贴士**
>
> 对税种的分类不同教材有所差异，不具有法定性。

表1-2-1 我国现行税收实体法分类

税种分类	税种
商品、货物、劳务税类	增值税、消费税、关税
所得税类	企业所得税、个人所得税
财产和行为税类	城镇土地使用税、房产税、车船税、印花税、耕地占用税、资源税、土地增值税、契税、环境保护税、烟叶税
附加税费类	城市维护建设税
特定目的税类	车辆购置税、船舶吨税

我国税收程序法体系由以下法律法规制定：《中华人民共和国税收征收管理法》《中华人民共和国海关法》《中华人民共和国进出口关税条例》，分别由税务机关和海关执行。

三、我国税收征管范围、税收收入划分

目前，我国的税收分别由海关和税务两个系统负责征收。海关负责征收管理的有两个税种：关税、船舶吨税。另外，海关还负责代征进出口的增值税、消费税。剩余16个税种由国家税务总局负责征收和管理。

我国的税收收入分为中央政府固定收入、地方政府固定收入、中央与地方共享收入。

中央政府固定收入有：消费税、车辆购置税、关税、船舶吨税、海关代征的进口环节增值税。

地方政府固定收入有：房产税、城镇土地使用税、耕地占用税、土地增值税、车船税、契税、烟叶税、环境保护税。

中央与地方共享收入有：企业所得税、个人所得税、增值税、印花税、资源税、城市维护建设税。此外，中央与地方共享收入分配及比例如表1-2-2所示。

表1-2-2　中央与地方共享收入分配及比例

税种	中央收入	地方收入
企业所得税	①中国国家铁路集团、海洋石油企业、各银行总行的企业所得税 ②除上述企业之外的企业所得税的60%	除列举的属中央收入的企业之外，其他企业所得税的40%
个人所得税	个人所得税的60%	个人所得税的40%
增值税	①海关代征的部分；②铁路基金营改增的部分；③除上述之外的50%	除属中央收入外，其他增值税的50%
印花税	证券交易印花税	其他印花税
资源税	海洋石油企业资源税	其他资源税
城市维护建设税	中国国家铁路集团、各银行总行、各保险总公司集中缴纳的部分	其他城市维护建设税

◎ 任务情境分析与实施

作为我国第一大税种，增值税收入约占全国税收收入的30%，因此立法条款的每一处细微变动都牵动着企业的神经。《中华人民共和国增值税法（草案二次审议稿）》主要将现行的有关政策规定上升为法律，进一步充实完善了小规模纳税人制度。目前，我国增值税小规模纳税人数量超过5 000万户，占全部增值税纳税人的80%~90%，其中主要是中小微企业，因此完善小规模纳税人制度的重要性不言而喻。

课堂任务

任务名称	了解你的家乡所在城市财政收入中税收收入的占比情况
任务目标	了解我国财政收入的构成情况，掌握当地政府税收收入的构成比例，关心国家发展情况，培养家国情怀，强化依法纳税意识
任务描述	请通过互联网上的公开数据，查询近三年你的家乡所在城市的税收收入占财政收入的比重，比较其他同学家乡所在城市的数据，你能得出哪些结论？
任务分析	
任务实施	

课堂任务

课后任务

任务名称	了解《中华人民共和国个人所得税法》的立法过程
任务目标	掌握税收法律、税收法规、税收规章的区别；培养贯彻国家方针、政策的大局意识

课后任务

续表

任务描述	请说出现行的《中华人民共和国个人所得税法》2018 年第七次修正的主要内容。请问：这次修正对工薪阶层有哪些利好政策？
任务分析	
任务实施	

任务评价

知识及技能	评分 （5 分）	素质能力	评分 （5 分）
1. 掌握税收立法权的划分		1. 培养贯彻国家方针、政策的大局意识	
2. 掌握中央、地方税收收入划分的税种及比例		2. 培养税收收入取之于民、用之于民的公共服务意识	

任务总结

　　我国税收法律体系由税收法律、税收法规、税收规章构成，通过学习，应掌握税收立法权的划分及法律效力的差异；要掌握我国税收收入在中央、地方之间划分的税种及比例，这是我国分税制财政管理体制的重要内容。

项目总结

　　项目一主要包括两部分内容：税法概念及税法要素，我国税收立法权及税法体系。本项目介绍了税法的基本概念及税法要素的主要内容。税法要素是各税种的主要构成要素，在后续的学习中，很多税收政策其实都是对税收要素的应用。我国的财政体制与税收密切相关，财政收入中税收收入占比最大。因此，掌握我国税法体系及税收立法权的相关知识，也能帮助我们更深入地理解我国正在推进的增值税、消费税等税种的立法工作。

放眼看世界

未来税制改革的方向——开征数字税

　　数字经济是指以数据资源作为关键生产要素，以现代信息网络为重要载体，以信息通信技术的有效使用作为提升效率和优化经济结构的重要推动力的一系列经济活动。

　　数字经济发展速度之快、辐射范围之广、影响程度之深前所未有，正推动着生产生活和治理方式深刻变革，成为重组要素资源、重塑经济结构、改变竞争格局的关键力量。2022 年，我国数字经济规模已达 50.2 万亿元，占 GDP 的比重为 41.5%，名义增速 10.3%。其中，数字产业化规模与产业数字化规模分别达到 9.2 万亿元和 41 万亿元，占数字经济的比重分别为 18.3% 和 81.7%。

　　国家税务总局公布的数据显示，2023 年 3 月，数字经济核心产业同比增长 14.1%，较2022 年全年增长 7.3 个百分点。其中，数字要素驱动业、数字技术应用业增长更快，同比分别增长 24.5% 和 19.8%。这反映出我国数字经济发展态势向好，正逐步成为助推经济发展的新引擎。

从税收视角看，数字经济的快速发展给税收制度及其管理带来了新挑战、提出了新要求，尤其是与传统经济相比，数字经济具有数据驱动、时空约束弱、商业模式多样、经营主体小型化等特征，对税收制度、税收征管产生了深刻影响。

目前已经开征数字税的国家有：法国、匈牙利、奥地利、意大利、土耳其、英国、波兰、葡萄牙、西班牙。

项目训练

项目训练试题

项目训练答案

项目二

计算与申报增值税

项目情境

　　小杨是经济类专业的应届毕业生，毕业前进入吉源宠物食品有限公司实习。公司安排小杨进财务部实习，财务部要求小杨先熟悉公司主要涉税业务、增值税纳税申报情况。财务主管介绍了公司情况，并为小杨提供了公司3月份的典型涉税业务。

　　公司名称：吉源宠物食品有限公司（以下简称"吉源宠物"）

　　社会信用代码：91120376910B9Q6219

　　所属行业：食品制造业

　　增值税企业类型：一般纳税人

　　经营范围：生产销售宠物食品、宠物保健品、宠物用品、宠物玩具，宠物饲料领域内的技术开发、技术服务、技术咨询

　　生产经营地址：天津市静海开发区团静路26号

　　法定代表人：刘益

　　开户银行及账号：中国农业银行天津静海开发区支行　23985108366

　　吉源宠物2024年3月典型涉税业务如下：

　　1. 销售冻干猫粮120万元、无谷犬粮230万元、宠物玩具18万元、宠物化毛片35万元、宠物益生菌片60万元（以上价格均为含税价）。

　　2. 为某宠物医院提供技术服务两次，共计收入4万元。

　　3. 主办某项宠物比赛活动，赞助猫粮及狗粮共计1万元。

　　4. 从某肉联厂采购宠物食品原材料55万元，其中鸡肉10万元、牛肉15万元、羊肉30万元；购进用于生产宠物保健品的南极磷虾粉10万元，牛骨粉20万元，宠物奶粉16万元；购进用于生产宠物玩具的布料、填充棉等共计9万元。以上采购项目均收到供货商开具的增值税专用发票（以上价格均为不含税价）。

　　5. 将一批无谷犬粮交由某运输公司运输到客户指定地点，该运输公司为小规模纳税人，吉源宠物共支付了1.2万元运输费，并收到一张增值税专用发票。

　　6. 从新西兰进口一批冷冻牛肉，关税完税价格80万元，关税税率12%。

　　财务主管问了小杨以下几个问题。

　　（1）吉源宠物食品有限公司作为增值税一般纳税人，如何计算3月份应纳的增值税额？

　　（2）什么时间申报增值税？

　　（3）增值税申报表应如何填写？

　　（4）公司有意向拓展海外业务，如果公司将产品出口国外，会涉及哪些增值税规定？

　　如果你是小杨，该如何回答呢？请带着这些问题，开始项目二的学习旅程吧！答案也会随着下面的学习内容一一揭晓。

项目情境分析

小杨要回答的问题主要包括两方面：计算增值税应纳税额；缴纳与申报增值税。在本项目中，要重点学习的内容有：一般纳税人增值税应纳税额的计算，其中包括一般计税方法和简易计税方法；增值税申报表的填制方法。

学习这些内容之前，我们首先要掌握增值税的征税范围及税率。另外，还需了解进口企业如何缴纳进口环节的增值税、出口环节免退税政策以及增值税发票的管理规定。

项目导学

- 计算小规模纳税人应纳增值税额
  - 应纳增值税的计算
  - 征收率
  - 减免政策
- 划分增值税纳税人
  - 我国增值税的发展历程
  - 增值税的特点
  - 纳税人及扣缴义务人
- 计算进口环节应纳增值税额
- 明确征税范围
  - 征税范围的一般规定
  - 征税范围的特殊行为规定
  - 不征收增值税的情形
- 计算增值税出口退税
- 增值税优惠政策
- 增值税专用发票
- 申报与缴纳增值税

计算与申报增值税

- 明确税率及征收率
  - 13%税率
  - 9%税率
  - 6%税率
  - 零税率
  - 征收率
- 计算一般纳税人应纳增值税额
  - 计算销项税额
  - 计算进项税额
  - 进项税额转出
  - 计算应纳增值税额（一般计税方法）
  - 一般纳税人简易计税

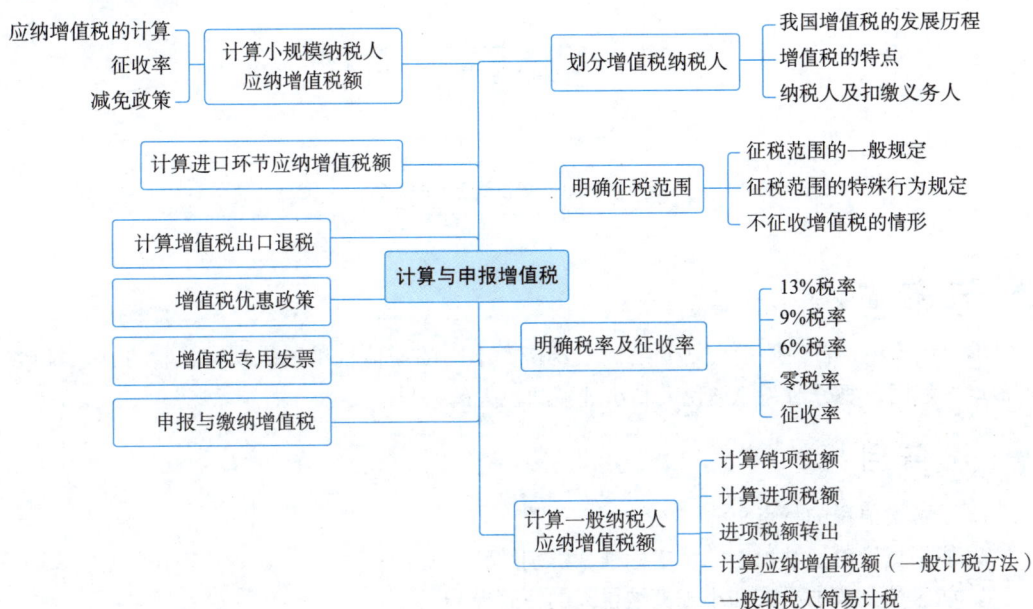

传统文化一角——聊聊中国古代税制

西周时期的井田制

西周时期按照"井田制"原则分配土地、从事生产。国家以周天子的名义将天下一切土地的产权，清晰界定给各诸侯贵族，然后大大小小的诸侯和贵族将可耕地平均分配给农民，每一家受田百亩，这是所谓的"私田"，八家又共耕"公田"百亩（其收获物以祭祀所用为名上交给诸侯贵族），作为受田的义务。私田、公田组成"井"字形，四周为私田，中间为公田。受田并非终身，一般二十岁受田，六十岁归还公家。

周天子的财政收入主要有两种形式，一种是"贡"，即从不同等级的诸侯或臣服国家那里获得数量不等的实物性财政收入。"贡"的缴纳遵循"任土作贡"的原则，即当地出产什么就进贡什么。另一种是"助"，即从生活于封地上的民众那里获得力役性质的财政收入。

任务一　划分增值税纳税人

任务情境

小杨想搞清楚一个问题：吉源宠物食品有限公司为什么属于增值税一般纳税人？一般纳税人的认定依据是什么？

任务地图

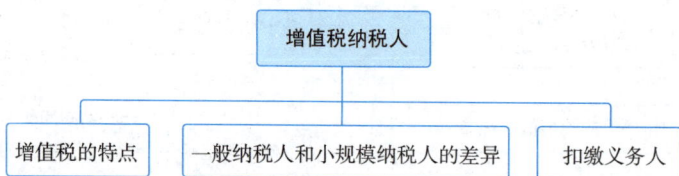

任务描述

学习增值税，首先要学会划分纳税人身份。不同的增值税纳税人，其计税方法、征收管理均不相同，要分清一般纳税人和小规模纳税人的差异。

任务目标

1. 了解增值税的特点；
2. 能根据增值税纳税人的认定标准，辨别纳税人身份；
3. 能区分一般纳税人和小规模纳税人的征管差异；
4. 掌握可以选择按小规模纳税人纳税的特殊规定；
5. 培养思辨能力；
6. 培养严谨求实的职业精神；
7. 培养遵守税收法律法规，依法纳税的意识。

知识链接

一、我国增值税的发展历程

增值税是对销售商品和劳务过程中实现的增值额征收的一种流转税。根据《中华人民共和国增值税暂行条例》的规定，增值税是对在我国境内销售货物，提供加工、修理修配劳务，销售服务、无形资产、不动产以及进口货物的单位和个人，就其销售货物、劳务、服务、无形资产、不动产的增值额和货物进口金额为计税依据而征收的一种流转税。

世界上第一个实行增值税的国家是法国。法国在1954年开征增值税，对世界各国的税制都产生了重要的影响。增值税的征税范围相对广泛，税率设计灵活，计税方式合理，一定程度上避免了重复征税，并能显著增加财政收入。因此征收增值税很快在世界范围内受到重视并被采纳。目前，世界上有190多个国家或地区开征了增值税。

我国自1979年引进并开始增值税试点工作，1984年国务院发布《中华人民共和国增值税条例（草案）》，正式开征增值税。1993 年 12 月发布的《中华人民共和国增值税暂行条例》，规定于 1994 年 1 月 1 日在全国范围推行增值税，当时实行的是生产型增值税。随着我国社会主义市场经济体制的逐步完善和经济全球化的纵深发展，生产型增值税增加了企业的税收负担，不利于企业进行技术创新、调节产业结构，也不利于鼓励企业投资和扩大内需。2004 年起，我国在东北、中部等部分地区先后实行了增值税转型改革试点。2008 年 11 月修订了《中华人民共和国增值税暂行条例》，于 2009 年 1 月 1 日起实施。自此，我国增值税实现了从生产型向消费型的转变。

为解决增值税和营业税并存带来的重复征税问题，我国从 2012 年 1 月 1 日起，在上海交通运输业和部分现代服务业开展营业税改增值税试点，自此拉开了营改增试点改革的序幕。经过几年的试点，自 2016 年 5 月 1 日起，将建筑业、房地产业、金融业、生活服务业全部纳入营改增试点，至此，营业税全面改征增值税。

2017 年 11 月 19 日，国务院发布 691 号令，对《中华人民共和国增值税暂行条例》再次进行了修改。

二、增值税的特点

1. 税收"中性"

增值税是一个"中性"税种。它只对商品或货物销售额中没有征过税的增值额部分作为计税依据进行征税，这样可以有效避免重复征税，促进纳税人之间的公平竞争，使税收效率原则得到充分体现。

2. 税收"链条性"

增值税实行"道道课征，税不重征"，逐环节征税，逐环节扣税，最终消费者是全部税款的承担者。此外，增值税还能够体现经济链条各个环节的内在联系，促进各个环节之间相互监督，从而保障征税过程的普遍性、连续性和合理性。

3. 税基广阔，具有税收的普遍性

从生产经营的横向关系看，无论工业、商业或者劳务服务活动，只要有增值收入就要纳税。从生产经营的纵向关系看，每一个货物无论经过多少生产经营环节，都要按各个环节上发生的增值额逐次征税。因此，无论是从横向看，还是从纵向看，增值税都有着广阔的税基。将增值税的税收负担在商品流转的各个环节合理分配，可以促进生产的专业化和纳税人的横向联合，从而提高劳动生产率，促进产品出口和本国经济的发展。

三、纳税人及扣缴义务人

根据《中华人民共和国增值税暂行条例》的规定，在中华人民共和国境内销售货物或者加工、修理修配劳务、销售服务、无形资产或者不动产以及进口货物的单位和个人，为增值税的纳税人。

其中，单位包括企业、行政单位、事业单位、军事单位、社会团体及其他单位，个人则指个体工商户和其他个人。

单位以承包、承租、挂靠方式经营的，承包人、承租人、挂靠人（以下统称承包人）以发包人、出租人、被挂靠人（以下统称发包人）名义对外经营，并由发包人承担相关法律责任的，以该发包人为纳税人。否则，以承包人为纳税人。

（一）纳税人的分类

根据纳税人的经营规模、会计核算水平，将增值税纳税人分为一般纳税人和小规模纳

税人两类。

1. 一般纳税人

一般纳税人是指年应税销售额500万元以上的企业及企业性单位。年应税销售额是指纳税人在连续不超过12个月或4个季度的经营期内累计应征增值税销售额，包括纳税申报销售额、稽查查补销售额、纳税评估调整销售额。

销售服务、无形资产、不动产有扣除项目的纳税人，其应税年销售额按未扣除之前的销售额计算。纳税人偶然发生的销售无形资产、转让不动产的销售额，不计入应税行为年应税销售额。

纳税人登记为一般纳税人后，不得转为小规模纳税人，国家税务总局另有规定的除外。以下纳税人不办理一般纳税人登记。

（1）非企业性单位、不经常发生应税行为的企业、单位和个体工商户，可选择按小规模纳税人纳税。

（2）年应税销售额超过规定标准的其他个人（指自然人）。

2. 小规模纳税人

小规模纳税人是指年应税销售额500万元及以下的纳税人。

特别规定：年应税销售额未超过规定标准的纳税人，会计核算健全，能够提供准确税务资料的，可以办理一般纳税人登记。

（二）扣缴义务人

中华人民共和国境外的单位或者个人在境内销售劳务，在境内未设有经营机构的，以其境内代理人为扣缴义务人；在境内没有代理人的，以购买方为扣缴义务人。一般纳税人与小规模纳税人对比如表2-1-1所示。

表2-1-1　一般纳税人与小规模纳税人对比

项目	一般纳税人	小规模纳税人
认定标准	年应税销售额500万元以上	年应税销售额500万元及以下
税率/征收率	13%、9%、6%和零税率	3%和5%
计税方法	一般计税方法（符合条件准予抵扣进项税额）	简易计税方法（不得抵扣进项税额）
特殊规定	纳税人登记为一般纳税人后，不得转为小规模纳税人	①超过规定标准的其他个人（指自然人），按小规模纳税人纳税 ②非企业性单位、不经常发生应税行为的企业、单位和个体工商户，可选择按小规模纳税人纳税 ③年应税销售额未超过规定标准的纳税人，会计核算健全，能够提供准确税务资料的，可以办理一般纳税人登记

◎ 任务情境分析与实施

经小杨了解，吉源宠物食品有限公司的年应税销售额达到1 500万元。增值税规定："年应税销售额500万元以上的企业及企业性单位为一般纳税人。"因此，吉源宠物属于增值税一般纳税人。

课堂任务

任务名称	判断纳税人是否属于小规模纳税人
任务目标	能正确辨别纳税人身份，培养思辨能力，培养依法纳税的意识
任务描述	泰和咨询有限公司于 2023 年 5 月成立，注册资本 30 万元，主要经营范围是企业管理咨询。公司于当年 6 月份正式营业，当月应税销售额 6 万元。 　根据所学内容，请判断泰和咨询有限公司应被认定为增值税一般纳税人还是小规模纳税人，并说出判断依据
任务分析	
任务实施	

课堂任务

课后任务

任务名称	年应税销售额 500 万元以上的企业及企业性单位，称为一般纳税人。年应税销售额包括哪些收入
任务目标	能准确应用纳税人的判断标准；培养思考和分析能力、培养严谨求实的职业精神
任务描述	2023 年 11 月，达丽服装有限公司从小规模纳税人转认定为增值税一般纳税人。请判断，以下不超过 12 个月经营期的收入中，哪些收入属于增值税认定的年应税销售额，并说出理由： ①销售自产服装的销售额 ②偶然视同销售自产服装的销售额 ③偶然出租仓库收取的租金 ④偶然转让企业自主商标品牌的销售额
任务分析	
任务实施	

课后任务

任务评价

知识及技能	评分 （5分）	素质能力	评分 （5分）
1. 熟练掌握一般纳税人和小规模纳税人的判断标准		1. 培养分析、思辨能力	
2. 掌握可以选择按小规模纳税人纳税的特殊规定		2. 树立依法纳税意识	
3. 能区分年应税销售额的收入范围		3. 培养严谨求实的职业精神	

任务总结

　一般纳税人和小规模纳税人除了在界定标准上有差异外，计税方法、征收管理也有很大不同，这些差异在下面的任务中会逐一介绍。对两类纳税人的特殊规定要牢记并熟练应用。

任务二 明确征税范围

任务情境

根据吉源宠物食品有限公司的经营范围，小杨想知道公司的业务范围分别对应哪一类增值税征税范围。

任务地图

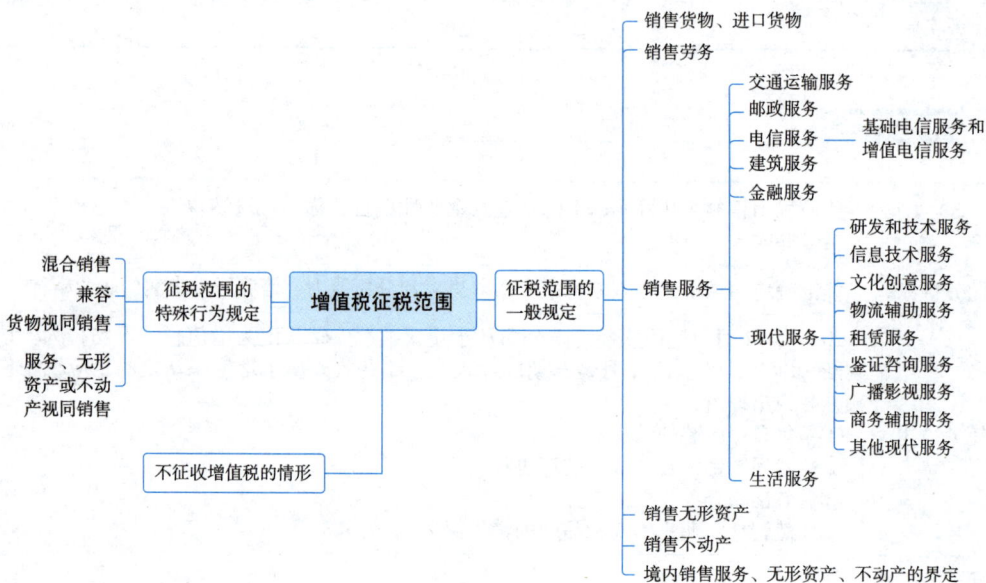

任务描述

增值税征税范围非常广泛，与本项目的下一个任务"明确税率和征收率"密切相关。混合销售、兼营及视同销售是本任务的难点，对学习增值税的计税及申报至关重要。

任务目标

1. 能区分增值税的货物、劳务和服务；
2. 熟悉现代服务业征税范围；
3. 能区分增值税混合销售和兼营行为；
4. 能掌握增值税视同销售行为；
5. 了解不征收增值税的情形；
6. 培养严谨求实的工作态度；
7. 培养依法纳税的意识。

知识链接

根据《中华人民共和国增值税暂行条例》《中华人民共和国增值税暂行条例实施细则》

等的规定，将增值税征税范围分为一般规定、特殊行为规定及不征收增值税的情形。

一、征税范围的一般规定

现行增值税的一般征税范围包括应税销售行为及进口货物，具体规定如下。

（一）销售货物、进口货物

销售货物，是指在中国境内销售货物。"货物"是指有形动产，包括电力、热力和气体在内。

销售货物是指有偿转让货物的所有权，"有偿"不仅指从购买方取得货币，还包括取得货物或其他经济利益。

只要是报关进口的应税货物，均属于增值税征税范围，要在进口环节缴纳增值税。

境内销售货物，是指货物的起运地或者所在地在中国境内。

（二）销售劳务

销售劳务，是指在中国境内销售劳务，提供的劳务发生地在中国境内。劳务是指纳税人提供的加工、修理、修配劳务。

"加工"是指受托加工货物，委托方提供原料及主要材料，受托方收取加工费，即通常说的委托加工业务。"修理修配"是指受托方对损伤和丧失功能的货物进行修复，使其恢复原状和功能的业务。

这里的销售劳务，是指有偿提供"加工、修理、修配"劳务。单位或个体工商户聘用的员工为本单位或雇主提供劳务不包括在内，不属于增值税征税范围。

纳税人受托对垃圾、污泥、污水、废气等废弃物进行专业化处理后产生的货物，且货物归属委托方的，受托方属于提供加工劳务；货物归属受托方的，受托方将产生的货物用于销售时，该货物属于销售货物。

（三）销售服务

销售服务，是指提供交通运输服务、邮政服务、电信服务、建筑服务、金融服务、现代服务、生活服务。销售服务是指有偿提供服务。

1. 交通运输服务

交通运输服务，是指利用运输工具将货物或者旅客送达目的地，使其空间位置得到转移的业务活动。交通运输服务包括陆路运输服务、水路运输服务、航空运输服务和管道运输服务。

（1）陆路运输服务。

包括铁路运输服务和其他陆路运输服务。其他陆路运输包括公路运输、缆车运输、索道运输、地铁运输、城市轻轨运输等。

出租车公司向使用本公司自有出租车的出租车司机收取的管理费用，按照陆路运输服务缴纳增值税。

（2）水路运输服务。

通过江、河、湖、川等天然、人工水道或者海洋航道运送货物或者旅客的运输业务活动。

★ 水路运输的程租、期租业务，均属于水路运输服务。

程租业务，是指运输企业为租船人完成某一特定航次的运输任务并收取租赁费的业务。

期租业务，是指运输企业将配备有操作人员的船舶承租给他人使用一定期限，承租期内听候承租方调遣，不论是否经营，均按天向承租方收取租赁费，发生的固定费用均由船东负担的业务。

（3）航空运输服务。

航空运输服务，是指通过空中航线运送货物或者旅客的运输业务活动。

★ 航空运输的湿租业务，属于航空运输服务。

湿租业务，是指航空运输企业将配备有机组人员的飞机承租给他人使用一定期限，承租期内听候承租方调遣，不论是否经营，均按一定标准向承租方收取租赁费，发生的固定费用均由出租方承担的业务。

★ 航天运输服务，按照航空运输服务缴纳增值税。

（4）管道运输服务。

管道运输服务是指通过管道设施输送气体、液体、固体物质的运输业务活动。

★ 无运输工具承运业务，按照交通运输服务缴纳增值税。

无运输工具承运业务，是指经营者以承运人身份与托运人签订运输服务合同，收取运费并承担承运人责任，然后委托实际承运人完成运输服务的经营活动。

2. 邮政服务

邮政服务，是指中国邮政集团公司及其所属邮政企业提供邮件寄递、邮政汇兑和机要通信等邮政基本服务的业务活动。包括邮政普遍服务、邮政特殊服务和其他邮政服务。

（1）邮政普遍服务。

函件、包裹等邮件寄递，以及邮票发行、报刊发行和邮政汇兑等业务活动。

（2）邮政特殊服务。

义务兵平常信函、机要通信、盲人读物和革命烈士遗物的寄递等业务活动。

（3）其他邮政服务。

邮册等邮品销售、邮政代理等业务活动。

3. 电信服务

（1）基础电信服务。

利用固网、移动网、卫星、互联网，提供语音通话服务的业务活动，以及出租或者出售带宽、波长等网络元素的业务活动。

（2）增值电信服务。

利用固网、移动网、卫星、互联网、有线电视网络，提供短信和彩信服务、电子数据和信息的传输及应用服务、互联网接入服务等业务活动。

★ 卫星电视信号落地转接服务，按照增值电信服务缴纳增值税。

4. 建筑服务

各类建筑物、构筑物及其附属设施的建造、安装、修缮、装饰，线路、管道、设备、设施等的安装以及其他工程作业的业务活动。具体包括以下服务。

（1）工程服务。

新建、改建各种建筑物、构筑物的工程作业，包括与建筑物相连的各种设备或者支柱、操作平台的安装或者设装工程作业，以及各种窑炉和金属结构工程作业。

（2）安装服务。

生产设备、动力设备、起重设备、运输设备、传动设备、医疗实验设备以及其他各种设备、设施的装配、安置工程作业，包括与被安装设备相连的工作台、梯子、栏杆的装设工程作业，以及被安装设备的绝缘、防腐、保温、油漆等工程作业。

★ 固定电话、有线电视、宽带、水、电、燃气、暖气等经营者向用户收取的安装费、初装费、开户费、扩容费以及类似收费，按照安装服务缴纳增值税。

★ 物业服务企业为业主提供的装修服务，按照建筑服务缴纳增值税。

★ 纳税人将建筑施工设备出租给他人使用并配备操作人员的，按照建筑服务缴纳增值税。

（3）修缮服务。

对建筑物、构筑物进行修补、加固、养护、改善，使之恢复原来的使用价值或者延长其使用期限的工程作业。

（4）装饰服务。

对建筑物、构筑物进行修饰装修，使之美观或者具有特定用途的工程作业。

（5）其他建筑服务。

上列工程作业之外的各种工程作业服务，如钻井（打井）、拆除建筑物或者构筑物、平整土地、园林绿化、疏浚（不包括航道疏浚）、建筑物平移、搭脚手架、爆破、矿山穿孔、表面附着物（包括岩层、土层、沙层等）剥离和清理等工程作业。

5. 金融服务

（1）贷款服务。

①各种占用、拆借资金取得的收入。

包括金融商品持有期间（含到期）利息（保本收益、报酬、资金占用费、补偿金等）收入、信用卡透支利息收入、买入返售金融商品利息收入、融资融券收取的利息收入，以及融资性售后回租、押汇、罚息、票据贴现、转贷等业务取得的利息及利息性质的收入，按照贷款服务缴纳增值税。

②融资性售后回租。

承租方以融资为目的，将资产出售给从事融资性售后回租业务的企业后，从事融资性售后回租业务的企业将该资产出租给承租方的业务活动。

③以货币资金投资收取的固定利润或者保底利润，按照贷款服务缴纳增值税。

（2）直接收费金融服务。

包括提供货币兑换、账户管理、电子银行、信用卡、信用证、财务担保、资产管理、信托管理、基金管理、金融交易场所（平台）管理、资金结算、资金清算、金融支付等服务。

（3）保险服务。

包括人身保险服务和财产保险服务。

（4）金融商品转让。

转让外汇、有价证券、非货物期货和其他金融商品所有权的业务活动。

其他金融商品包括基金、信托、理财产品等各类资产管理产品和各种金融衍生品。

6. 现代服务

围绕制造业、文化产业、现代物流产业等提供技术性、知识性服务的业务活动。包括研发和技术服务、信息技术服务、文化创意服务、物流辅助服务、租赁服务、鉴证咨询服务、广播影视服务、商务辅助服务和其他现代服务。

（1）研发和技术服务。

包括研发服务、合同能源管理服务、工程勘察勘探服务、专业技术服务。

①研发服务。

也称技术开发服务，是指就新技术、新产品、新工艺或者新材料及其系统进行研究与试验开发的业务活动。

②合同能源管理服务。

节能服务公司与用能单位以契约形式约定节能目标，由节能服务公司提供必要的服务，用能单位以节能效果支付节能服务公司投入及其合理报酬的业务活动。

③工程勘察勘探服务。

包括在采矿、工程施工前后，对地形、地质构造、地下资源蕴藏情况进行实地调查的业务活动。

④专业技术服务。

包括气象服务、地震服务、海洋服务、测绘服务、城市规划、环境与生态监测服务等专项技术服务。

（2）信息技术服务。

利用计算机、通信网络等技术对信息进行生产、收集、处理、加工、存储、运输、检索和利用，并提供信息服务的业务活动。包括软件服务、电路设计及测试服务、信息系统服务、业务流程管理服务和信息系统增值服务。

①软件服务。

提供软件开发服务、软件维护服务、软件测试服务的业务活动。

②电路设计及测试服务。

提供集成电路和电子电路产品设计、测试及相关技术支持服务的业务活动。

③信息系统服务。

提供信息系统集成、网络管理、网站内容维护、桌面管理与维护、信息系统应用、基础信息技术管理平台整合、信息技术基础设施管理、数据中心、托管中心、信息安全服务、在线杀毒、虚拟主机等业务活动，包括网站对非自有的网络游戏提供的网络运营服务。

④业务流程管理服务。

依托信息技术提供的人力资源管理、财务经济管理、审计管理、税务管理、物流信息管理、经营信息管理和呼叫中心等服务的活动。

⑤信息系统增值服务。

利用信息系统资源为用户附加提供的信息技术服务。包括数据处理、分析和整合、数据库管理、数据备份、数据存储、容灾服务、电子商务平台等。

（3）文化创意服务。

包括设计服务、知识产权服务、广告服务和会议展览服务。

①设计服务。

把计划、规划、设想通过文字、语言、图画、声音、视觉等形式传递出来的业务活动。包括工业设计、内部管理设计、业务运作设计、供应链设计、造型设计、服装设计、环境设计、平面设计、包装设计、动漫设计、网游设计、展示设计、网站设计、机械设计、工程设计、广告设计、创意策划、文印晒图等。

②知识产权服务。

处理知识产权事务的业务活动。包括对专利、商标、著作权、软件、集成电路布图设计的登记、鉴定、评估、认证、检索服务。

③广告服务。

利用图书、报纸、杂志、广播、电视、电影、幻灯、路牌、招贴、橱窗、霓虹灯、灯箱、互联网等各种形式为客户的商品、经营服务项目、文体节目或者通告、声明等委托事项进行宣传和提供相关服务的业务活动。包括广告代理和广告的发布、播映、宣传、展示等。

④会议展览服务。

为商品流通、促销、展示、经贸洽谈、民间交流、企业沟通、国际往来等举办或者组织安排的各类展览和会议的业务活动。

★ 宾馆、旅馆、旅社、度假村和其他经营性住宿场所，提供会议场地及配套服务的活动，按照会议展览服务缴纳增值税。

（4）物流辅助服务。

包括航空服务、港口码头服务、货运客运场站服务、打捞救助服务、装卸搬运服务、仓储服务和收派服务。

①航空服务。

包括航空地面服务和通用航空服务。

航空地面服务，包括旅客安全检查服务、停机坪管理服务、机场候机厅管理服务、飞机清洗消毒服务、空中飞行管理服务、飞机起降服务、飞行通信服务、地面信号服务、飞机安全服务、飞机跑道管理服务、空中交通管理服务等。

通用航空服务，是指为专业工作提供飞行服务的业务活动，包括航空摄影、航空培训、航空测量、航空勘探、航空护林、航空吊挂播洒、航空降雨、航空气象探测、航空海洋监测、航空科学实验等。

②港口码头服务。

包括港务船舶调度服务、船舶通信服务、航道管理服务、航道疏浚服务、灯塔管理服务、航标管理服务、船舶引航服务、理货服务、系解缆服务、停泊和移泊服务、海上船舶溢油清除服务、水上交通管理服务、船只专业清洗消毒检测服务和防止船只漏油服务等为船只提供服务的业务活动。

★ 港口设施经营人收取的港口设施保安费按照港口码头服务缴纳增值税。

③货运客运场站服务。

货运客运场站提供货物配载服务、运输组织服务、中转换乘服务、车辆调度服务、票务服务、货物打包整理、铁路线路使用服务、加挂铁路客车服务、铁路行包专列发送服务、铁路到达和中转服务、铁路车辆编解服务、车辆挂运服务、铁路接触网服务、铁路机车牵引服务等业务活动。

④打捞救助服务。

提供船舶人员救助、船舶财产救助、水上救助和沉船沉物打捞服务的业务活动。

⑤装卸搬运服务。

使用装卸搬运工具或者人力、畜力将货物在运输工具之间、装卸现场之间或者运输工具与装卸现场之间进行装卸和搬运的业务活动。

⑥仓储服务。

利用仓库、货场或者其他场所代客贮放、保管货物的业务活动。

⑦收派服务。

接受寄件人委托，在承诺的时限内完成函件和包裹的收件、分拣、派送服务的业务活动。

（5）租赁服务。

包括融资租赁服务和经营租赁服务。

①融资租赁服务。

融资租赁服务是指具有融资性质和所有权转移特点的租赁活动。出租人根据承租人所要求的规格、型号、性能等条件购入有形动产或者不动产租赁给承租人，合同期内租赁物所有权属于出租人，承租人只拥有使用权，合同期满付清租金后，承租人有权按照残值购入租赁物，以拥有其所有权。不论出租人是否将租赁物销售给承租人，均属于融资租赁。

按照标的物的不同，融资租赁服务可分为有形动产融资租赁服务和不动产融资租赁服务。

②经营租赁服务。

经营租赁服务是指在约定时间内将有形动产或者不动产转让给他人使用且租赁物所有权不变更的业务活动。

按照标的物的不同，经营租赁服务可分为有形动产经营租赁服务和不动产经营租赁服务。

★ 将建筑物、构筑物等不动产或者飞机、车辆等有形动产的广告位出租给其他单位或者个人用于发布广告，按照经营租赁服务缴纳增值税。

★ 车辆停放服务、道路通行服务（包括过路费、过桥费、过闸费等）等按照不动产经营租赁服务缴纳增值税。

★ 水路运输的光租业务、航空运输的干租业务，属于经营租赁。

光租业务，是指运输企业将船舶在约定的时间内出租给他人使用，不配备操作人员，不承担运输过程中发生的各项费用，只收取固定租赁费的业务活动。

干租业务，是指航空运输企业将飞机在约定的时间内出租给他人使用，不配备机组人员，不承担运输过程中发生的各项费用，只收取固定租赁费的业务活动。

（6）鉴证咨询服务。

包括认证服务、鉴证服务和咨询服务。

①认证服务。

具有专业资质的单位利用检测、检验、计量等技术，证明产品、服务、管理体系符合相关技术规范、相关技术规范的强制性要求或者标准的业务活动。

②鉴证服务。

具有专业资质的单位受托对相关事项进行鉴证，发表具有证明力的意见的业务活动。包括会计鉴证、税务鉴证、法律鉴证、职业技能鉴定、工程造价鉴证、工程监理、资产评估、环境评估、房地产土地评估、建筑图纸审核、医疗事故鉴定等。

③咨询服务。

提供信息、建议、策划、顾问等服务的活动。包括金融、软件、技术、财务、税收、法律、内部管理、业务运作、流程管理、健康等方面的咨询。

★ 翻译服务和市场调查服务按照咨询服务缴纳增值税。

（7）广播影视服务。

包括广播影视节目（作品）的制作服务、发行服务和播映（含放映，下同）服务。

①广播影视节目（作品）的制作服务。

进行专题（特别节目）、专栏、综艺、体育、动画片、广播剧、电视剧、电影等广播影视节目和作品制作的服务。具体包括与广播影视节目和作品相关的策划、采编、拍摄、录音、音视频文字图片素材制作、场景布置、后期的剪辑、翻译（编译）、字幕制作、片头、片尾、片花制作、特效制作、影片修复、编目和确权等业务活动。

②广播影视节目（作品）的发行服务。

以分账、买断、委托等方式，向影院、电台、电视台、网站等单位和个人发行广播影视节目（作品）以及转让体育赛事等活动的报道及播映权的业务活动。

③广播影视节目（作品）的播映服务。

在影院、剧院、录像厅及其他场所播映广播影视节目（作品），以及通过电台、电视台、卫星通信、互联网、有线电视等无线或者有线装置播映广播影视节目（作品）的业务活动。

（8）商务辅助服务。

包括企业管理服务、经纪代理服务、人力资源服务、安全保护服务。

①企业管理服务。

提供总部管理、投资与资产管理、市场管理、物业管理、日常综合管理等服务的业务活动。

②经纪代理服务。

各类经纪、中介、代理服务。包括金融代理、知识产权代理、货物运输代理、代理报关、法律代理、房地产中介、职业中介、婚姻中介、代理记账、拍卖等。

③人力资源服务。

提供公共就业、劳务派遣、人才委托招聘、劳动力外包等服务的业务活动。

④安全保护服务。

提供保护人身安全和财产安全，维护社会治安等的业务活动。包括场所住宅保安、特种保安、安全系统监控以及其他安保服务。

★ 拍卖行受托拍卖取得的手续费或佣金收入，按照经纪代理服务缴纳增值税。

★ 纳税人提供武装守护押运服务，按照安全保护服务缴纳增值税。

（9）其他现代服务。

★ 纳税人对安装运行后的机器设备提供的维护保养服务，按照其他现代服务缴纳增值税。

★ 纳税人为客户办理退票而向客户收取的退票费、手续费等收入，按照其他现代服务缴纳增值税。

7. 生活服务

生活服务，是指为满足城乡居民日常生活需求提供的各类服务活动。包括文化体育服务、教育医疗服务、旅游娱乐服务、餐饮住宿服务、居民日常服务和其他生活服务。

（1）文化体育服务。

包括文化服务和体育服务。

①文化服务，是指为满足社会公众文化生活需求提供的各种服务。包括文艺创作、文艺表演、文化比赛，图书馆的图书和资料借阅，档案馆的档案管理，文物及非物质遗产保护，组织举办宗教活动、科技活动、文化活动，提供游览场所。

②体育服务，是指组织举办体育比赛、体育表演、体育活动，以及提供体育训练、体育指导、体育管理的业务活动。

★ 纳税人在游览场经营索道、摆渡车、电瓶车、游船等取得的收入，按照文化体育服务缴纳增值税。

（2）教育医疗服务。

包括教育服务和医疗服务。

①教育服务。

提供学历教育服务、非学历教育服务、教育辅助服务的业务活动。

②医疗服务。

提供医学检查、诊断、治疗、康复、预防、保健、接生、计划生育、防疫服务等方面的服务，以及与这些服务有关的提供药品、医用材料器具、救护车、病房住宿和伙食的业务。

（3）旅游娱乐服务。

包括旅游服务和娱乐服务。

①旅游服务。

根据旅游者的要求，组织安排交通、游览、住宿、餐饮、购物、文娱、商务等服务的业务活动。

②娱乐服务。

为娱乐活动同时提供场所和服务的业务。具体包括歌厅、舞厅、夜总会、酒吧、台球、高尔夫球、保龄球、游艺（包括射击、狩猎、跑马、游戏机、蹦极、卡丁车、热气球、动力伞、射箭、飞镖）等。

（4）餐饮住宿服务。

包括餐饮服务和住宿服务。

★ 提供餐饮服务的纳税人，销售外卖食品，按照餐饮服务缴纳增值税。

★ 纳税人现场制作食品，并直接销售给消费者，按照餐饮服务缴纳增值税。

（5）居民日常服务。

为满足居民个人及其家庭日常生活需求提供的服务，包括市容市政管理、家政、婚庆、养老、殡葬、照料和护理、救助救济、美容美发、按摩、桑拿、氧吧、足疗、沐浴、洗染、摄影扩印等服务。

（6）其他生活服务。

★ 纳税人提供植物养护服务，按照其他生活服务缴纳增值税。

（四）销售无形资产

销售无形资产，是指有偿转让无形资产所有权或者使用权的业务活动。

无形资产，是指不具实物形态，但能带来经济利益的资产，包括技术、商标、著作权、商誉、自然资源使用权和其他权益性无形资产。

技术，包括专利技术和非专利技术。

自然资源使用权，包括土地使用权、海域使用权、探矿权、采矿权、取水权和其他自然资源使用权。

其他权益性无形资产，包括基础设施资产经营权、公共事业特许权、配额、经营权（包括特许经营权、连锁经营权、其他经营权）、经销权、分销权、代理权、会员权、席位权、网络游戏虚拟道具、域名、名称权、肖像权、冠名权、转会费等。

（五）销售不动产

销售不动产，是指有偿转让不动产所有权的业务活动。不动产包括建筑物、构筑物等。

建筑物，包括住宅、商业营业用房、办公楼等可供居住、工作或者进行其他活动的建造物。

构筑物，包括道路、桥梁、隧道、水坝等建造物。

★ 转让建筑物有限产权或者永久使用权的，转让在建的建筑物或者构筑物所有权的，以及在转让建筑物或者构筑物时一并转让其所占土地的使用权的，按照销售不动产缴纳增值税。

（六）境内销售服务、无形资产、不动产的界定

1. 属于在境内销售服务、无形资产、不动产的情形

（1）服务（租赁不动产除外）或者无形资产（自然资源使用权除外）的销售方或购买方在境内。

（2）所销售或租赁的不动产在境内。

（3）所销售自然资源使用权的自然资源在境内。

（4）财政部和国家税务总局规定的其他情形。

2. 不属于在境内销售服务或无形资产的情形

（1）境外单位或者个人向境内单位或者个人销售完全在境外发生的服务。

（2）境外单位或者个人向境内单位或者个人销售完全在境外使用的无形资产。

（3）境外单位或者个人向境内单位或者个人出租完全在境外使用的有形动产。

（4）财政部和国家税务总局规定的其他情形。

①为出境的函件、包裹在境外提供的邮政服务、收派服务。

②向境内单位或个人提供的工程施工地点在境外的建筑服务、工程监理服务。

③向境内单位或个人提供的工程、矿产资源在境外的工程勘察、勘探服务。

④向境内单位或个人提供的会议展览地点在境外的会议展览服务。

二、征税范围的特殊行为规定

（一）混合销售

一项销售行为如果既涉及货物又涉及服务，即为混合销售。从事货物的生产、批发或者零售的单位和个体工商户的混合销售行为，按照销售货物缴纳增值税；其他单位和个体工商户的混合销售行为，按照销售服务缴纳增值税。

上述所称从事货物的生产、批发或者零售的单位和个体工商户，包括以从事货物的生产、批发或者零售为主，并兼营销售服务的单位和个体工商户在内。

★ 纳税人销售活动板房、机器设备、钢结构件等自产货物的同时提供建筑、安装服

务的，不属于混合销售，应分别核算货物和建筑服务的销售额，分别适用不同税率或征收率。

（二）兼营

兼营是指纳税人的经营范围既包括销售货物和加工修理修配劳务，又包括销售服务、无形资产和不动产。

纳税人兼营销售货物、劳务、服务、无形资产或者不动产，适用不同税率或者征收率的，应当分别核算适用不同税率或者征收率的销售额；未分别核算的，从高适用税率。

混合销售和兼营的区别如表2-2-1所示。

表2-2-1　混合销售和兼营的区别

行为	特点	税务处理
混合销售	同一项销售行为中，存在着不同类别的经营项目	按经营主业划分，分别按照销售货物或销售服务征收增值税
兼营	在同一纳税人的经营活动中，存在着不同类别的经营项目	分别核算的，分别按照适用税率或征收率征收增值税；未分别核算的，从高适用税率或征收率

（三）货物视同销售

1. 代销行为

代销行为主要包括两种。

（1）将货物交付其他单位或者个人代销。

（2）销售代销货物。

代销行为的销售流程如图2-2-1所示。

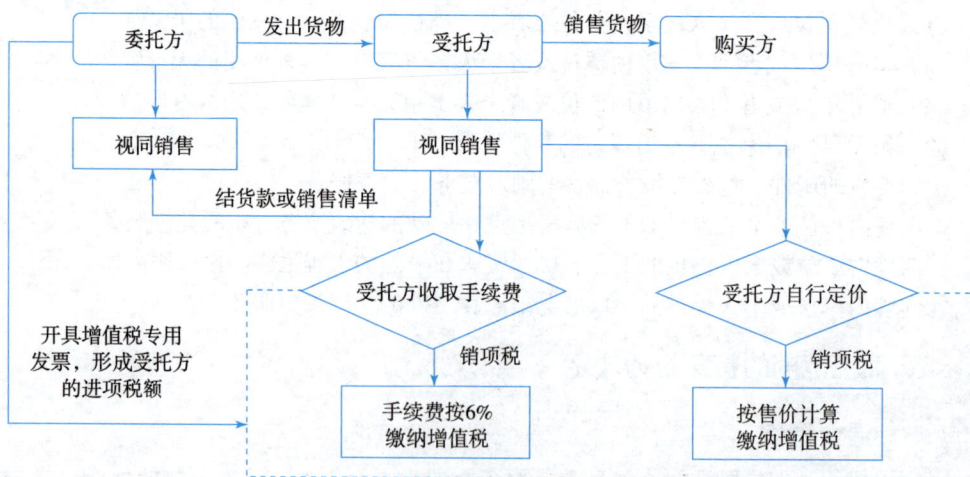

图2-2-1　代销行为的销售流程

2. 货物移送

货物移送是指设有两个以上机构并实行统一核算的纳税人，将货物从一个机构移送到其他机构用于销售，但相关机构设在同一县（市）的除外。货物移送示意图如图2-2-2所示。

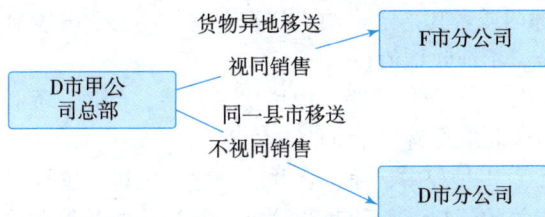

图2-2-2　货物移送示意图

3. 自产、委托加工、购进货物的特殊用途

（1）将自产、委托加工的货物用于集体福利或个人消费。

（2）将自产、委托加工的货物用于非增值税应税项目。

（3）将自产、委托加工或购进的货物作为投资，提供给其他单位或个体工商户。

（4）将自产、委托加工或购进的货物分配给股东或投资者。

（5）将自产、委托加工或购进的货物无偿赠送给他人。

自产、委托加工、购进货物的用途及税务处理如表2-2-2所示。

表2-2-2　自产、委托加工、购进货物的用途及税务处理

货物来源	货物用途	税务处理
购进	投资、分配、无偿赠送	①视同销售，计算销项税额 ②外购产生的进项税额，符合规定可以抵扣
	非应税项目、集体福利、个人消费	①不视同销售，不计算销项税额 ②外购产生的进项税额，不能抵扣
自产、委托加工	投资、分配、无偿赠送	视同销售，计算销项税额
	非应税项目、集体福利、个人消费	

（四）服务、无形资产或者不动产视同销售

（1）单位或者个体工商户向其他单位或者个人无偿提供服务，但用于公益事业或者以社会公众为对象的除外。

（2）单位或者个人向其他单位或者个人无偿转让无形资产或者不动产，但用于公益事业或者以社会公众为对象的除外。

三、不征收增值税的情形

（1）代为收取的政府性基金或者行政事业性收费，不征收增值税。

（2）根据国家指令无偿提供的铁路运输服务、航空运输服务，属于公益服务，不征收增值税。

（3）单位或个体工商户聘用的员工为本单位或雇主提供取得工资的服务，不征收增值税。

（4）单位或个体工商户为聘用的员工提供服务，不征收增值税。

（5）存款利息收入，不征收增值税。

（6）被保险人获得的保险赔付，不征收增值税。

（7）房地产主管部门或者其指定机构、公积金管理中心、开发企业、物业管理单位代收的住宅专项维修资金，不征收增值税。

（8）各党派、共青团、工会、妇联、中科协、青联、台联、侨联收取党费、团费、会费，以及政府间国际组织收取会费，不征收增值税。

（9）纳税人在资产重组过程中，通过合并、分立、出售、置换等方式，将全部或者部分实物资产以及与其相关的债权、负债和劳动力一并转让给其他单位和个人，其中涉及的货物、不动产、土地使用权转让行为，不征收增值税。

（10）纳税人取得的财政补贴收入，与其销售货物、劳务、服务、无形资产、不动产的收入或者数量直接挂钩的，应按规定缴纳增值税。纳税人取得的其他情形的财政补贴收入，不属于增值税应税收入，不征收增值税。

任务情境分析与实施

吉源宠物食品有限公司主要销售宠物食品、宠物保健品、宠物用品、宠物玩具，同时提供技术服务、技术咨询、技术开发。根据增值税的规定，销售货物属于增值税征税范围，"货物"指有形动产。宠物食品、宠物保健品、宠物用品、宠物玩具均属于"货物"范畴；技术服务、技术咨询、技术开发则属于增值税征税范围中的现代服务。

课堂任务

任务名称	判断企业的经济行为是否属于视同销售行为
任务目标	掌握增值税的视同销售行为；培养依法纳税意识，培养严谨求实的工作态度
任务描述	吉源宠物食品有限公司1月将一批宠物食品作为奖品发放给在年会中中奖的员工，市场价共计3 000元 请判断该项经济行为是否属于增值税的视同销售行为，并说明理由
任务分析	
任务实施	

课后任务

任务名称	区分增值税的租赁服务
任务目标	掌握增值税租赁服务的征税范围，培养依法纳税意识
任务描述	1. 拓威工程机械租赁公司9月将一台挖掘机租赁给某建筑公司，收到租赁费20万元 2. W船舶公司与同晖贸易公司签订定期租船合同，合同约定租赁时间为30天，配备船员。租金共计290万元 请判断以上两个公司的租赁业务是否属于增值税征税范围中的租赁服务，并说明理由
任务分析	
任务实施	

任务评价

知识及技能	评分 （5分）	素质能力	评分 （5分）
1. 掌握增值税征税范围		1. 培养分析、思辨能力	
2. 掌握增值税视同销售行为		2. 树立依法纳税意识	
3. 能区分兼营和混合销售行为		3. 培养严谨求实的职业精神	

任务总结

　　厘清增值税的征税范围，能够区分增值税兼营和混合销售的区别，理解增值税视同销售行为，对学习增值税计税及申报非常重要。

任务三　明确税率及征收率

任务情境

　　根据吉源宠物食品有限公司的经营范围，小杨想知道公司缴纳增值税的税率是多少。

任务地图

任务描述

　　增值税计税有税率和征收率两种。一般纳税人一般使用税率计税，特殊业务使用征收率计税。小规模纳税人只能使用征收率计税。

任务目标

1. 能准确判断增值税的征收范围，并熟悉税率和征收率；
2. 熟练掌握9%税率的征税货物范围；
3. 熟悉3%、5%征收率的征税范围；
4. 熟悉增值税减税政策；
5. 了解增值税零税率征税范围；
6. 培养爱国情怀，树立依法纳税意识。

知 识 链 接

目前，增值税税率有四档，适用于一般纳税人，适用税率分别为13%、9%、6%和零税率，不同税率的适用范围如表2-3-1所示。

表2-3-1　不同税率的适用范围

增值税税率	适用范围
13%税率	①销售货物 ②销售劳务 ③进口货物 ④有形动产租赁服务
9%税率	①销售、进口适用9%税率的货物 ②销售服务：交通运输、邮政、建筑、基础电信服务 ③租赁不动产、销售不动产 ④转让土地使用权
6%税率	①销售服务：增值电信服务、金融服务 ②提供现代服务（租赁服务除外） ③提供生活服务 ④转让无形资产（转让土地使用权除外）
零税率	①出口货物 ②国际运输服务 ③航天运输服务 ④向境外提供完全在境外消费的服务

一、13%税率

纳税人销售货物、劳务、有形动产租赁服务、进口货物适用13%税率。

二、9%税率

9%税率适用于纳税人提供交通运输、邮政、基础电信、建筑、不动产租赁服务，销售不动产、转让土地使用权，销售或进口适用9%税率的货物。

以下货物适用9%税率。

（一）农产品、食用植物油、食用盐

1. 农产品

农产品包括植物类初级农产品和动物类初级农产品。

植物类初级农产品包括粮食、蔬菜、烟叶、茶叶、药用植物、园艺植物、油料植物、纤维植物、糖料植物、林业产品及其他植物。

动物类初级农产品包括人工养殖、天然生长的各种动物的初级产品。

★ 以粮食为原料加工的速冻食品、方便面、副食品和各种熟食品及淀粉，按13%税率征税。

★ 玉米浆、玉米皮、玉米纤维和玉米蛋白粉按13%税率征税。

★ 蔬菜罐头按13%税率征税。

★ 精制茶、边销茶及掺兑各种药物的茶和茶饮料，按13%税率征税。

★ 各种水果罐头、果脯、蜜饯、炒制的果仁、坚果、碾磨后的园艺植物（如胡椒粉、花椒粉等），按13%税率征税。

★ 中成药按13%税率征税。

★ 熟制的水产品和各类水产品的罐头，按13%税率征税。

★ 各种肉类罐头，肉类熟制品，蛋类的罐头，用鲜奶加工的各种奶制品如奶油、奶酪、酸奶按13%税率征税。

2. 食用植物油、食用盐

食用植物油包括芝麻油、花生油、豆油、菜籽油、米糠油、葵花籽油、棉籽油、玉米胚油、茶油、胡麻油、棕榈油、核桃油、橄榄油、花椒油、杏仁油、葡萄籽油、牡丹籽油。

★ 肉桂油、桉油、香茅油、环氧大豆油、氢化植物油按13%税率征税。

（二）自来水、暖气、热水、冷气、石油液化气、天然气、沼气、煤气、二甲醚、居民用煤炭制品

（三）图书、报纸、杂志、音像制品、电子出版物

（四）饲料、化肥、农机、农药、农膜

农机是指用于农业生产（包括林业、牧业、副业、渔业）的各种机器、机械化和半机械化农具及小农具，如复式播种机、卷帘机、农用运输机、农用挖掘机、养鸡养猪设备等。

★ 以农副产品为原料加工工业产品的机械、农用汽车、机动渔船、森林砍伐机械、集材机械、农机零部件均按13%税率征税。

★ 直接用于动物饲养的粮食、饲料添加剂按13%税率征税。

★ 用于人类日常生活的各种类型包装的日用卫生用药（如卫生杀虫剂、驱虫剂、驱蚊剂、蚊香、清毒剂等），不属于农药范围，按13%税率征税。

三、6%税率

纳税人提供增值电信服务、金融服务、现代服务（租赁服务除外）、生活服务、转让无形资产（转让土地使用权除外），适用6%税率。

四、零税率

纳税人出口货物，适用零税率。

境内单位和个人跨境销售下列服务、无形资产，适用零税率。

（一）国际运输服务

（1）在境内载运旅客或者货物出境。

（2）在境外载运旅客或者货物入境。

（3）在境外载运旅客或者货物。

（二）航天运输服务

（三）向境外提供完全在境外消费的服务

五、征收率

增值税征收率适用于两种情形：一是小规模纳税人；二是一般纳税人发生的按规定可以选择简易计税的应税行为。增值税有两种征收率：3%、5%，另有3%减按2%、5%减按1.5%、减按0.5%几种征收率，增值税征收率及适用范围如表2-3-2所示。

表2-3-2　增值税征收率及适用范围

征收率	适用范围
3%	①小规模纳税人（不动产业务除外） ②一般纳税人选择简易计税的情形（见下）
5%	①小规模纳税人销售、出租不动产 ②一般纳税人销售、出租营改增前取得的不动产、转让房地产老项目（2016年4月30日前的建筑工程项目） ③纳税人转让2016年4月30日前取得的土地使用权 ④一般纳税人提供劳务派遣服务选择差额计税的 ⑤一般纳税人提供人力资源外包服务选择差额计税的 ⑥纳税人提供安全保护服务，选择差额计税的 ⑦一般纳税人收取试点前开工的一级公路、二级公路、桥、闸通行费，选择简易计税
3%减按2%	销售自己使用过的固定资产（不得抵扣且未抵扣过进项税额） 销售旧货
5%减按1.5%	个人出租住房 住房租赁企业向个人出租住房
减按0.5%	从事二手车经销业务的纳税人销售其收购的二手车，减按0.5%征收增值税

（一）3%征收率

小规模纳税人，除不动产业务适用5%征收率以外，其他涉税业务均适用3%征收率。

一般纳税人选择简易计税，适用3%征收率的有以下情形。

①县级及县级以下小型水力发电单位生产的电力。

②建筑用和生产建筑材料所用的砂、土、石料。

③以自己采掘的砂、土、石料或其他矿物连续生产的砖、瓦、石灰。

④用微生物、微生物代谢产物、动物霉素、人或动物的血液或组织制成的生物制品。

⑤生产的自来水；自来水公司销售的自来水。

⑥商品混凝土。

⑦典当业销售典当物品。

⑧寄售商店代销寄售商品。

⑨药品经营企业销售生物制品。

⑩公共交通运输服务，包括轮客渡、公交客运、轨道交通、出租车、长途客运、班车。

⑪经认定的动漫企业为开发动漫产品提供的动漫脚本编撰、形象设计、背景设计、动

画设计、分镜、动画制作、摄制、描线、上色、画面合成、配音、配乐、音效合成、剪辑、字幕制作、压缩转码服务。

⑫在境内转让动漫版权。

⑬电影放映服务、仓储服务、装修搬运服务、收派服务、文化体育服务。

⑭提供物业管理服务的纳税人，向服务接受方收取的自来水费，以扣除其对外支付的自来水费的余额为销售额，按照3%征收率计征增值税。

⑮提供的非学历教育服务、教育辅助服务。

（二）5%征收率

具体内容见表2-3-2增值税征收率及适用范围。

（三）3%减按2%

1. 销售自己使用过的固定资产（不得抵扣且未抵扣过进项税额）

使用过的固定资产，是指自己使用过的，不是他人使用过的。

纳税人销售自己使用过的、不得抵扣且未抵扣过进项税额的固定资产，按照3%减按2%计征增值税，但不能开具增值税专用发票。纳税人也可以放弃减税，按照3%计征增值税，并可以开具增值税专用发票。

2. 销售旧货

旧货，是指进入二次流通的，具有部分使用价值的货物（含旧汽车、旧摩托车、旧游艇），但不包括自己使用过的物品。

纳税人销售自己使用过的固定资产、销售旧货，应纳增值税额的计算公式如下。

$$应纳增值税额 = 含税销售额 \div (1 + 3\%) \times 2\%$$

（四）5%减按1.5%

个人出租住房，按照5%的征收率减按1.5%计算增值税额。

住房租赁企业向个人出租住房，收取的全部租金收入，可以选择简易计税方法，按照5%的征收率减按1.5%计算增值税额。

（五）减按0.5%

从事二手车经销业务的纳税人销售其收购的二手车，减按0.5%征收增值税，应纳增值税额的计算公式如下。

$$应纳增值税额 = 含税销售额 \div (1 + 0.5\%) \times 0.5\%$$

◎ 任务情境分析与实施

吉源宠物食品有限公司主要销售宠物食品、宠物保健品、宠物玩具、宠物用品，同时提供技术服务、技术咨询、技术开发。根据增值税的规定，销售货物税率有13%、9%两档。宠物食品、宠物保健品、宠物玩具、宠物用品，适用税率13%；技术服务、技术咨询、技术开发属于现代服务业，适用税率6%。

👤 课堂任务

任务名称	一般纳税人，销售自己使用过的固定资产，如何计算增值税？
任务目标	掌握增值税减免税政策；培养爱国情怀

课堂任务

续表

任务描述	某企业是增值税一般纳税人，2023 年 9 月对外转让了一台职工食堂使用过的冰柜，该冰柜于 2018 年专为职工食堂购进，含税转让价为 4 120 元，该企业未放弃减免。 请计算该业务应缴纳的增值税额
任务分析	
任务实施	

课后任务

任务名称	小规模纳税人，销售自己使用过的固定资产、转让二手车，应如何计算增值税？
任务目标	掌握增值税减免税政策；培养爱国情怀
任务描述	某商贸企业是小规模纳税人，专门从事二手车经营。2023 年 3 月销售其收购的二手车取得含税销售额 32 万元，该车辆原含税收购价为 26 万元；当月另转售一辆本企业自用小汽车，取得含税销售额 3 万元，该车辆系 2016 年 6 月购置。 请计算上述业务当月应缴纳的增值税额
任务分析	
任务实施	

任务评价

知识及技能	评分（5分）	素质能力	评分（5分）
1. 掌握增值税的税率及征收率		1. 培养爱国情怀	
2. 掌握增值税减税政策		2. 树立依法纳税意识	
3. 能熟练运用减税政策		3. 培养严谨求实的职业精神	

任务总结

　　一般纳税人除了常用的 13%、9%、6% 税率外，一些特殊业务也使用征收率，要注意与小规模纳税人征税规定的差异。

任务四　计算一般纳税人应纳增值税额

任务情境

　　财务主管向小杨提出了一个问题：吉源宠物食品有限公司作为增值税一般纳税人，如何计算 3 月份应纳的增值税额？让我们一起学习任务四，帮助小杨找到答案吧！

任务地图

一般计税方法
当期应纳增值税额=当期销项税额−当期进项税额

```
                           ┌──────────────┐    ┌──────────┐       ┌────────────────────┐
                           │   销项税额   │───▶│ 视同销售 │───────│ 无市场价格，组成计税价格 │
          ┌──────────┐     └──────────────┘    └──────────┘       └────────────────────┘
          │ 简易计税方法 │          │                              ┌────────────────────┐
          └──────────┘          ▼                              │    有市场价格      │
                           ┌──────────────┐    ┌──────┐         └────────────────────┘
┌──────────┐  ┌──────────┐ │   销售额     │    │  ×   │         ┌──────────┐
│ 进项税额 │  │ 一般纳税人 │ └──────────────┘    └──────┘         │   税率   │
└──────────┘  │应纳增值税额│                                     └──────────┘
              └──────────┘ ┌────────┬────────┬────────┐      13%   9%   6%
┌──────┐ ┌──────┐          │一般销售 │特殊销售 │差额计税│
│可抵扣│ │不可抵扣│         │方式    │售方式  │        │
└──────┘ └──────┘          └────────┴────────┴────────┘
```

任务描述

　　本任务是学习增值税的重点。一般纳税人增值税采用一般计税方法，一些特殊涉税业务使用简易计税方法。本任务中，我们会学习一般纳税人如何计算销项税额、如何抵扣进项税额、如何计算进项税转出额，以及一般纳税人简易计税的计算方法。

任务目标

1. 掌握一般纳税人不同销售方式下销项税额的计税方法；
2. 掌握一般纳税人金融商品转让应纳增值计税方法；
3. 掌握一般纳税人视同销售行为销项税额计税方法；
4. 掌握农产品进项税额抵扣方法；
5. 掌握计算进项税额转出方法；
6. 掌握一般纳税人简易计税方法；
7. 树立依法纳税的意识；
8. 培养思辨能力，养成严谨求实的职业精神；
9. 提高实际问题解决能力，提升职业技能。

知识链接

　　一般纳税人增值税计算采用间接法，即扣税法。先按当期销售额和适用税率计算出销项税额，然后将当期准予抵扣的进项税额进行抵扣，间接计算出当期增值额部分应纳税额。即：

当期应纳增值税额 = 当期销项税额 − 当期进项税额

　　当期应纳增值税额可以是正数，也可以是负数或者是零，其大小取决于当期销项税额和当期进项税额两个变量。

　　★ 当期应纳增值税额为负数时，表明当期的进项税额不足抵扣，其不足部分可以结转下期继续抵扣或留抵退税。

一、计算销项税额

　　销项税额是指一般纳税人销售货物、劳务、服务、无形资产或者不动产，按照销售额与适用税率计算并向购买方收取的增值税额。即购买方在购买货物、劳务、服务、无形资产、不动产时，一并向销售方支付的税额。计算公式如下。

$$销项税额 = 不含税销售额 × 适用税率$$

在确定税率后，计算销项税额的关键是确定应税销售额，由于不同销售方式、不同涉税业务其应税销售额有所差异，因此，应税销售额的确定有以下四种情形。

（一）一般销售方式下销售额的确认

销售额是指纳税人发生应税销售行为时向购买方收取的全部价款和价外费用。因为增值税采用价外计税方法，用不含增值税价款作为计税依据，因此销售额中不包括向购买方收取的销项税额。

1. 价外费用

价外费用是指在价外收取的各种性质的收费。包括价外向购买方收取的手续费、补贴、基金、集资费、返还利润、奖励费、违约金、延期付款利息、滞纳金、赔偿金、包装费、包装物租金、储备费、优质费、运输装卸费、代收款项、代垫款项以及其他各种性质的价外收费。

价外费用不包括以下费用。

（1）向购买方收取的销项税额。

（2）受托加工应征消费税的货物，由受托方代收代缴的消费税。

（3）同时符合以下条件的代垫运输费用：

①承运部门的运输发票开具给购买方；

②纳税人将该发票转交给购买方。

（4）代为收取的政府性基金或者行政事业性收费。

（5）以委托方名义开具发票代委托方收取的款项。

（6）销售货物时代办保险收取的保险费、代购买方缴纳的车辆购置税、车辆牌照费。

2. 含税销售额换算

一般纳税人取得的是含增值税的销售额，需换算成不含增值税的销售额。另外，根据增值税的规定，一般纳税人向购买方收取的价外费用，应视为含增值税收入，在计税时要换算为不含税收入，再并入销售额。

> **小贴士**
>
> 价外费用、普通发票金额、零售收入、包装物押金均为含税金额。

不含税销售额的计算公式如下。

$$不含税销售额 = 含税销售额 ÷ (1 + 适用税率)$$

【例2-4-1】甲公司为增值税一般纳税人，4月销售一批工业制品取得含税销售额101.7万元，同时收取包装费0.8万元；提供设计服务取得含税销售额25.6万元，请计算甲公司4月增值税销项税额。

【解析与答案】工业制品增值税税率为13%，设计服务增值税税率为6%。包装费属于价外费用。

当月销项税额 = (101.7 + 0.8) ÷ (1 + 13%) × 13% + 25.6 ÷ (1 + 6%) × 6% = 13.24（万元）

（二）特殊销售方式下销售额的确定

1. 折扣方式

（1）折扣销售（商业折扣）。

折扣销售，是指销售方在发生应税销售行为时，因购买方需求量大等原因，给予的价格优惠。如购买 100 件商品，给予 5% 的优惠；购买 200 件商品，给予 15% 的优惠。

纳税人采取折扣销售方式销售货物，如果销售额和折扣额在同一张发票上分别注明，可以按折扣后的销售额计征增值税。

以下两种情形不能按折扣后的金额计税。

①仅在发票"备注"栏注明折扣额，折扣额不得扣除。

②如果将折扣额另开发票，不论其财务上如何处理，均不得从销售额中减除折扣额。

（2）销售折扣（现金折扣）。

销售折扣，通常是为了鼓励购货方及时支付货款而给予的折扣优惠。销售折扣发生在销售之后，如 30 天内付款没有折扣，20 天内付款给予 1% 折扣，10 天内付款给予 2% 折扣。

纳税人在计算应纳增值税额时，不得从销售额中扣除销售折扣，要按折扣前的销售额计征增值税。

（3）销售折让。

销售折让，是指由于售出商品的品种、质量不合格等原因，购货方没有退货，但销货方需要给予购货方的一种价格折让。

销售折让按折让后的销售额计征增值税。销售折让可以通过开具红字增值税专用发票从销售额中减除。

【例 2-4-2】甲服装厂为增值税一般纳税人，2 月销售给乙公司 300 套工装，不含税售价为 700 元/套。由于乙公司购买量大，甲服装厂给予 7 折优惠，并按原价开具了增值税专用发票，折扣额在同一张发票的"备注"栏注明。请计算甲服装厂当月的增值税销项税额。

【解析与答案】折扣额仅在发票"备注"栏注明的，不得从销售额中扣除。

当月销项税额 = $300 \times 700 \times 13\% = 27\ 300$（元）

2. 以物易物

以物易物，是指购销双方不是以货币结算，而是以同等价款的应税销售行为相互结算，实现购销的一种方式。

以物易物双方都应作购销处理。以各自发出的应税销售行为核算销售额并计算销项税额，以各自收到的货物、劳务、服务、无形资产、不动产核算购进金额并计算进项税额。

在以物易物过程中，双方应当各自开具合法的票据，计算销项税额。但如果收到货物、劳务、服务、无形资产、不动产后不能取得相应的增值税专用发票或者其他合法税收凭证，不得抵扣进项税额。

【例 2-4-3】甲贸易公司为增值税一般纳税人，11 月以不含税价 15 万元的苹果与乙公司不含税价 8 万元的罐头交换，差价款由乙公司以银行存款支付，双方均向对方开具增值税专用发票，当月取得的相关票据均于当月抵扣进项税额。请计算甲贸易公司当月应缴纳的增值税额。

【解析与答案】甲贸易公司取得了乙公司开具的增值税专用发票，可以抵扣进项税额。

当月应纳增值税额 = $15 \times 9\% - 8 \times 13\% = 0.31$（万元）

3. 以旧换新

以旧换新销售货物，是纳税人在销售自己货物时，有偿回收旧货的行为。

采取以旧换新方式销售货物的，应按新货物的同期销售价格确定销售额，不得扣减旧货物的回收价格。

★ 金银首饰以旧换新业务，可以按销售方实际收取的不含增值税的全部价款征收增值税。

【例2-4-4】 10月，某百货公司（一般纳税人）家电部以旧换新冰箱10台，新冰箱零售价为3 051元/台，旧冰箱作价100元/台；其金银首饰部采用以旧换新方式向消费者销售金项链10条，新项链每条零售价3 000元，每条旧项链作价1 800元，每条项链收取差价1 200元。请计算当月该百货公司以旧换新业务的增值税销项税额。

【解析与答案】 金银首饰以旧换新业务，按销售方实际收取的不含增值税的全部价款征收增值税。零售价为含增值税价格。

当月销项税额 = $3\,051 \times 10 \div (1 + 13\%) \times 13\% + 1\,200 \times 10 \div (1 + 13\%) \times 13\% = 4\,890.531$（元）

4. 包装物押金

包装物是指纳税人包装本单位货物的各种物品。为了促使购货方尽早退回包装物以便周转使用，纳税人销售货物时，向购货方收取包装物押金。

纳税人为销售货物而出租出借包装物收取的押金，单独记账核算的，时间在1年以内，又未过期的，不并入销售额征税。但对因逾期未收回包装物不再退还的押金，应按所包装货物的适用税率计算销项税额。

逾期，是指按合同约定实际逾期，或是以1年（12个月）为期限。对收取1年（12个月）以上的押金，无论是否退还均应并入销售额征税。

> ⚡ **小贴士**
>
> 包装物租金属于价外费用，在收取租金时一并计入销售额计算销项税额。要注意先换算为不含税收入。

★ 包装物押金属于含税收入，在并入销售额征税时，应先将其换算为不含税收入。

★ 对啤酒、黄酒收取的包装物押金，逾期时并入销售额征税。

★ 除啤酒、黄酒外的其他酒类产品收取的包装物押金，无论是否返还也无论会计上如何核算，均应并入当期销售额征税，如表2-4-1所示。

表2-4-1   包装物押金税务处理

类别	①一般货物 ②啤酒、黄酒	除啤酒、黄酒以外的其他酒（如白酒、红酒）
税务处理	逾期时并入销售额，收取时不计税	收取时并入销售额，逾期不再计税

【例2-4-5】 甲酒厂为增值税一般纳税人，7月销售啤酒取得含税销售额791 000元，另收取包装物押金28 250元。请计算甲酒厂7月销售啤酒的增值税销项税额。

【解析与答案】 销售啤酒时，包装物押金收取时不计税，逾期未退时并入销售额。

销项税额 = $791\,000 \div (1 + 13\%) \times 13\% = 91\,000$（元）

5. 贷款服务

贷款服务以提供贷款服务取得的全部利息及利息性质的收入为销售额。

银行提供贷款服务按期计收利息的，结息日当日计收的全部利息收入，均应计入结息日所属期的销售额，按照现行规定计算缴纳增值税。

6. 直接收费的金融服务

直接收费的金融服务以提供直接收费金融服务收取的手续费、佣金、酬金、管理费、服务费、经手费、开户费、过户费、结算费、转托管费等各类费用为销售额。

【例2-4-6】某商业银行为增值税一般纳税人，第一季度提供贷款服务取得含税利息收入5 300万元，提供直接收费服务取得含税收入106万元，开展贴现业务取得含税利息收入500万元。请计算上述业务的销项税额。

【解析与答案】贷款服务以提供贷款服务取得的全部利息及利息性质的收入为销售额；金融机构开展贴现、转贴现业务，以其实际持有票据期间取得的利息收入作为贷款服务销售额计算增值税。

销项税额＝（5 300＋106＋500）÷（1＋6%）×6%＝334.3（万元）

（三）差额计税

营业税全面改征增值税后，仍有无法通过抵扣机制避免重复计税的情况存在，因此设置了差额计税的特殊销售额计算办法。差额计税包括8个项目，不同项目销售额的确定如表2-4-2所示。

表2-4-2　差额计税销售额的确定

差额计税销售方式	销售额的确定
转让金融商品	销售额＝卖出价－买入价 ①销售额为含税收入 ②同期以盈亏相抵后的余额为销售额 ③盈亏相抵后的负差可用下期销售额相抵，年末负差不能转入下一会计年度 ④不得开具增值税专用发票
经纪代理服务	销售额＝（全部价款＋价外费用）－代收代付的政府性基金或者行政事业性收费
旅游服务	销售额＝（全部价款＋价外费用）－住宿费、餐饮费、交通费、签证费、门票费、支付给其他接团旅游企业的旅游费用
客运场站服务	销售额＝（全部价款＋价外费用）－支付给承运方的运费
航空运输服务	销售额＝（全部价款＋价外费用）－代收的民航发展基金和代售其他航空运输企业客票而代收转付的价款
劳务派遣服务	销售额＝（全部价款＋价外费用）－代用工单位支付给劳务派遣员工的工资、福利和为其办理社保、公积金的费用 ☆一般纳税人可以选择差额计税，征收率5%；也可以选择一般计税方法，税率6%
房地产开发企业	销售额＝（全部价款＋价外费用）－受让土地时向政府部门支付的土地价款 ☆扣除项目包括征地和拆迁补偿费用、土地前期开发费用、土地出让收益
建筑服务	销售额＝（全部价款＋价外费用）－支付给分包方的分包款

1. 转让金融商品

转让金融商品，是指转让外汇、有价证券、非货物期货和其他金融商品所有权的业务活动。

★ 转让金融商品，按照卖出价扣除买入价后的余额为销售额。

★ 转让金融商品出现的正负差，按盈亏相抵后的余额为销售额。若相抵后出现负差，可结转下一纳税期与下期转让金融商品销售额相抵，但年末时仍出现负差的，不得转入下一个会计年度。

金融商品的买入价，可以选择按照加权平均法或者移动加权平均法进行核算，选择后36个月内不得变更。

★ 金融商品转让，不得开具增值税专用发票。

【例2-4-7】某金融公司（一般纳税人）当年第四季度转让债权卖出价为100 000元（含税价），该债权为上年10月购入，买入价60 000元。该公司当年转让金融商品亏损10 000元。请计算该公司转让债权的销项税额。

【解析与答案】含税销售额 = 100 000 - 60 000 - 10 000 = 30 000（元）

销项税额 = 30 000 ÷（1 + 6%）× 6% = 1 698.11（元）

2. 经纪代理服务

经纪代理服务以取得的全部价款和价外费用，扣除向委托方收取并代为支付的政府性基金或者行政事业性收费后的余额为销售额。

★ 向委托方收取的政府性基金或者行政事业性收费，不得开具增值税专用发票。

3. 旅游服务

纳税人提供旅游服务，可以选择以取得的全部价款和价外费用，扣除向旅游服务购买方收取并支付给其他单位或者个人的住宿费、餐饮费、交通费、签证费、门票费和支付给其他接团旅游企业的旅游费用后的余额为销售额。

★ 选择上述办法计算销售额的纳税人，向旅游服务购买方收取并支付的上述费用，不得开具增值税专用发票，可以开具普通发票。

4. 客运场站服务

一般纳税人提供客运场站服务，以其取得的全部价款和价外费用，扣除支付给承运方运费后的余额为销售额。

5. 航空运输服务

航空运输企业的销售额，不包括代收的民航发展基金和代售其他航空运输企业客票而代收转付的价款。

6. 劳务派遣服务

一般纳税人提供劳务派遣服务，可以选择差额计税，征收率5%；也可以选择一般计税方法，税率6%。劳务派遣服务以取得的全部价款和价外费用，扣除代用工单位支付给劳务派遣员工的工资、福利和为其办理社保、公积金后的余额为销售额。

7. 房地产开发企业

房地产开发企业中的一般纳税人销售其开发的房地产项目，除选择简易计税的房地产老项目以外，以取得的全部价款和价外费用，扣除受让土地时向政府部门支付的土地价款后的余额为销售额。"向政府部门支付的土地价款"是指土地受让人向政府部门支付的征地和拆迁补偿费用、土地前期开发费用、土地出让收益。在取得土地时，向其他单位或个人支付的拆迁补偿费用也允许在计算销售额时扣除。

8. 建筑服务

纳税人提供建筑服务适用简易计税的，以取得全部价款和价外费用，扣除支付给分包方的分包款后的余额为销售额。

（四）视同销售行为销售额的确定

纳税人发生应税销售行为，价格明显偏低且无正当理由的；视同发生应税销售行为而无销售额的，主管税务机关按照下列顺序核定销售额。

（1）按照纳税人最近时期发生同类应税销售行为的平均价格确定。

（2）按照其他纳税人最近时期发生同类应税销售行为的平均价格确定。

（3）用以上两种方法均不能确定其销售额的，可按组成计税价格确定销售额。

组成计税价格的公式如下。

组价公式一：适用于非应税消费品

$$组成计税价格 = 成本 \times (1 + 成本利润率)$$

组价公式二：适用于从价计征消费税的应税消费品

$$组成计税价格 = 成本 \times (1 + 成本利润率) \div (1 - 消费税税率)$$

组价公式三：适用于从量计征消费税的应税消费品

$$组成计税价格 = 成本 \times (1 + 成本利润率) + 消费税税额$$

组价公式四：适用于复合计征消费税的应税消费品

$$组成计税价格 = [成本 \times (1 + 成本利润率) + 从量消费税] \div (1 - 消费税税率)$$

> **⚡ 小贴士**
>
> 1."成本利润率"由国家税务总局规定。
>
> 2.组成计税价格为不含税价格。

计算出组成计税价格后，视同销售行为的销项税额计算，即：

$$销项税额 = 组成计税价格 \times 税率$$

【例2-4-8】甲公司（一般纳税人）4月将自产肥皂100箱用于职工福利，肥皂成本为565元/箱，无同类产品售价，成本利润率10%。请计算上述业务的增值税销项税额。

【解析与答案】将自产肥皂用于职工福利，应视为增值税视同销售行为。因无同类产品售价，应按组成计税价格计税。

组成计税价格 = $100 \times 565 \times (1 + 10\%) = 62\,150$（元）

销项税额 = $62\,150 \times 13\% = 8\,079.5$（元）

二、计算进项税额

进项税额，是指纳税人购进货物、劳务、服务、无形资产或者不动产，支付或者负担的增值税额。

进项税额是与销项税额相对的一个概念。销售方收取的销项税额，就是购买方支付的进项税额。一般纳税人用当期销项税额减去当期进项税额，余额就是当期应缴纳的增值税额。

需要明确的是，并不是购进货物、接受服务、无形资产、不动产所支付或负担的进项税额都可以在销项税额中抵扣，税法对哪些进项税额可以抵扣、哪些进项税额不能抵扣有严格的规定，如图2-4-1所示。

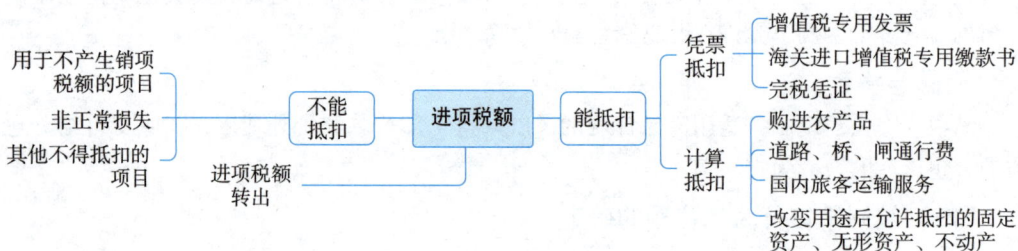

图 2 - 4 - 1　进项税额

（一）准予抵扣的进项税额

1. 凭票抵扣

（1）增值税专用发票。

从销售方取得的增值税专用发票（含税控机动车销售统一发票）上注明的增值税额，可以从当期销项税额中抵扣。

（2）海关进口增值税专用缴款书。

增值税一般纳税人进口货物，报关进口时海关代征进口环节增值税，取得海关进口增值税专用缴款书上注明的增值税税额，可以作为进项税额抵扣。

（3）完税凭证。

从境外单位或者个人购进劳务、服务、无形资产或者不动产，自税务机关或者扣缴义务人取得的代扣代缴税款的完税凭证上注明的增值税额，可以作为进项税额抵扣。

2. 计算抵扣

（1）购进农产品。

①一般纳税人开具的增值税专用发票。

取得一般纳税人开具的增值税专用发票或海关增值税专用缴款书的，以发票或缴款书上注明的税额为进项税额。

②小规模纳税人开具的增值税专用发票。

取得3%征收率小规模纳税人开具的增值税专用发票，以专用发票上注明的金额和9%扣除率计算抵扣进项税额。

③农产品收购发票或销售发票。

取得或开具农产品收购发票或销售发票的，以发票上注明的买价和9%扣除率计算抵扣进项税额。

★ 纳税人购进用于生产销售或委托加工13%税率货物的农产品，允许加计扣除，按照10%的扣除率计算进项税额。即纳税人购进农产品，在购进当期按照9%计算抵扣进项税额，如果购进农产品用于生产销售或委托加工13%税率货物，在生产领用当期加计抵扣1%。

综上，购进农产品进项税额抵扣方法如表2 - 4 - 3所示。

表 2 - 4 - 3　购进农产品进项税额抵扣方法

取得扣税凭证	确定进项税额	
	用于生产销售或委托加工 13% 税率的货物（生产领用时加计抵扣 1%）	用于生产销售或委托加工 9% 税率的货物或用于 6% 的服务
一般纳税人开具的增值税专用发票或海关进口增值税专用缴款书	进项税额 = 票面不含税金额 ×10%	进项税额 = 票面不含税金额 ×9%
小规模纳税人开具的 3% 增值税专用发票	进项税额 = 票面不含税金额 ×10%	进项税额 = 票面不含税金额 ×9%
取得或开具农产品收购发票或销售发票	进项税额 = 买价 ×10%	进项税额 = 买价 ×9%

【例 2 - 4 - 9】某食品厂为一般纳税人，1 月从农民手中收购小麦用于加工糕点并于当月全部领用，收购发票注明买价 5 万元；支付运费，取得一般纳税人开具的增值税专用发票，注明金额 0.6 万元。请计算当月该食品厂上述业务应抵扣的进项税额。

【解析与答案】根据增值税相关规定，取得或开具农产品收购发票或销售发票的，以发票上注明的买价和 9% 扣除率计算抵扣进项税额。纳税人购进农产品，在购进当期按照 9% 计算抵扣进项税额，如果购进农产品用于生产销售或委托加工 13% 税率货物，在生产领用当期加计抵扣 1%。

该食品厂从农民手中收购小麦，并于当月全部领用用于生产糕点，符合上述税法规定的情形；取得运输增值税专用发票，按照发票税额进行抵扣。

当月应抵扣的进项税额 = 5 × (9% + 1%) + 0.6 × 9% = 0.554（万元）

（2）道路、桥、闸通行费。

①凭票抵扣：纳税人支付的道路通行费，按照收费公路通行费增值税电子普通发票上注明的增值税额抵扣进项税额。

②计算抵扣：纳税人支付的道路、桥、闸通行费，暂凭取得的通行费发票上注明的收费金额按照下列公式计算可抵扣的进项税。

可抵扣的进项税额 = 道路、桥、闸通行费发票上注明的收费金额 ÷ (1 + 5%) × 5%

（3）国内旅客运输服务。

纳税人购进国内旅客运输服务未取得增值税专用发票的，暂按照以下规定确定进项税额。

①取得增值税电子普通发票的，以发票上注明的税额为进项税额。

②取得注明旅客身份信息的航空运输电子客票行程单的，计算抵扣进项税额，计算公式如下。

航空旅客运输进项税额 = (票价 + 燃油附加费) ÷ (1 + 9%) × 9%

③取得注明旅客身份信息的铁路车票的，计算抵扣进项税额，计算公式如下。

铁路旅客运输进项税额 = 票面金额 ÷ (1 + 9%) × 9%

④取得注明旅客身份信息的公路、水路等其他客票的，计算抵扣进项税额，计算公式如下。

公路、水路等其他旅客运输进项税额 = 票面金额 ÷ (1 + 3%) × 3%

⚡ 小贴士

通行费、旅客运输服务的票面金额都是含税价。

【例2-4-10】 某企业（一般纳税人），3月支付桥、闸通行费6 825元，取得通行费发票；支付道路通行费，取得增值税电子普通发票注明税额246元。请计算该企业上述发票可以抵扣的进项税额。

【解析与答案】 可以抵扣的进项税额 = 6 825 ÷ (1 + 5%) × 5% + 246 = 571（元）

（4）改变用途后允许抵扣的固定资产、无形资产、不动产。

不得抵扣且未抵扣进项税额的固定资产、无形资产、不动产，发生用途改变，用于允许抵扣进项税额的应税项目，在用途改变的次月计算抵扣进项税额，计算公式如下。

可抵扣进项税额 = 固定资产、无形资产、不动产净值 ÷ (1 + 适用税率) × 适用税率

对于不动产，也可以用不动产净值率计算，计算公式如下。

可抵扣进项税额 = 增值税扣税凭证注明或计算的进项税额 × 净值率

不动产净值率 = 固定资产、无形资产、不动产净值 ÷ 原值 × 100%

【例2-4-11】 2020年5月，某公司（增值税一般纳税人）购入不动产作为职工宿舍，取得增值税专用发票上注明金额2 000万元，税额180万元。2024年1月，该不动产改为办公楼，当期不动产净值率为90%。

【解析与答案】 2020年购入不动产作为职工宿舍，进项税额不能抵扣。2024年1月不动产改变用途，改为办公楼，变为进项税额可以抵扣。按照不动产净值抵扣，且在2024年的2月计算抵扣进项税额。

可抵扣进项税额 = 180 × 90% = 162（万元）

（二）不得抵扣的进项税额

增值税一般纳税人，购进货物、劳务、服务、无形资产、不动产，取得的增值税扣税凭证不符合税法规定的，其进项税额不得从销项税额中扣除。除此规定以外，还有以下情形的进项税额也不得从销项税额中抵扣。

1. 用于不产生销项税额的项目

用于简易计税方法计税项目、免征增值税项目、集体福利、个人消费的购进货物、劳务、服务、无形资产和不动产，其进项税额不得抵扣。

★ 租入、购进的固定资产、无形资产、不动产，专用于上述项目的，其进项税额不得抵扣。

★ 租入、购进的固定资产、无形资产、不动产，既用于一般纳税方法计税项目，又用于简易计税方法计税项目、免征增值税项目、集体福利、个人消费的，其进项税额可以全部抵扣。

2. 非正常损失

非正常损失，是指因管理不善造成被盗、丢失、霉烂变质的损失，以及因违反法律法规造成货物或者不动产被依法没收、销毁、拆除的情形。

增值税将人为原因导致的损失称为非正常损失。这类损失对应的进项税额不允许抵扣。

💡 小贴士

如某公司将一台职工健身房的电脑用于办公室，属于固定资产改变用途，没有抵扣过进项税额的电脑，可以抵扣了，因电脑计提过折旧，按净值计算可抵扣的进项税额。

注意：固定资产、无形资产、不动产净值均为含税金额。

💡 小贴士

甲公司购进一栋五层楼，取得增值税专用发票，1~4层用于办公，5层用于职工宿舍，整栋楼的进项税可以抵扣。

如果五层楼全部用于职工宿舍，其进项税额就不能抵扣。

★因自然灾害等不可抗力造成的损失称为正常损失，正常损失的进项税额是可以抵扣的。

（1）非正常损失的购进货物，以及相关的劳务和交通运输服务。

（2）非正常损失的在产品、产成品所耗用的购进货物（不包括固定资产）、劳务和交通运输服务。

（3）非正常损失的不动产，以及该不动产所耗用的购进货物、设计服务和建筑服务。

（4）非正常损失的不动产在建工程所耗用的购进货物、设计服务和建筑服务。纳税人新建、改建、扩建、修缮、装饰不动产，均属于不动产在建工程。

3. 其他不得抵扣的项目

（1）纳税人购进的贷款服务、餐饮服务、居民日常服务和娱乐服务，其进项税额不得抵扣。

（2）纳税人接受贷款服务向贷款方支付的与该笔贷款直接相关的投融资顾问费、手续费、咨询费等费用，其进项税额不得抵扣。

（三）进项税额转出

在购入的货物、劳务、服务等发生以下情形时，由于不产生增值税销项税额，其进项税额也不能抵扣。如果其进项税额已经抵扣，需要将已抵扣的进项税额从当期的进项税额中扣减，这种税务处理称为进项税额转出。

如果无法确定该项进项税额，按当期外购项目的实际成本计算应扣减的进项税额。

1. 改变用途的货物、劳务、服务

已抵扣进项税额的购进货物、劳务及服务，如果事后发生用途改变，用于集体福利、个人消费的，需要将其已经抵扣的进项税额从当期进项税额中转出。

【例2-4-12】6月，甲企业（增值税一般纳税人）将3月从乙企业手中购买的一批已经抵扣过进项税额的生产用原材料（适用税率13%）用于职工宿舍装修，账面成本10 000元。请计算应转出的进项税额。

【解析与答案】进项税转出额 = 10 000 × 13% = 1 300（元）

2. 非正常损失

购进货物、在产品、产成品发生非正常损失，其已经抵扣的进项税额需要做转出处理。

【例2-4-13】某服装厂（增值税一般纳税人）成衣成本中外购比例为60%，7月因管理不善丢失一批账面成本为20 000元的成衣（已抵扣进项税额）。请计算该厂当月应转出的进项税额。

【解析与答案】非正常损失的购进货物其进项税额不能抵扣，已经抵扣的进项税额需做进项税额转出处理。

进项税转出额 = 20 000 × 60% × 13% = 1 560（元）

3. 进货退回或折让

一般纳税人因购进货物退回、中止或折让而收回的增值税额，应冲减发生当期的进项税额。

4. 改变用途的固定资产、无形资产、不动产

已抵扣过进项税额的固定资产、无形资产、不动产，事后改变用途，用于不得抵扣进项税额的情形，或者发生非正常损失的，应当按照以下公式计算转出的进项税额。

$$进项税转出额 = 固定资产、无形资产、不动产净值 × 适用税率$$

对于不动产，也可以用不动产净值率计算，计算公式如下。

$$进项税转出额 = 已抵扣的进项税额 × 不动产净值率$$

$$不动产净值率 = 不动产净值 ÷ 不动产原值 × 100\%$$

【例2-4-14】2024年3月，某公司（增值税一般纳税人）将2021年从甲公司（增值税一般纳税人）购入的一台已经抵扣过进项税额的生产设备改变用途，用作集体福利设施。该设备原值200万元，已计提折旧18万元。请计算该笔业务应转出的进项税额。

> **⚡ 小贴士**
>
> 固定资产、无形资产在使用过程中要折旧、摊销，所以用净值计算转出。因已经抵扣过进项税额，净值不含税。

【解析与答案】进项税转出额 =（200 - 18）× 13% = 23.66（万元）

（四）兼营进项税额抵扣

一般计税方法的纳税人，兼营简易计税方法计税项目、免征增值税项目而无法划分不得抵扣的进项税额，按照下列公式计算不得抵扣的进项税额。

$$不得抵扣的进项税额 = 当期无法划分的全部进项税额 ×（当期简易计税方法计税$$
$$项目销售额 + 免征增值税项目销售额）÷ 当期全部销售额$$

【例2-4-15】某制药厂是增值税一般纳税人，12月销售应税药品取得不含税收入100万元，销售免税药品50万元；当月购入原材料一批，取得增值税专用发票，注明税款6.8万元；应税药品与免税药品无法划分耗料情况。请计算当月该制药厂不得抵扣的进项税额。

【解析与答案】不得抵扣的进项税额 = 6.8 × 50 ÷（100 + 50）= 2.27（万元）

三、计算应纳增值税额（一般计税方法）

一般纳税人采用一般计税方法计税的，应纳增值税额的计算公式如下。

$$应纳增值税额 = 当期销项税额 - 当期准予抵扣的进项税额$$

增值税一般纳税人，采用一般计税方法的，计算增值税应纳税额时，除确定当期可以抵扣的进项税额，或需要转出的进项税额外，还应确认销项税额的计税时间，即纳税义务发生时间。

纳税义务发生时间，是指纳税人发生应税销售行为应当承担纳税义务的起始时间。纳税义务发生时间的确认，就是纳税人计算其销项税额的时间节点。

（一）纳税义务发生时间的一般规定

（1）纳税人发生应税销售行为，其纳税义务发生时间为收讫销售款项或者取得索取销售款项凭据的当天；先开具发票的，为开具发票的当天。

（2）进口货物，为报关进口的当天。

（3）增值税扣缴义务发生时间为纳税人增值税纳税义务发生的当天。

（二）不同销售方式下纳税义务发生时间

（1）采取直接收款方式销售货物，不论货物是否发出，均为收到销售款或取得索取销售款凭证的当天。

（2）采取托收承付和委托银行收款方式销售货物，为发出货物并办妥托收手续的当天。

（3）采取赊销和分期收款方式销售货物，为书面合同约定的收款日期的当天。无书面合同的或者书面合同没有约定收款日期的，为货物发出的当天。

（4）采取预收货款方式销售货物，为货物发出的当天。但生产销售生产工期超过12个月的大型机械设备、船舶、飞机等货物，为收到预收款或者书面合同约定的收款日期的当天。

（5）委托其他纳税人代销货物，为收到代销单位的代销清单或者收到全部或者部分货款的当天；未收到代销清单及货款的，为发出代销货物满180天的当天。

（6）销售应税劳务，为提供劳务同时收讫销售额或取得索取销售额的凭据的当天。

（7）纳税人发生视同销售货物行为，除委托代销及销售代销货物以外，为货物移送的当天。

（8）纳税人提供租赁服务采取预收款方式的，其纳税义务发生时间为收到预收款的当天。

（9）纳税人从事金融商品转让的，为金融商品所有权转移的当天。

（10）纳税人发生视同销售服务、无形资产、不动产情形的，其纳税义务发生时间为服务、无形资产转让完成的当天或者不动产权属变更的当天。

四、一般纳税人简易计税

增值税规定，一般纳税人发生的特定应税销售行为，可以选择简易计税方法计税。一般纳税人选择简易计税办法计算缴纳增值税的，36个月内不得变更。

（一）选择简易计税的适用范围

一般纳税人采取简易计税方法计税时，按适用的征收率3%或5%计征增值税，不得抵扣进项税额，应纳税额的计算公式如下。

$$应纳税额 = 含税销售额 \div (1 + 征收率) \times 征收率$$

一般纳税人选择简易计税的应税行为，其征收率及适用范围如表2-4-4所示。

> **💡 小贴士**
>
> 一般计税方法下，"销售额×税率"称为销项税额。
>
> 简易计税方法下，"销售额×税率"称为应纳税额。

> **💡 小贴士**
>
> 一般计税方法用"税率"。
>
> 简易计税方法用"征收率"。

表2-4-4　一般纳税人选择简易计税的应税行为

征收率	适用范围
销售货物 3%	①县级及县级以下小型水力发电单位生产的电力 ②建筑用和生产建筑材料所用的砂、土、石料 ③以自己采掘的砂、土、石料或其他矿物连续生产的砖、瓦、石灰 ④用微生物、微生物代谢产物、动物毒素、人或动物的血液或组织制成的生物制品 ⑤生产的自来水；自来水公司销售的自来水 ⑥商品混凝土 ⑦典当业销售典当物品 ⑧寄售商店代销寄售商品 ⑨药品经营企业销售生物制品
销售服务 3%	①公共交通运输服务，包括轮渡、公交客运、轨道交通、出租车、长途客运、班车 ②经认定的动漫企业为开发动漫产品提供的动漫脚本编撰、形象设计、背景设计、动画设计、分镜、动画制作、摄制、描线、上色、画面合成、配音、配乐、音效合成、剪辑、字幕制作、压缩转码服务 ③在境内转让动漫版权 ④电影放映服务、仓储服务、装修搬运服务、收派服务、文化体育服务 ⑤提供的非学历教育服务、教育辅助服务

征收率	适用范围
差额计税 3%	①一般纳税人跨县市提供建筑服务，计算公式为： 　　　销售额＝全部价款＋价外费用－支付的分包款 ②提供物业管理服务的纳税人，向服务接受方收取的自来水费，以扣除其对外支付的自来水费后的余额为销售额，按照简易计税方法依 3% 的征收率计算缴纳增值税，计算公式为： 　　　销售额＝向服务接受方收取的自来水费－对外支付的自来水费
再生资源 回收 3%	自 2022 年 3 月 1 日起，从事再生资源回收的增值税一般纳税人销售其收购的再生资源，可以选择简易计税方法按照 3% 征收率计算增值税
不动产 5%	①销售 2016 年 4 月 30 日前取得的不动产 ②出租 2016 年 4 月 30 日前取得的不动产 ③房地产开发企业销售自行开发的房地产老项目（开工日在 2016 年 4 月 30 日前）
差额计税 5%	①纳税人转让 2016 年 4 月 30 日前取得的土地使用权，计算公式为： 　　　销售额＝全部价款＋价外费用－取得该土地使用权的原价 ②提供劳务派遣服务，计算公式为： 　　　销售额＝全部价款＋价外费用－代用工单位支付给劳务派遣员工的工资、 　　　　　　　福利费、社保、公积金
3% 减按 2%	①销售自己使用过的固定资产（不得抵扣且未抵扣过进项税额） ②销售旧货
5% 减按 1.5%	住房租赁企业向个人出租住房

（二）销售使用过的固定资产、销售旧货

增值税一般纳税人销售自己使用过的、不得抵扣且未抵扣过进项税额的固定资产，可以选择简易计税，按照 3% 征收率减按 2% 征收增值税。

纳税人销售旧货，按照简易计税依照 3% 征收率减按 2% 征收增值税。

$$应纳税额＝含税售价÷（1＋3\%）×2\%$$

（三）住房租赁企业向个人出租住房

增值税一般纳税人向个人出租住房取得的全部租赁收入，可以选择简易计税方法，按照 5% 的征收率减按 1.5% 计算缴纳增值税。

$$应纳税额＝含税租金收入÷（1＋5\%）×1.5\%$$

【例 2-4-16】甲钢铁厂转让 10 台在职工宿舍使用过的空调，含税转让价 3 600 元。请计算甲公司的该笔业务应缴纳的增值税额。

【解析与答案】因空调为职工宿舍使用，因此在购进时没有抵扣过进项税额。

应纳增值税额＝3 600÷（1＋3%）×2%＝69.90（元）

◉ 任务情境分析与实施

根据财务主管提供的吉源宠物 3 月份的 1~4 典型涉税业务，分析如下。

1. 销售宠物食品及其他产品：销项税额＝（120＋230＋18＋35＋60）÷（1＋13%）×13%＝53.27（万元）

2. 提供技术服务：销项税额＝4÷（1＋6%）×6%＝0.23（万元）

3. 赞助活动，属于视同销售行为：销项税额 = 1 ÷ (1 + 13%) × 13% = 0.12（万元）

4. 购进生产用原材料，并取得增值税专用发票：

进项税额 = 55 × 9% + (10 + 20 + 16 + 9) × 13% = 12.10（万元）

课堂任务1

任务名称	一般纳税人应纳增值税额的一般计算方法
任务目标	熟练掌握增值税一般计算方法；提升职业技能
任务描述	某化工厂为增值税一般纳税人，10月销售化学制品取得含税销售额226万元，当月发生的可抵扣的进项税额5.1万元，上月末留抵的进项税额2万元。 请计算该化工厂当月应纳增值税额
任务分析	
任务实施	

课堂任务2

任务名称	购进免税农产品应该如何抵扣进项税额？
任务目标	熟练掌握一般纳税人购进农产品，进项税额的抵扣方法；提升解决实际问题的能力
任务描述	某企业为增值税一般纳税人，生产销售适用9%税率的货物。4月从农业生产者处购进免税农产品，开具收购发票，注明金额40万元；从小规模纳税人购进农产品，取得增值税专用发票，注明金额8万元，税额0.24万元。 请计算该企业当月可以抵扣的进项税额
任务分析	
任务实施	

课后任务1

任务名称	折扣销售、销售折扣应如何计算销项税额？
任务目标	熟练掌握在不同折扣方式下，销项税额的计算方法，树立依法纳税的意识
任务描述	某企业为增值税一般纳税人，8月销售货物，开具增值税专用发票注明金额300万元，在同一张发票金额栏注明折扣额共计50万元。为鼓励对方早付款，给予现金折扣 $N/90$，$1/45$，$2/30$，买方于第45天付款。请计算该企业上述业务增值税销项税额
任务分析	
任务实施	

课后任务2

任务名称	采用以旧换新方式销售，应如何计算销项税额？
任务目标	熟练掌握以旧换新销项税额的计算方法；树立依法纳税的意识

续表

任务描述	某金店为增值税一般纳税人，2月采取以旧换新方式零售金银首饰，向顾客收取差价20万元，旧款首饰回收折价5万元 请计算该金店当月增值税销项税额
任务分析	
任务实施	

任务评价

知识及技能	评分 （5分）	素质能力	评分 （5分）
1. 掌握增值税销项税额的一般计税方法		1. 树立依法纳税意识	
2. 掌握特殊销售方式下销项税额的计算方法		2. 培养严谨求实的职业精神	
3. 掌握进项税额的抵扣方法		3. 培养解决实际问题的能力	
4. 掌握进项税额转出方法		4. 提升职业技能	
5. 掌握增值税应纳税额的一般计税方法		5. 培养思辨能力	

任务总结

　　一般纳税人应纳增值税额，包括一般计税方法和简易计税方法。这部分内容难度大，知识点覆盖面广，与增值税申报表的正确填报紧密相关。

任务五　计算小规模纳税人应纳增值税额

任务情境

　　小杨注意到，在吉源宠物食品有限公司3月份的典型涉税业务中，有一笔1 200元的运输费，该运输公司是小规模纳税人，公司取得小规模纳税人开具的增值税专用发票，该如何抵扣进项税额呢？

任务地图

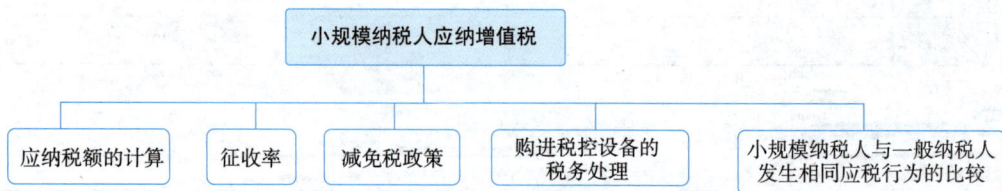

任务描述

小规模纳税人采用简易计税方法，其减免税政策以及税控设备的税务处理，是小规模纳税人增值税计税的特点。

任务目标

1. 掌握小规模纳税人简易计税方法；
2. 熟悉小规模纳税人的征收率及减免税政策；
3. 能熟练应用购进税控设备的税务处理；
4. 培养爱国情怀；
5. 树立依法纳税的意识；
6. 培养思辨能力，提升职业技能。

知识链接

一、应纳税额的计算

根据增值税的规定，小规模纳税人销售货物、劳务、服务、无形资产、不动产，按简易方法计算，即按销售额和征收率计算应纳税额，不得抵扣进项税额。应纳税额的计算公式如下。

$$应纳税额 = 含税销售额 ÷ （1 + 征收率） × 征收率$$

销售额是指销售货物或提供劳务向购买方收取的全部价款和价外费用，但不包括按征收率收取的增值税额。

二、征收率

小规模纳税人征收率共两档：3%和5%。小规模纳税人征收率、适用范围及计算公式如表2-5-1所示。

表2-5-1　小规模纳税人征收率、适用范围及计算公式

征收率	适用范围	计算公式
3%	一般销售货物、提供劳务	应纳税额 = 含税销售额 ÷ （1 + 3%） × 3%
5%	销售不动产、出租不动产、转让土地使用权、提供劳务派遣服务、安全保护服务	应纳税额 = 含税销售额 ÷ （1 + 5%） × 5%
3%减按2%	销售自己使用过的固定资产、销售旧货	应纳税额 = 含税销售额 ÷ （1 + 3%） × 2%
5%减按1.5%	个人出租住房	应纳税额 = 含税销售额 ÷ （1 + 5%） × 1.5%

三、减免税政策

党的二十大报告指出"要支持中小微企业发展"，增值税对小规模纳税人有相应的免税及减税优惠政策。

1. 免税政策

（1）2023 年 1 月 1 日—2027 年 12 月 31 日，小规模纳税人发生增值税应税销售行为，合计月销售额 10 万元以下的（含本数）（以 1 个季度为 1 个纳税期的，季度销售额未超过 30 万元），免征增值税。

（2）其他个人采取一次性收取租金形式出租不动产，取得的租金收入，可在对应的租赁期内平均分摊，分摊后的月租金收入未超过 10 万元的，免征增值税。

（3）小规模纳税人发生增值税应税销售行为，合计月销售额超过 10 万元，但扣除本期发生的销售不动产的销售额后未超过 10 万元的，其销售货物、劳务、服务、无形资产取得的销售额免征增值税。

（4）适用增值税差额征税政策的小规模纳税人，以差额后的销售额确定是否可以享受上述免征增值税政策。

2. 减税政策

2023 年 1 月 1 日—2027 年 12 月 31 日，小规模纳税人适用 3% 征收率的应税销售收入，减按 1% 征收率征收增值税。

【例】甲公司为增值税小规模纳税人，2023 年第 3 季度销售货物取得含税收入 50.5 万元，购进货物取得增值税普通发票注明税额 3.09 万元。甲公司适用减按 1% 征收率征收增值税的优惠政策。请计算甲公司第 3 季度应缴纳的增值税额。

【解析与答案】应纳增值税额 = 50.5 ÷（1 + 1%）× 1% = 0.5（万元）

四、购进税控设备的税务处理

1. 购进税控收款机

小规模纳税人购进税控收款机，可凭购进的增值税专用发票，按照发票上注明的税额，抵免当期应纳增值税；或按照取得增值税普通发票上注明的价款，按公式计算可抵免的增值税额，当期应纳税额不足抵免的，未抵免的部分可在下期继续抵免，可抵免的税额的计算公式如下。

$$可抵免的税额 = 价款 ÷（1 + 适用税率）× 适用税率$$

2. 购进税控系统专用设备、技术维护费

小规模纳税人初次购买增值税税控系统专用设备支付的费用，可凭购买增值税税控系统专用设备取得的增值税专用发票，在增值税应纳税额中全额抵减，不足抵减的可结转下期继续抵减。

小规模纳税人缴纳的税控系统技术维护费，可凭技术维护服务单位开具的技术维护费发票，在增值税应纳税额中全额抵减，不足抵减的可结转下期继续抵减。

五、小规模纳税人与一般纳税人发生相同应税行为的比较

销售旧货、销售自己使用过的固定资产，在这两种应税行为下，小规模纳税人与一般纳税人在计税方法上有相似之处，其差异如表 2-5-2。

表 2-5-2　两种应税行为下不同纳税人在计税方法上的差异

应税行为	一般纳税人	小规模纳税人
销售旧货	应纳税额 = 含税销售额 ÷（1 + 3%）× 2%	应纳税额 = 含税销售额 ÷（1 + 3%）× 2%

续表

应税行为		一般纳税人	小规模纳税人
销售自己使用过的固定资产	①销售不得抵扣且未抵扣过进项税额的固定资产	应纳税额＝含税销售额÷（1＋3%）×2%	应纳税额＝含税销售额÷（1＋3%）×2%
	②销售允许抵扣进项税额的固定资产	应纳税额＝含税销售额÷（1＋13%／9%）×13%／9%	

任务情境分析与实施

　　根据增值税的规定，小规模纳税人销售货物、劳务、服务、无形资产、不动产，按简易方法计算，征收率为3%、5%。作为小规模纳税人的运输公司，适用3%征收率。吉源宠物收到运输公司开具的增值税专用发票，可以抵扣3%的进项税额。

　　故该笔运输费的进项税额为：进项税额＝1.2÷（1＋3%）×3%＝0.035（万元）

课堂任务

任务名称	小规模纳税人应纳增值税额的计算
任务目标	熟练掌握小规模纳税人的计算方法；提升职业技能，培养爱国情怀
任务描述	某广告公司（小规模纳税人）2023年第1季度发生应税服务不含税销售额62万元，另因发生服务中止而退还给服务接受方销售额15万元并按规定进行了税务处理，出租不动产取得租金收入3万元。 　　请计算该广告公司第1季度应纳增值税额
任务分析	
任务实施	

课后任务

任务名称	小规模纳税人应纳增值税额的计算
任务目标	熟练掌握小规模纳税人的计算方法；提升职业技能，培养爱国情怀
任务描述	从事咨询服务的小规模纳税人2023年2月取得咨询业务收入25.25万元，当月转让一辆自用3年的小汽车，转让收入11.11万元；当月签订合同出租一间办公室，预收一年租金12.6万元；当月该纳税人外购一批干果用于交际应酬，取得增值税专用发票，注明金额5 000元。以上收入均含税。 　　请计算该纳税人当月应纳增值税额
任务分析	
任务实施	

任务评价

知识及技能	评分 （5分）	素质能力	评分 （5分）
1. 掌握小规模纳税人简易计税一般计算方法		1. 培养爱国情怀	
2. 熟练应用小规模纳税人减免税政策		2. 树立依法纳税的意识	
3. 掌握购进税控设备的税务处理		3. 提升职业技能	

任务总结

　　小规模纳税人适用简易计税方法，同时还有很多税收减免政策，在实际应用中必须熟练掌握。小规模纳税人与一般纳税人在某些业务中的计税方法有相似之处，要注意对比。

任务六　计算进口环节应纳增值税额

任务情境

　　吉源宠物3月份从新西兰进口一批冷冻牛肉，关税完税价格80万元，关税税率12%。应该如何计算增值税？应形成增值税的是进项税额还是销项税额？请帮助小杨解答这些问题吧！

任务地图

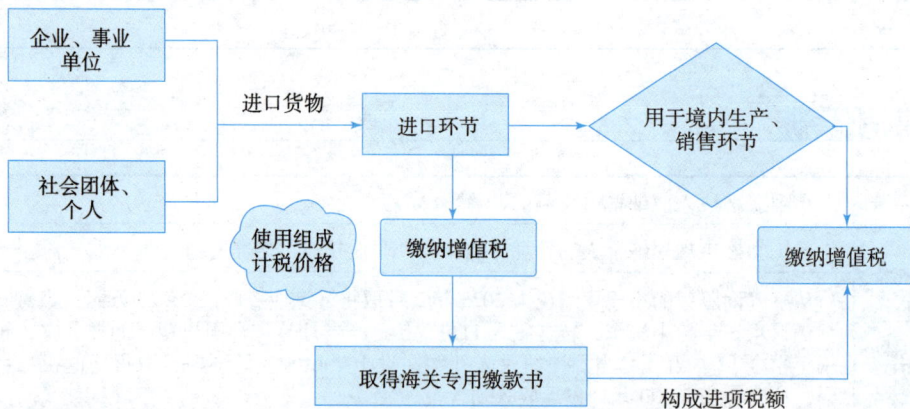

任务描述

　　申报进入中华人民共和国海关境内的货物，均应缴纳增值税。计算进口环节应缴纳增值税的关键是要计算组成计税价格，这是本任务的学习重点。

任务目标

1. 掌握进口环节组成计税价格的计算方法；
2. 熟悉进口环节增值税征收管理；
3. 培养爱国情怀；
4. 树立责任意识和依法纳税意识。

知识链接

一、进口环节增值税征税范围

（一）申报入关的货物

根据增值税的规定，申报进入中华人民共和国海关境内的货物，均应缴纳增值税。

确定一项货物是否属于进口货物，要看其是否有报关手续。只要是报关进境的应税货物，无论是国外产制还是我国出口转内销的产品，也无论是自行采购用于贸易或其他用途，还是国外捐赠的货物，均应按照规定缴纳进口环节的增值税。

（二）适用于《跨境电子商务零售进口商品清单》范围的商品

（1）所有通过与海关联网的电子商务交易平台交易，能够实现交易、支付、物流电子信息"三单"比对的跨境电子商务零售进口商品。

（2）未通过与海关联网的电子商务交易平台交易，但快递、邮政企业能够统一提供交易、支付、物流等电子信息，并承诺承担相应法律责任进境的跨境电子商务零售进口商品。

> **小贴士**
>
> 进口货物适用 13% 或 9% 税率计算进口环节增值税，不适用征收率，不区分纳税人性质。

二、进口环节增值税纳税人

进口货物的收货人（承受人）或办理报关手续的单位和个人，为进口货物增值税的纳税人，包括国内一切从事进口业务的企事业单位、机关团体和个人。

三、进口环节增值税税率

进口环节的增值税税率，按该产品在国内的增值税税率计算。

四、计算进口环节增值税额

纳税人进口货物，按照组成计税价格和适用的税率计算应纳增值税额。进口货物计算增值税的组成计税价格和应纳税额计算公式如下。

$$组成计税价格 = 关税完税价格 + 关税 + 消费税$$

或

$$组成计税价格 = （关税完税价格 + 关税）\div （1 - 消费税税率）$$
$$应纳税额 = 组成计税价格 \times 税率$$

★ 进口货物增值税的组成计税价格中包括已纳关税税额，如果进口货物属于应征消费税的货物，其组成计税价格中还要包括进口环节已纳消费税税额。

★ 一般贸易下进口货物的关税完税价格以海关审定的成交价格为基础的到岸价格作

为完税价格。

★ 纳税人进口货物取得的海关进口增值税专用缴款书，是计算进项税额的唯一依据。

五、进口环节增值税的征收管理

（一）征收主体

进口货物的增值税由海关代征。个人携带或邮寄进境自用物品的增值税，连同关税一并计征。

（二）纳税义务发生时间及地点

进口货物的增值税纳税义务发生时间为报关进口的当天。纳税地点为报关地海关。纳税期限应当是自海关填发海关进口增值税专用缴款书之日起15日内。

【例】某具有进出口经营权的企业为增值税一般纳税人，12月从国外进口小汽车一辆，关税完税价格为855 000元，假设小汽车关税税率为15%，消费税税率为5%。请计算进口环节应纳的增值税额。

【解析与答案】855 000×（1＋15%）÷（1－5%）×13%＝134 550（元）

任务情境分析与实施

根据增值税规定，企业进口货物，在进口环节需缴纳增值税。纳税人进口货物取得的海关进口增值税专用缴款书，是计算进项税额的唯一依据。

故吉源宠物3月份的进项税额为：进项税额＝80×（1＋12%）×9%＝8.064（万元）

课堂任务

课堂任务

任务名称	计算进口环节应纳增值税额
任务目标	熟练掌握进口环节增值税的计算方法；培养爱国情怀
任务描述	甲公司为增值税一般纳税人，8月进口货物一批，海关审定的关税完税价格为226万元，增值税税率为13%，关税税率为10%。 请计算甲公司进口货物应缴纳的增值税额
任务分析	
任务实施	

课后任务

课后任务

任务名称	计算进口环节应纳增值税额
任务目标	熟练掌握进口环节增值税的计算方法，并能正确计算国内应纳增值税额；培养爱国情怀

续表

任务描述	某公司是增值税一般纳税人，11 月进口一批原材料，海关审定的关税完税价格为 100 万元，缴纳关税 10 万元，该公司按 13% 税率缴纳了进口环节增值税，并取得海关进口增值税专用缴款书。该批原材料当月加工成产品后全部在国内销售，取得不含税销售额 200 万元；同时，该公司支付运费，取得增值税专用发票，注明运费 8 万元，税额 0.72 万元。 　请计算该公司 11 月应纳增值税额
任务分析	
任务实施	

任务评价

知识及技能	评分 （5 分）	素质能力	评分 （5 分）
1. 掌握进口环节增值税计算方法		1. 培养爱国情怀	
2. 了解进口环节增值税纳税义务发生时间及纳税地点		2. 树立依法纳税的意识	

任务总结

　　进口环节增值税构成企业允许抵扣进项税额的一部分，组成计税价格的计算，与关税相关联，要做到两个税种的衔接与贯通。

任务七　计算增值税出口退税额

任务情境

　　"吉源宠物有意向海外拓展业务。如果公司将产品出口国外，会涉及哪些增值税规定？"财务主管的问题言犹在耳，学习完任务七，小杨就可以找到答案了。

任务地图

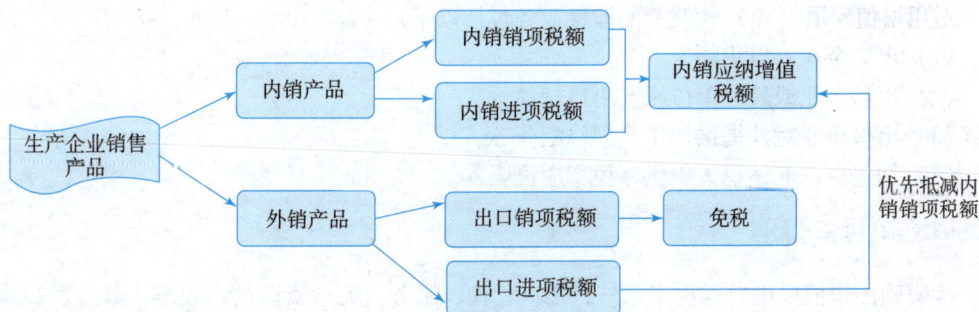

任务描述

增值税出口退税是增值税中比较难理解的部分，该部分公式多，计算环节多，需要领会其中的退税原理及计算过程。

任务目标

1. 掌握出口退税的原理及概念；
2. 掌握免抵退税法；
3. 掌握免退税法；
4. 培养爱国情怀；
5. 培养依法纳税的意识。

知识链接

一、出口退（免）税基本政策

我国对出口货物、劳务和跨境应税行为实行退（免）增值税政策，即在国际贸易业务中，对我国报关出口的货物、劳务和跨境应税行为退还或者免征其在国内各生产和流转环节按税法规定缴纳的增值税。

首先要了解两个概念：出口免税和出口退税。

出口免税是指对出口的货物、劳务和跨境应税行为在出口销售环节免征增值税。出口退税是指对货物、劳务和跨境应税行为在出口前实际承担的税收负担，按规定的退税率计算后予以退还。

我国对出口货物、劳务和跨境应税行为实行三种增值税政策：出口免税并退税、出口免税不退税、出口不免税也不退税。

出口免税并退税，适用于出口货物、劳务和跨境应税行为以往环节纳过税而需要退税的情况。

出口免税不退税，适用于出口货物、劳务和跨境应税行为以往环节未纳过税而无须退税，以往环节税金缴纳情况不明无法准确计算退税等情况。

出口不免税也不退税，适用于国家禁止、限制某些货物、劳务和跨境应税行为出口而视同内销征税的情况。

二、适用退（免）税政策的范围

适用增值税退（免）税政策的涉税业务包括以下几类。
（1）出口企业出口货物。
（2）出口企业或其他单位视同出口货物。
（3）出口企业对外提供加工修理修配劳务。
（4）增值税一般纳税人提供零税率应税服务。

三、出口退税率

除明确的增值税出口退税率以外，出口货物、服务、无形资产的退税率为其适用税率，目前我国出口退税率分为五档：13%、10%、9%、6%和零税率。

适用不同退税率的货物、劳务以及跨境应税行为，应分开报关、核算并申报退（免）

税，未分开报关、核算或划分不清的，从低适用退税率。

四、计算出口退（免）税额

（一）退（免）税方法

出口货物、劳务和应税行为，增值税出口退（免）税政策有两种办法："免、抵、退"和"免、退"法。"免、抵、退"法适用于出口自产货物或自行提供劳务或服务的生产企业，"免、退"法适用于外购货物或服务的外贸企业，如图 2-7-1 所示。

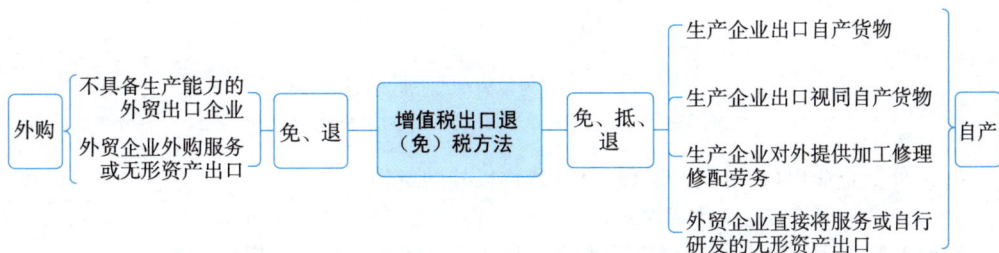

图 2-7-1　增值税出口退（免）税方法的适用范围

（二）出口退（免）税计税依据

增值税退（免）税计税依据如表 2-7-1 所示。

表 2-7-1　增值税退（免）税计税依据

出口项目	退（免）税计税依据
外贸企业出口货物（委托加工修理修配货物除外）	①购进出口货物的增值税专用发票注明的金额 ②海关进口增值税专用缴款书注明的价格
外贸企业出口委托加工修理修配货物	加工修理修配费用增值税专用发票注明的金额
生产企业出口货物、劳务	出口货物、劳务的实际离岸价（FOB）

（三）计算出口退（免）税额

1. 生产企业出口货物、劳务——"免抵退"税法

免抵退税法，其中，"免"是指免征出口货物的销项税；"抵"是指外销应退税额抵减内销应纳税额；"退"是指外销应退进项税额超过内销应纳税额部分。生产企业出口货物、服务，计算出口退（免）税的具体方法分四步："剔、抵、比、退"。

（1）"剔"。

①免抵退税不得免征和抵扣税额 = 出口货物离岸价（FOB）× 外汇牌价 ×（出口货物征税率 − 出口货物退税率）

（2）"抵"。

②当期应纳税额 = 内销销项税额 −（进项税额 − 免抵退税不得免征和抵扣额）− 上期末留抵税额

（3）"比"。

③免抵退税额 = 出口货物离岸价（FOB）× 外汇牌价 × 出口货物退税率

（4）"退"。

①当期应纳税额 > 0 时，企业应缴纳增值税，不涉及退税。

②当期应纳税额<0时，②与③进行比较：

|②|≤③时，应退税额=②；|②|≥③时，应退税额=③

2. 外贸企业出口货物、劳务——"免退"税法

外贸企业出口货物免退税示例如图2-7-2所示。

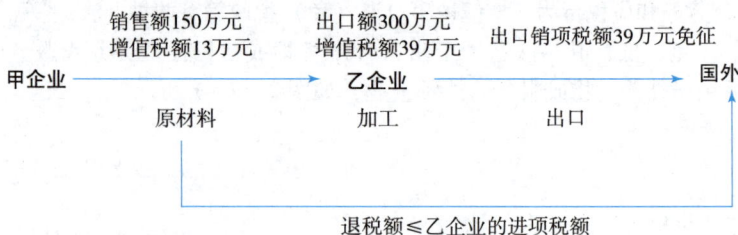

图2-7-2 外贸企业出口货物免退税示例

（1）外贸企业出口委托加工修理修配货物以外的货物。

增值税应退税额=增值税退税计税依据×出口货物退税率

退税率低于适用税率的，相应计算的差额部分的税款计入出口货物劳务成本。

（2）外贸企业出口委托加工修理修配货物。

增值税应退税额=委托加工修理修配的增值税退税计税依据×出口货物退税率

【例】 某自营出口的生产企业为增值税一般纳税人，出口货物的征税税率为13%，退税税率为10%。该企业2022年1月有关经营业务为：购进原材料一批，取得的增值税专用发票注明的价款400万元，外购货物准予抵扣的进项税额52万元通过认证；上期末留抵税款5万元；本月内销货物不含税销售额100万元，收款113万元存入银行；本月出口货物的销售额折合人民币200万元。

请计算该企业1月的"免、抵、退"税额。

【解析与答案】

（1）当期免抵退税不得免征和抵扣税额=200×（13%－10%）=6（万元）

（2）当期应纳税额=100×13%－（52－6）－5=－38（万元）

（3）出口货物"免、抵、退"税额=200×10%=20（万元）

（4）如当期期末留抵税额>当期免抵退税额时，当期应退税额=当期"免、抵、退"税额，即该企业当期应退税额=20（万元）

（5）当期免抵税额=当期"免、抵、退"税额－当期应退税额，即该企业当期免抵税额=20－20=0（万元）

任务情境分析与实施

增值税规定，出口免税并退税，适用于出口货物、劳务和跨境应税行为以往环节纳过税而需要退税的情况。生产企业出口货物，适用"免抵退"税法。吉源宠物如将产品出口国外，可以享受增值税免抵退税。

课堂任务

任务名称	计算增值税"免、抵、退"税额
任务目标	熟练掌握出口"免、抵、退"税额的计算方法；培养爱国情怀，树立依法纳税意识

续表

任务描述	某自营出口的生产企业为增值税一般纳税人，出口货物征税税率 13%，退税税率 10%，2023 年 1 月有关经营业务如下：购进原材料一批，取得增值税专用发票注明价款 200 万元，外购货物准予抵扣的进项税额 26 万元通过认证。上月末留抵税款 3 万元，本月内销货物不含税销售额 100 万元，收款 113 万元存入银行。本月出口货物的销售额折合人民币 200 万元。 　　请计算该企业当期的"免、抵、退"税额
任务分析	
任务实施	

📋 课后任务

课后任务

任务名称	计算出口货物增值税退税额
任务目标	熟练掌握出口货物增值税退税的计税方法；培养爱国情怀，树立依法纳税意识
任务描述	2023 年 4 月，某生产企业出口自产货物销售额折合人民币 2 000 万元，内销货物不含税销售额 800 万元，为生产货物购进材料取得增值税专用发票注明金额 4 600 万元，税额 598 万元。该企业出口货物适用税率 13%，出口退税率 10%。当月取得的增值税专用发票已抵扣，期初无留抵税额。 　　请计算该企业当月出口货物应退增值税额
任务分析	
任务实施	

📋 任务评价

知识及技能	评分 （5 分）	素质能力	评分 （5 分）
1. 掌握增值税出口"免、抵、退"税法		1. 培养爱国情怀	
2. 能正确计算增值税出口退税额		2. 树立依法纳税的意识	

📋 任务总结

　　学习本任务，首先要理解免税、退税的概念和区别，要重点掌握"免、抵、退"税的原理及计税方法，要结合课堂任务多体会。

任务八　熟悉增值税优惠政策

📋 任务情境

　　2022 年，习近平总书记在党的二十大上对"推动绿色发展、促进人与自然和谐共生"做出重要战略部署，强调坚持实施全面节约战略，推进各类资源节约集约利用，加快构建废弃物循环利用体系。《关于"十四五"循环经济发展规划》确立了发展循环经济是我国经济社会发展的一项重大战略。

小杨非常关注循环经济的发展，想了解在增值税方面，有没有对循环经济的税收支持。

任务地图

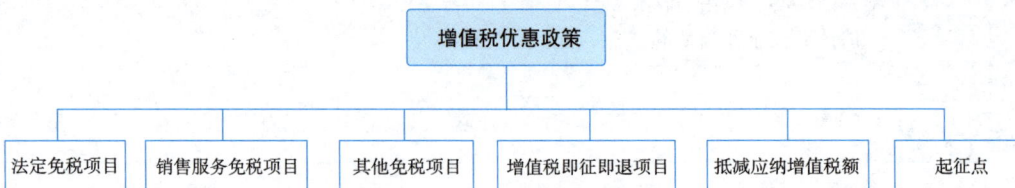

增值税优惠政策

| 法定免税项目 | 销售服务免税项目 | 其他免税项目 | 增值税即征即退项目 | 抵减应纳增值税额 | 起征点 |

任务描述

增值税税收优惠政策有免税项目、即征即退项目以及适用于个人的增值税起征点等。

任务目标

1. 熟悉出口货物、跨境行为增值税免税项目；
2. 掌握软件产品增值税即征即退政策；
3. 培养环保意识和爱国情怀；
4. 培养严谨求实的工作作风。

知识链接

一、法定免税项目

（1）农业生产者销售的自产农产品。

农业生产者是指从事农业生产的单位和个人。农产品是指种植业、养殖业、林业、牧业、水产业生产的各类植物、动物的初级产品。

（2）避孕药品和用具。

（3）古旧图书。

（4）直接用于科学研究、科学实验、教学的进口仪器和设备。

（5）外国政府、国际组织无偿援助的进口物资和设备（不包括外国企业和外籍个人）。

（6）由残疾人的组织直接进口供残疾人专用的物品。

（7）销售自己使用过的物品（仅指自然人）。

二、销售服务免税项目

（1）托儿所、幼儿园提供的保育、教育服务。

（2）养老机构提供的养老服务。

（3）残疾人福利机构提供的育养服务。

（4）婚姻介绍服务。

（5）殡葬服务。

（6）残疾人员本人为社会提供的服务。

（7）学生勤工俭学提供的服务。

（8）农业机耕、排灌、病虫害防治、植物保护、农牧保险以及相关技术服务培训业务、家禽、牲畜、水生动物的配种及疾病防治。

（9）纪念馆、博物馆、文化馆、文物保护单位管理机构、美术馆、展览馆、书画院、图书馆在自己的场所提供文化体育服务取得的第一道门票收入。

（10）福利彩票、体育彩票的发行收入。

（11）寺院、宫观、清真寺、教堂举办的文化、宗教活动的门票收入。

（12）社会团体收取的会费。

（13）医疗机构提供的医疗服务。

（14）从事教育的学校提供的教育服务。

（15）随军家属就业。

（16）军队转业干部就业。

（17）纳税人提供的直接或间接国际货物运输代理服务。

（18）对法律援助人员按照《中华人民共和国法律援助法》规定，获得的法律援助补贴，免征增值税。

三、其他免税项目

（1）个人转让著作权。

（2）纳税人提供技术转让、技术开发和与之相关的技术咨询、技术服务。

（3）个人销售自建自用住房。

（4）将土地使用权转让给农业生产者用于农业生产。

（5）国家助学贷款利息收入。

（6）国债、地方政府债利息收入。

（7）个人从事金融商品转让业务。

（8）金融机构间的资金往来业务。

四、增值税即征即退项目

增值税实际税负，是指纳税人当期提供应税销售行为实际缴纳的增值税额占纳税人当期提供应税销售行为取得的不含增值税的全部价款和价外费用的比例。

（一）软件产品

增值税一般纳税人销售其自行开发生产的软件产品，按13%税率征收增值税后，对其增值税实际税负超过3%的部分实行即征即退政策。

增值税一般纳税人将进口软件产品进行本地化改造后对外销售的，其销售的软件产品可享受上述规定的增值税即征即退政策，即征即退税额的计算公式如下。

即征即退税额＝当期软件产品增值税应纳税额－当期软件产品销售额×3%

（二）管道运输服务

一般纳税人提供管道运输服务，对其增值税实际税负超过3%的部分实行增值税即征即退政策。

（三）融资租赁、融资性售后回租服务

从事融资租赁业务的试点纳税人中的一般纳税人，提供有形动产融资租赁服务和有形动产融资性售后回租服务，对其增值税实际税负超过3%的部分实行增值税即征即退政策。

（四）资源综合利用

党的二十大报告指出，"要坚持可持续发展，坚持节约优先、保护优先""推进各类资源节约集约利用，加快构建废弃物循环利用体系"。增值税在资源综合利用产品和服务上均给予了即征即退的税收优惠政策。

根据《资源综合利用产品和劳务增值税优惠目录（2022 年版)》的规定，纳税人销售自产的资源综合利用产品和提供资源综合利用劳务，可享受增值税即征即退政策。退税比例包括 30%、50%、70%、90% 和 100% 五个档次。

五、抵减应纳增值税额

增值税一般纳税人初次购买增值税税控专用设备支付的费用，可凭取得的增值税专用发票在增值税应纳税额中全额抵减（抵减额为价税合计额），不足抵减的可结转下期继续抵减。

增值税防伪税控专用设备包括税控盘和报税盘，其取得的增值税专用发票，不作为增值税抵扣凭证，其进项税额不得从销项税额中抵扣。

增值税一般纳税人为税控专用设备缴纳的技术维护费，可凭技术维护服务单位开具的技术维护费发票，在增值税应纳税额中全额抵减，不足抵减的可结转下期继续抵减。

【例】某超市为增值税一般纳税人，5 月销售蔬菜取得零售收入 24 000 元，销售粮食、食用植物油取得零售收入 13 200 元，销售其他商品取得零售收入 98 000 元。请计算该超市当月的销项税额。

【解析与答案】蔬菜批发、零售环节免征增值税。

当月销项税额 = 13 200 ÷ (1 + 9%) × 9% + 98 000 ÷ (1 + 13%) × 13% = 12 364.24（元）

六、起征点

增值税起征点的适用范围限于个人，包括个体工商户和个人，不适用于登记为一般纳税人的个体工商户。增值税起征点规定的销售额是指不包括其应纳税额的销售额，起征点的规定如表 2 - 8 - 1 所示。

表 2 - 8 - 1　增值税起征点的规定

具体情况	具体额度
按期纳税的	月销售额 5 000 ~ 20 000 元（含本数）
按次纳税的	每次（日）销售额 300 ~ 500 元（含本数）

任务情境分析与实施

增值税为循环经济的发展提供了相应的税收优惠政策。

根据《资源综合利用产品和劳务增值税优惠目录（2022 年版)》的规定，纳税人销售自产的资源综合利用产品和提供资源综合利用劳务，可享受增值税即征即退政策。退税比例包括 30%、50%、70%、90% 和 100% 五个档次。

课堂任务

课堂任务	任务名称	熟悉增值税免税范围

续表

任务目标	熟悉增值税的税收优惠政策；培养爱国情怀，培养严谨求实的工作作风
任务描述	某木材加工厂，当月销售松树原木 40 万元。 该木材加工厂可以享受免征增值税吗？请说出理由
任务分析	
任务实施	

课后任务

课后任务

任务名称	掌握软件开发企业增值税税收优惠政策
任务目标	掌握软件企业增值税的税收优惠政策，培养爱国情怀，培养严谨求实的工作作风
任务描述	某软件开发企业为增值税一般纳税人，2024 年 6 月销售自产软件产品取得不含税收入 300 万元；购进软件，取得增值税专用发票，注明金额 152.94 万元，本月领用其中 40%。 　请计算该软件开发企业当月实际缴纳的增值税额
任务分析	
任务实施	

任务评价

知识及技能	评分 （5分）	素质能力	评分 （5分）
1. 熟悉增值税免税范围		1. 培养爱国情怀	
2. 掌握软件企业即征即退税收政策		2. 培养严谨求实的工作作风	

任务总结

　　本任务的重点是要理解增值税实际税负的概念，能熟练计算即征即退税额，增值税征税范围与免税项目要对比记忆。

任务九　使用增值税发票

任务情境

　　吉源宠物将一批无谷犬粮交由某运输公司运输到客户指定地点，该运输公司为小规模纳税人，吉源宠物共支付了 1 200 元运输费，并收到一张增值税专用发票。

　　小杨有一个疑问：小规模纳税人可以开具增值税专用发票吗？

任务地图

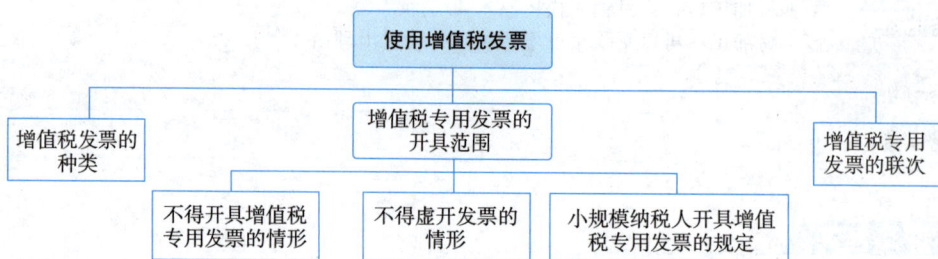

任务描述

增值税发票种类比较多，其使用有严格的规定，要注意区分一般纳税人和小规模纳税人对增值税专用发票使用的不同规定。

任务目标

1. 掌握不得开具增值税专用发票的情形；
2. 掌握增值税专用发票的联次及用途；
3. 树立依法纳税意识；
4. 培养遵法守法意识。

知识链接

一、增值税发票的种类

目前增值税发票有：增值税纸质专用发票、增值税电子专用发票、增值税纸质普通发票、增值税电子普通发票、机动车发票、收费公路通行费增值税电子普通发票等。

二、增值税专用发票的开具范围

一般纳税人发生应税销售行为，应向购买方开具增值税专用发票。

（一）不得开具增值税专用发票的情形

（1）商业企业一般纳税人零售烟、酒、食品、服装、鞋帽（不包括劳保用品）、化妆品等消费品。

（2）向消费者个人销售货物、劳务、服务、无形资产、不动产的。

（3）销售免税货物，法律、法规及国家税务总局另有规定的除外。

（4）部分适用增值税简易征收政策的：

①纳税人销售旧货，按简易计税办法3%征收率减按2%征收增值税。

②纳税人销售自己使用过的固定资产，按简易计税办法3%征收率减按2%征收增值税。

③法律、法规及国家税务总局另有规定的其他情形。

（二）不得虚开发票的情形

任何单位和个人不得有下列虚开发票行为：

①为他人、为自己开具与实际经营业务情况不符的发票。

②让他人为自己开具与实际经营业务情况不符的发票。

③介绍他人开具与实际经营业务情况不符的发票。

（三）小规模纳税人开具增值税专用发票的规定

小规模纳税人（其他个人除外）发生增值税应税行为，需要开具增值税专用发票的，可以自愿使用增值税发票管理系统自行开具。

未使用增值税发票管理系统的，可向主管税务机关申请代开增值税专用发票。

三、增值税专用发票的联次

增值税专用发票由基本联次或者基本联次附加其他联次构成，基本联次为 3 联，分别是发票联、抵扣联和记账联，各联次的用途如表 2-9-1 所示。

表 2-9-1　增值税专用发票各联次的用途

联次	联次用途
发票联	作为购买方核算采购成本和增值税进项税额的记账凭证
抵扣联	作为购买方报送主管税务机关认证和留存备查的扣税凭证
记账联	作为销售方核算销售收入和增值税销项税额的记账凭证

任务情境分析与实施

小规模纳税人（其他个人除外）发生增值税应税行为，需要开具增值税专用发票的，可以自愿使用增值税发票管理系统自行开具。

未使用增值税发票管理系统的，可向主管税务机关申请代开增值税专用发票。

课堂任务

任务名称	掌握增值税专用发票的开具范围
任务目标	掌握增值税发票的使用规定；培养遵法守法意识，树立依法纳税意识
任务描述	2024 年 1 月，吉源宠物从某大型超市购买红酒共花费 2 000 元，用于公司年会。吉源宠物是否能取得该超市开具的增值税专用发票？请说明理由
任务分析	
任务实施	

课堂任务

课后任务

任务名称	掌握增值税专用发票各联次的用途
任务目标	掌握增值税发票各联次的用途；培养遵法守法意识，树立依法纳税意识
任务描述	请说出增值税专用发票的联次及用途
任务分析	
任务实施	

课后任务

知识及技能	评分 （5分）	素质能力	评分 （5分）
1. 掌握增值税专用发票的使用情形		1. 培养遵法守法意识	
2. 掌握增值税专用发票的联次及用途		2. 树立依法纳税意识	

任务总结

　　企业在实际业务中，必须正确使用增值税发票，尤其要掌握增值税专用发票的开具范围及发票联的使用，这关系到企业增值税申报及账务处理是否正确。

任务十　申报与缴纳增值税

任务情境

　　吉源宠物 3 月份发生的增值税应税行为，应在什么时间申报与缴纳应纳增值税额？如何填写增值税申报表？

任务地图

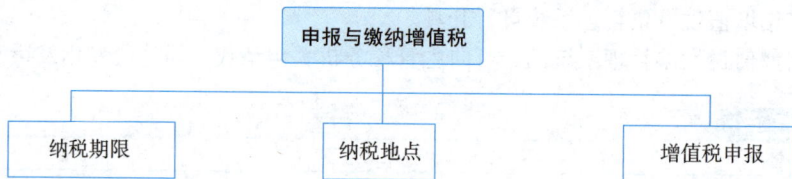

任务描述

　　增值税的申报分为一般纳税人申报表和小规模纳税人申报表两类，均有附列资料和申报表，目前增值税与附加税费在同一个申报表中。

任务目标

1. 掌握不同销售方式下增值税纳税义务发生时间；
2. 掌握一般纳税人增值税申报表附列资料及申报表的勾稽关系；
3. 掌握小规模纳税人增值税申报表附列资料及申报表的勾稽关系；
4. 熟悉纳税期限和纳税地点的征管规定；
5. 培养实操能力，提升职业技能和水平；
6. 培养依法纳税的意识。

知识链接

一、纳税期限

　　增值税的税款计算期分别为 1 日、3 日、5 日、10 日、15 日、1 个月或者 1 个季度。纳税人的具体纳税期限，由主管税务机关根据纳税人应纳税额的大小分别核定，不能按固定期限纳税的，可以按次纳税，具体如表2-10-1所示。

表2-10-1　增值税税款缴纳期限

纳税期限	报缴税款期限
以1日、3日、5日、10日、15日为纳税期	自期满之日起5日内预缴税款，次月1日起15日内申报纳税并结清上月应纳税款
以1个月或1个季度为纳税期	自期满之日起15日内申报纳税
进口货物	自海关填发进口增值税专用缴款书之日起15日内缴纳税款

以1个季度为纳税期的仅限于小规模纳税人、银行、财务公司、信托投资公司、信用社以及财政部、国家税务总局规定的其他纳税人。

按固定期限纳税的小规模纳税人，可以选择以1个月或1个季度为纳税期限，一经选择，一个会计年度内不得变更。

二、纳税地点

（一）固定业户

固定业户应当向其机构所在地的主管税务机关申报纳税。机构所在地是指纳税人的注册登记地。总机构和分支机构不在同一县（市）的，应当分别向各自所在地的主管税务机关申报纳税，经国务院财政、税务主管部门或者其授权的财政、税务机关批准，可以由总机构汇总向总机构所在地的主管税务机关申报纳税。

（二）非固定业户

非固定业户销售货物或提供劳务，应当向销售地或者劳务发生地的主管税务机关申报纳税；未向销售地或者劳务发生地的主管税务机关申报纳税的，由其机构所在地或者居住地的主管税务机关补征税款。

（三）进口货物

应当向报关地海关申报纳税。

三、申报增值税

（一）一般纳税人纳税申报资料

自2021年8月1日起，增值税与城市维护建设税、教育费附加、地方教育附加申报表整合。增值税一般纳税人附列资料及纳税申报表如下。

（1）《增值税纳税申报表附列资料（一）》（本期销售情况明细）。

（2）《增值税纳税申报表附列资料（二）》（本期进项税额明细）。

（3）《增值税纳税申报表附列资料（三）》（服务、不动产和无形资产扣除项目明细）。

一般纳税人销售服务、不动产和无形资产，在确定服务、不动产和无形资产销售额时，按照有关规定可以从取得的全部价款和价外费用中扣除价款的，需填报《增值税纳税申报表附列资料（三）》。其他情况不填写该附列资料。

（4）《增值税纳税申报表附列资料（四）》（税额抵减情况表）。

（5）《增值税纳税申报表附列资料（五）》（附加税费情况表）。

（6）《增值税减免税申报明细表》（附列资料具体内容见实训任务微课视频）。

（7）《增值税及附加税费申报表（一般纳税人适用）》（示例见表2-10-2）。

表2-10-2　增值税及附加税费申报表

（一般纳税人适用）

根据国家税收法律法规及增值税相关规定制定本表。纳税人不论有无销售额，均应按税务机关核定的纳税期限填写本表，并向当地税务机关申报。

税款所属时间：自　年　月　日至自　年　月　日　填表日期：　年　月　日

金额单位：元（列至角分）

纳税人识别号（统一社会信用代码）：□□□□□□□□□□□□□□□□□□　所属行业：

纳税人名称	法定代表人姓名		注册地址		生产经营地址	
开户银行及账号		登记注册类型			电话号码	
项目		**栏次**	**一般项目**		**即征即退项目**	
			本月数	本年累计	本月数	本年累计
销售额	（一）按适用税率计税销售额	1				
	其中：应税货物销售额	2				
	应税劳务销售额	3				
	纳税检查调整的销售额	4				
	（二）按简易办法计税销售额	5				
	其中：纳税检查调整的销售额	6				
	（三）免、抵、退办法出口销售额	7				
	（四）免税销售额	8				
	其中：免税货物销售额	9				
	免税劳务销售额	10				
税款计算	销项税额	11				
	进项税额	12				
	上期留抵税额	13				
	进项税额转出	14				
	免、抵、退应退税额	15				
	按适用税率计算的纳税检查应补缴税额	16				
	应抵扣税额合计	$17 = 12 + 13 - 14 - 15 + 16$				
	实际抵扣税额	18（如17 < 11，则为17，否则为11）				
	应纳税额	$19 = 11 - 18$				
	期末留抵税额	$20 = 17 - 18$				

续表

项目		栏次	一般项目	即征即退项目
税款计算	按简易计税办法计算的应纳税额	21		
	按简易计税办法计算的纳税检查应补缴税额	22		
	应纳税额减征额	23		
	应纳税额合计	24＝19＋21－23		
税款缴纳	期初未缴税额（多缴为负数）	25		
	实收出口开具专用缴款书退税额	26		
	本期已缴税额	27＝28＋29＋30＋31		
	①分次预缴税额	28		
	②出口开具专用缴款书预缴税额	29		
	③本期缴纳上期应纳税额	30		
	④本期缴纳欠缴税额	31		
	期末未缴税额（多缴为负数）	32＝24＋25＋26－27		
	其中：欠缴税额（≥0）	33＝25＋26－27		
	本期应补（退）税额	34＝24－28－29		
	即征即退实际退税额	35		
	期初未缴查补税额	36		
	本期入库查补税额	37		
	期末未缴查补税额	38＝16＋22＋36－37		
附加税费	城市维护建设税本期应补（退）税额	39		
	教育费附加本期应补（退）费额	40		
	地方教育附加本期应补（退）费额	41		

（二）小规模纳税人纳税申报资料

自2021年8月1日起，增值税与城市维护建设税、教育费附加、地方教育附加申报表整合。增值税小规模纳税人附列资料及纳税申报表如下。

（1）《增值税纳税申报表（小规模纳税人适用）附列资料》。

小规模纳税人销售服务，在确定服务销售额时，按照有关规定可以从取得的全部价款和价外费用中扣除价款的，需填报《增值税纳税申报表（小规模纳税人适用）附列资料》。其他情况不填写该附列资料。

（2）《增值税减免税申报明细表》（附表具体内容见实训任务微课视频）。

（3）《增值税及附加税费申报表（小规模纳税人适用）》（示例见表2-10-3）。

表 2 - 10 - 3

（小规模纳税人适用）

纳税人识别号（统一社会信用代码）：☐☐☐☐☐☐☐☐☐☐☐☐☐☐☐☐☐☐

纳税人名称： 　　　　　　　　　　　　　　　　　金额单位：元（列至分）

税款所属时间：自 年 月 日至自 年 月 日 　　　填表日期： 年 月 日

项目		栏次	本期数		本年累计	
			货物及劳务	服务、不动产和无形资产	货物及劳务	服务、不动产和无形资产
一、计税依据	（一）应征增值税不含税销售额（3%征收率）	1				
	增值税专用发票不含税销售额	2				
	其他增值税发票不含税销售额	3				
	（二）应征增值税不含税销售额（5%征收率）	4				
	增值税专用发票不含税销售额	5				
	其他增值税发票不含税销售额	6				
	（三）销售使用过的固定资产不含税销售额	7 （7≥8）				
	其中：其他增值税发票不含税销售额	8				
	（四）免税销售额	9 = 10 + 11 + 12				
	其中：小微企业免税销售额	10				
	未达起征点销售额	11				
	其他免税销售额	12				
	（五）出口免税销售额	13 （13≥14）				
	其中：其他增值税发票不含税销售额	14				
二、税款计算	本期应纳税额	15				
	本期应纳税额减征额	16				
	本期免税额	17				
	其中：小微企业免税额	18				
	未达起征点免税额	19				
	应纳税额合计	20 = 15 - 16				
	本期预缴税额	21				
	本期应（补）退税额	22 = 20 - 21				

续表

项目	栏次	本期数		本年累计	
		货物及劳务	服务、不动产和无形资产	货物及劳务	服务、不动产和无形资产
三、附加税费　城市维护建设税本期应补（退）税额	23				
教育费附加本期应补（退）费额	24				
地方教育附加本期应补（退）费额	25				

任务情境分析与实施

　　吉源宠物以 1 个月为纳税期，自期满之日起 15 日内申报纳税。即应在 4 月 1—15 日期间申报 3 月份的应纳增值税额。填写《增值税及附加税费申报表》，填写方法参考实训任务。

课堂任务

任务名称	熟悉增值税纳税地点
任务目标	熟悉增值税税收征管的规定，树立依法纳税意识
任务描述	根据吉源宠物的基本信息，请判断公司增值税的纳税地点，并说明理由
任务分析	
任务实施	

课堂任务

课后任务

任务名称	熟悉增值税纳税期限
任务目标	熟悉增值税税收征管的规定；树立依法纳税意识
任务描述	请判断中国农业银行增值税的纳税期限，并说明理由
任务分析	
任务实施	

课后任务

任务评价

知识及技能	评分（5分）	素质能力	评分（5分）
1. 熟悉增值税征收管理		1. 培养遵法守法意识	
2. 掌握一般纳税人增值税申报表的填制方法		2. 树立依法纳税意识	
3. 掌握小规模纳税人增值税申报表的填制方法			

任务总结

本任务的难点是增值税申报表及附表的填制，重点掌握一般纳税人申报表主表的勾稽关系及与附表的勾稽关系。填报申报表时要注意各个表格的填制顺序。

【实训任务】 一般纳税人增值税申报表及其附列资料的填制

实训要求：根据格莱美电器制造有限公司的相关信息及1月份涉税业务，在2月15日前申报该公司1月份增值税申报表及其附列资料。

1. 纳税人相关信息

纳税人名称：格莱美电器制造有限公司

社会信用代码：91110101905484673X

所属行业：电气机械和器材制造业

增值税企业类型：一般纳税人

经营范围：生产经营家用电器、电机及其零部件；工业产品设计；普通货物道路运输等其他经营项目

生产经营地址：北京市东城区龙泉街道古北路767号

电话：010－76589012

法定代表人：李华

开户银行及账号：中国建设银行北京市东城区支行　06389747212

2. 涉税业务

公司1月销售情况如表2－10－4所示。

表2－10－4　公司1月销售情况

开票情况	应税项目	金额（元）	税率	税额（元）
增值税专用发票	洗衣机	2 007 000.00	13%	260 910.00
增值税专用发票	消毒柜	691 200.00	13%	89 856.00
增值税专用发票	空调	300 000.00	13%	39 000.00
增值税专用发票	热水器	620 000.00	13%	80 600.00
增值税专用发票	冰箱	1 640 000.00	13%	213 200.00
增值税专用发票	交通运输服务	93 400.00	9%	8 406.00
合计		5 351 600.00		691 972.00
增值税普通发票	空调	240 000.00	13%	31 200.00
增值税普通发票	冰箱	400 000.00	13%	52 000.00
增值税普通发票	洗衣机	300 000.00	13%	39 000.00
增值税普通发票	电热水器	200 000.00	13%	26 000.00
增值税普通发票	消毒柜	72 000.00	13%	9 360.00
合计		1 212 000.00		157 560.00
增值税电子普通发票	消毒柜	108 000.00	13%	14 040.00
增值税电子普通发票	冰箱	135 000.00	13%	17 550.00
增值税电子普通发票	工业设计	150 000.00	6%	9 000.00
合计		788 000.00		40 590.00

续表

开票情况	应税项目	金额（元）	税率	税额（元）
未开发票	电热水器	180 000.00	13%	23 400.00
未开发票	消毒柜	135 000.00	13%	17 550.00
未开发票	洗衣机	150 000.00	13%	19 500.00
合计		465 000.00		60 450.00

公司1月购进情况如下：

（1）2月1日，收到税务局认证通知书，上面注明格莱美电器制造有限公司1月共认证18份增值税专用发票，金额共计5 999 976.99元，税额773 207.01元。

（2）上述认证的专用发票中，其中一张为1月31日北京天达软件公司开具的增值税专用发票，注明货物项目为"信息安全产品——分税盘"，注明金额176.99元，税额23.01元，价税合计200元。

（3）1月31日，取得北京天达软件公司开具的增值税普通发票，注明劳务项目为"信息技术服务——防伪税控维护费"，价税合计280元。

关于员工福利的董事会决议：

1月31日，公司董事会决议内容如下：企业领用2吨钢材（已抵扣过进项税额）用于员工宿舍装修，价税合计4 520元（金额4 000元，税额520元）。

项目总结

本项目系统介绍了增值税的基本理论、征税范围及税率、征收率；一般纳税人增值税计税方法，特殊销售行为销项税额的确定，进项税额的一般抵扣方法，农产品进项税额抵扣办法，不得抵扣进项税额的情形，特殊情形下进项税额转入、转出的计算，进口货物增值税计税，出口退税，一般纳税人简易计税方法；小规模纳税人简易计税方法；增值税专用发票的使用；增值税税收优惠政策；增值税的缴纳与申报。结合任务地图、任务描述、任务目标、课堂任务、课后任务，提升增值税涉税业务方面的税务处理能力；同时结合实训任务，掌握填报增值税申报表的方法，强化业务实操技能。

增值税主表
填报方法

放眼看世界

德国的增值税

在德国境内出售货物或者提供劳务的，应当就其提供的货物或者劳务数额缴纳增值税。纳税人为应税货物、劳务的出售人或者提供人。德国增值税税率主要采用固定比例税率，基本税率为19%。低档税率为7%，适用于农产品、食品、书籍、药物、报纸、剧院、博物馆和音乐厅的服务等。

项目训练

项目训练试题

项目训练答案

计算与申报消费税

项目情境

吉源宠物食品有限公司紧跟市场变化,秉持多元化经营的理念。公司高层决定开拓高档化妆品、美妆市场,成立了爱莲娜化妆品有限公司。小杨因工作出色,毕业后顺利入职,成为爱莲娜化妆品有限公司的一名财务人员,被分配到税务岗。

公司名称:爱莲娜化妆品有限公司(以下简称"爱莲娜")

社会信用代码:91106A17354L96219

所属行业:化妆品制造业

增值税企业类型:一般纳税人

经营范围:生产销售高档化妆品、高档护肤品、美妆产品。主要产品种类有面霜、修护精华、眼霜、洁面乳、气垫、唇膏等。

生产经营地址:苏州工业园区中新大道东68号

法定代表人:王东辉

开户银行及账号:中国银行苏州工业园区分行   082626479931

爱莲娜2024年7月典型涉税业务如下。

1. 面霜360 000元、修护精华660 000元、眼霜128 000元、洁面乳145 000元、气垫980 000元、唇膏121 600元。当月收取某公司违约金40 000元。

2. 奖励本月优秀员工每人一套公司产品礼盒套装,市场价值共计58 000元。

3. 与广州某化妆品企业合作,受托加工一款粉底液,收到广州公司发来的原材料1 000 000元,爱莲娜投入辅料200 000元,收取加工费300 000元(不含税),并向广州公司开具增值税专用发票,加工完毕后按照合同约定日期发货。爱莲娜没有同类粉底液销售价格。

4. 从某化妆品公司购进180 000元香水精,用于生产唇膏。7月初香水精库存1 200元,月末库存3 900元。

5. 从法国进口香水,关税完税价格380 000元,关税税率10%。

项目情境分析

爱莲娜销售的均是高档化妆品、美妆产品,因此需要缴纳消费税。7月的典型涉税业务包括了消费税在生产环节、委托加工环节、进口环节的纳税情形,同时还涉及消费税的扣税,以上均是本项目的重点学习内容。请跟随小杨一起学习如何计算消费税,并申报消费税。

项目导学

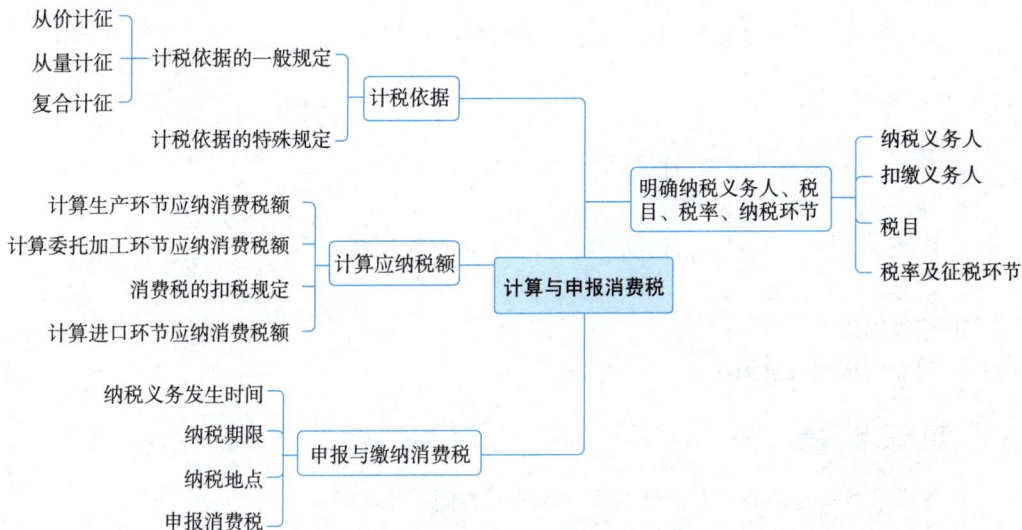

从价计征
从量计征 —— 计税依据的一般规定
复合计征
计税依据的特殊规定 —— 计税依据

计算生产环节应纳消费税额
计算委托加工环节应纳消费税额
消费税的扣税规定 —— 计算应纳税额 —— 计算与申报消费税
计算进口环节应纳消费税额

纳税义务发生时间
纳税期限
纳税地点 —— 申报与缴纳消费税
申报消费税

明确纳税义务人、税目、税率、纳税环节
纳税义务人
扣缴义务人
税目
税率及征税环节

🪷 传统文化一角——聊聊中国古代税制

　　汉高祖时，田租征收比例为十五税一，即征收收获物的 1/15。《汉书·食货志》载："高祖以是约法省禁，轻田租，什五而税一"。汉景帝时，减田租，实行三十税一。从汉景帝二年（公元前 155 年）之后，绝大部分时期都是三十税一。

　　汉代实行十五税一和三十税一的田租征收率，在中国古代史上属于较低的税率水平，对于促进西汉初期社会经济的恢复和发展起到了积极作用。

任务一　明确纳税义务人、税目、税率、纳税环节

🧑‍💼 任务情境

　　爱莲娜化妆品有限公司为什么在销售产品时需要缴纳消费税？消费税的征税范围有哪些？公司产品缴纳消费税时，适用税率是多少？

🧑‍💼 任务地图

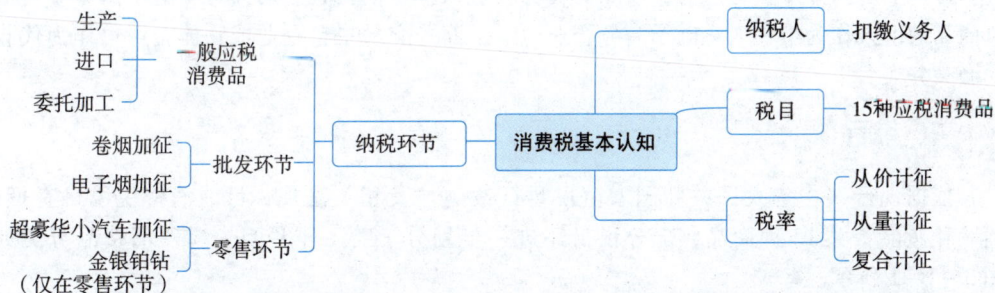

生产
进口 —— 一般应税消费品
委托加工

卷烟加征
电子烟加征 —— 批发环节 —— 纳税环节 —— 消费税基本认知

超豪华小汽车加征
金银铂钻 —— 零售环节
（仅在零售环节）

纳税人 —— 扣缴义务人
税目 —— 15种应税消费品
税率 —— 从价计征
从量计征
复合计征

任务描述

本任务讲对消费税的基本知识，包括消费税的征税范围、纳税人、税率及纳税环节。

任务目标

1. 掌握 15 种应税消费品的税目及子税目的基本内容；
2. 能准确辨别不同应税消费品的纳税环节；
3. 熟悉烟、酒、化妆品等常见应税消费品的消费税税率；
4. 培养环境保护意识；
5. 培养健康生活意识；
6. 树立依法纳税意识。

知识链接

消费税是对特定消费品和消费行为征收的一种间接税。

消费税是对我国境内从事生产、委托加工、进口以及销售特定消费品的单位和个人，就其销售额或销售数量，在特定环节征收的一种税。

一、纳税义务人

在中华人民共和国境内生产、委托加工和进口应税消费品的单位和个人，以及国务院确定的销售《中华人民共和国消费税暂行条例》规定的应税消费品的单位和个人，为消费税的纳税义务人。

"在中华人民共和国境内"是指生产、委托加工和进口属于应当缴纳消费税的消费品的起运地或所在地在境内。

"单位"是指企业、行政单位、事业单位、军事单位、社会团体及其他单位。

"个人"是指个体工商户及其他个人。

二、扣缴义务人

（一）委托加工

委托加工的应税消费品，委托方为消费税纳税人，其应纳消费税由受托方（受托方为个人除外）在向委托方交货时代收代缴税款。

（二）跨境电子商务零售进口商品

跨境电子商务零售进口商品按照货物征收进口环节消费税。购买跨境电子商务零售进口商品的个人作为纳税人。电子商务企业、电子商务交易平台企业或物流企业可作为代收代缴义务人。

三、税目

依据现行《中华人民共和国增值税暂行条例》及相关法规，目前消费税税目有烟、酒、化妆品等共15种商品，部分税目还进一步划分了若干子税目。应税消费品分类如图 3－1－1 所示。

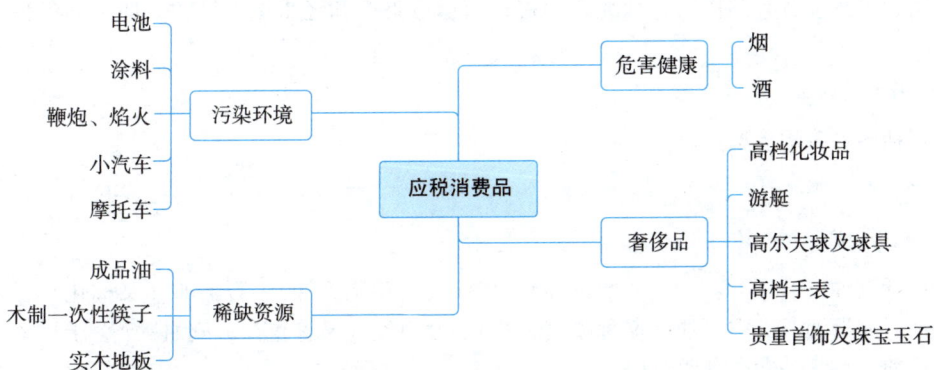

图 3-1-1　应税消费品分类

（一）烟

包括凡是以烟叶为原料加工生产的产品。具体包括卷烟、雪茄烟、烟丝及电子烟。

卷烟分为甲类卷烟和乙类卷烟。甲类卷烟是指每标准条（200 支）调拨价在 70 元（不含增值税）以上（含 70 元）的卷烟，乙类卷烟指每标准条（200 支）调拨价在 70 元（不含增值税）以下的卷烟。

电子烟包括烟弹、烟具以及烟弹与烟具组合销售的电子烟产品。

（二）酒

包括酒精度在 1 度以上的各种酒类饮料，包括白酒、黄酒、啤酒及其他酒。不包括酒精。

啤酒分为甲类啤酒和乙类啤酒。每吨出厂价格（含包装物及包装物押金）在 3 000 元（含 3 000 元，不含增值税）以上的属于甲类啤酒；每吨出厂价格（含包装物及包装物押金）在 3 000 元（不含增值税）以下的属于乙类啤酒。

　★ 包装物押金不含重复使用的塑料周转箱的押金。

对饮食业、商业、娱乐业举办的啤酒屋（啤酒坊）利用啤酒生产设备生产的啤酒，应当征收消费税，按照甲类啤酒税率征收。

　★ 果啤属于啤酒，按照啤酒征收消费税。

　★ 调味料酒属于调味品，不属于消费税征税范围。

葡萄酒适用"其他酒"子税目。

（三）高档化妆品

包括高档美容、修饰类化妆品，高档护肤类化妆品和成套化妆品。

美容、修饰类化妆品是指香水、香水精、香粉、口红、指甲油、胭脂、眉笔、唇笔、蓝眼油、眼睫毛以及成套化妆品。

　★ 不包括舞台、戏剧、影视演员化妆用的上妆油、卸妆油、油彩。

高档美容、修饰类化妆品，高档护肤类化妆品是指生产（进口）环节销售（完税）价格（不含增值税）在 10 元/毫升（克）或 15 元/片（张）以上的化妆品。

（四）贵重首饰及珠宝玉石

包括以金、银、铂金、宝石、珍珠、钻石、翡翠、珊瑚、玛瑙等高贵稀有物质以及其他金属、人造宝石等制作的各种纯金银首饰及镶嵌首饰和经采掘、打磨、加工的各种珠宝玉石。

（五）鞭炮、焰火

包括各种鞭炮、焰火。

★ 体育上用的发令纸、鞭炮药引线，不征收消费税。

（六）成品油

包括汽油（含甲醇汽油、乙醇汽油）、柴油（含生物柴油）、石脑油（又称化工轻油）、溶剂油、润滑油、航空煤油（又称喷气燃料）、燃料油（又称重油、渣油）7 个子目。

目前航空煤油暂缓征收消费税。

★ 以下成品油免征消费税：

（1）符合条件的纯生物柴油。

（2）变压器油、导热类油等绝缘油类产品不属于润滑油，不征收消费税。

（3）对成品油生产企业在生产成品油过程中，作为燃料、动力及原料消耗掉的自产成品油。

（七）小汽车

包括乘用车、中轻型商用客车、超豪华小汽车。

不包括大型商用客车、大货车、大卡车。

车身大于 7 米（含）并且座位在 10～23 座（含）以下的商用客车，不属于中轻型商用客车，不征收消费税。

★ 电动汽车、沙滩车、雪地车、卡丁车、高尔夫车，不征收消费税。

★ 对于购进乘用车和中轻型商用客车整车改装生产的汽车，征收消费税。

超豪华小汽车为每辆零售价格 130 万元（不含增值税）及以上的乘用车和中轻型商用客车。

> ⚡ **小贴士**
>
> 小汽车征税范围不限于小轿车。但不包括大货车、大卡车、电动汽车和大型商用卡车。

（八）摩托车

包括轻便摩托车和摩托车两种。

对发动机气缸总工作容量不超过 50 毫升的三轮摩托车不征收消费税。

★ 气缸容量 250 毫升（不含）以下的小排量摩托车不征收消费税。

（九）高尔夫球及球具

包括高尔夫球（含比赛、练习用球）、高尔夫球杆、高尔夫球包（袋）以及高尔夫球的杆头、杆身和握把。

不包括高尔夫服装、高尔夫车。

（十）高档手表

高档手表是指销售价格（不含增值税）每只在 10 000 元（含）以上的各类手表。

（十一）游艇

包括艇身长度大于 8 米（含）小于 90 米（含），内置发动机，可以在水上移动，一般为私人或团体购置，主要用于水上运动和休闲娱乐等非营利活动的各类机动艇。

（十二）木制一次性筷子

包括各种规格的木制一次性筷子。未经打磨、倒角的木制一次性筷子属于本税目。

> ⚡ **小贴士**
>
> "木制"并且是"一次性"的筷子，需要缴纳消费税。

（十三）实木地板

包括各种规格的实木地板。未经涂饰的素板也属于本税目。

（十四）电池

包括原电池、蓄电池、燃料电池、太阳能电池和其他电池。

无汞原电池、金属氢化物镍蓄电池（又称"氢镍蓄电池"或"镍氢蓄电池"）、锂原电池、锂离子蓄电池、太阳能电池、燃料电池和全钒液流电池免征消费税。

（十五）涂料

施工状态下挥发性有机物含量低于 420 克/升（含）的涂料免征消费税。

四、税率及征税环节

（一）税率

消费税税率采用比例税率和定额税率两种形式。不同的应税消费税品有不同的税率形式，具体如表 3 - 1 - 1 所示。

表 3 - 1 - 1　消费税税率基本形式

税率形式	适用应税项目
定额税率	啤酒、黄酒、成品油
比例税率和定额税率复合税率	白酒、卷烟
比例税率	除啤酒、黄酒、成品油、白酒、卷烟之外的其他各项应税消费品

消费税税率（税额）具体内容如表 3 - 1 - 2 所示。

表 3 - 1 - 2　消费税税率（税额）

税目	税率（税额）
一、烟	
1. 卷烟	
（1）甲类卷烟（生产或进口环节）每条不含增值税≥70 元	56% 加 0.003 元/支
（2）乙类卷烟（生产或进口环节）每条不含增值税＜70 元	36% 加 0.003 元/支
（3）批发环节	11% 加 0.005 元/支
2. 雪茄烟	36%

税目	税率（税额）
3. 烟丝	30%
4. 电子烟	
生产（进口）环节	36%
批发环节	11%
二、酒	
1. 白酒	20% 加 0.50 元/500 克
2. 黄酒	240 元/吨
3. 啤酒	
（1）甲类啤酒——每吨出厂价（含包装物及包装物押金，不包括重复使用的塑料周转箱押金）不含增值税 ≥3 000 元 饮食业、商业、娱乐业举办的啤酒屋（啤酒坊）利用啤酒生产设备生产的啤酒，征收消费税	250 元/吨
（2）乙类啤酒——每吨出厂价（含包装物及包装物押金，不包括重复使用的塑料周转箱押金）不含增值税 <3 000 元	220 元/吨
4. 其他酒	10%
三、高档化妆品	15%
四、贵重首饰及珠宝玉石	
1. 金银首饰、铂金首饰和钻石及钻石饰品	零售环节 5%
2. 其他贵重首饰和珠宝玉石	10%
五、鞭炮、焰火	15%
六、成品油	
1. 汽油	1.52 元/升
2. 柴油	1.2 元/升
3. 石脑油	1.52 元/升
4. 溶剂油	1.52 元/升
5. 润滑油	1.52 元/升
6. 燃料油	1.2 元/升
7. 航空煤油	1.2 元/升
七、摩托车	
1. 气缸容量在 250 毫升的	3%
2. 气缸容量在 250 毫升以上的	10%
八、小汽车	
1. 乘用车	

续表

税目	税率（税额）
（1）气缸容量（排气量，下同）在1.0升（含）以下的	1%
（2）气缸容量在1.0升以上至1.5升（含）的	3%
（3）气缸容量在1.5升以上至2.0升（含）的	5%
（4）气缸容量在2.0升以上至2.5升（含）的	9%
（5）气缸容量在2.5升以上至3.0升（含）的	12%
（6）气缸容量在3.0升以上至4.0升（含）的	25%
（7）气缸容量在4.0升以上的	40%
2. 中轻型商用客车	5%
3. 超豪华小汽车	零售环节加征10%
九、高尔夫球及球具	10%
十、高档手表	20%
十一、游艇	10%
十二、木制一次性筷子	5%
十三、实木地板	5%
十四、电池	4%
十五、涂料	4%

1. 卷烟定额税率的换算

不同种类卷烟支、条、箱定额税率如表3－1－3所示。

表3－1－3　不同种类卷烟支、条、箱定额税率

税目	比例税率	定额税率		
		每支	每标准条（每条200支）	每箱（每箱250条）
甲类卷烟	56%	0.003元	0.6元	150元
乙类卷烟	36%			
批发环节	11%	0.005元	1元	250元

2. 最高税率的规定

纳税人兼营不同税率的应税消费品，应当分别核算不同税率应税消费品的销售额、销售数量。未分别核算销售额、销售数量，或者将不同税率的应税消费品组成成套消费品销售的，从高适用税率。

（二）纳税环节

不同应税消费品，其消费税的纳税环节并不完全相同。一般应税消费品都在生产、进口、委托加工环节缴纳消费税，部分应税消费品在两个或两个以上环节计税，个别应税消费品在零售环节计税。具体如表3－1－4所示。

表 3–1–4　不同应税消费品的消费税纳税环节

应税消费品	纳税环节			
	生产（进口）	委托加工	批发	零售
卷烟	√	√	√	×
电子烟	√	×	√	×
金银首饰、铂金首饰和钻石及钻石饰品	×	×	×	√
超豪华小汽车	√	×	×	√
除以上列举之外的应税消费品	√	√	×	×

任务情境分析与实施

爱莲娜销售的高档化妆品及美妆产品，均属于消费税的征税范围之一——化妆品，适用税率15%。因化妆品在生产环节及委托加工环节缴纳消费税，因此爱莲娜销售产品时，需要缴纳消费税。

课堂任务

任务名称	辨别增值税和消费税纳税人的差异
任务目标	能准确判断消费税纳税人和增值税纳税人的异同；树立依法纳税意识
任务描述	某大型零售公司8月销售珍珠饰品150 000元。 公司是否需要缴纳该笔业务的消费税？是否需要缴纳增值税？请说明理由
任务分析	
任务实施	

课后任务

任务名称	消费税的征税范围
任务目标	准确掌握消费税征税范围，熟悉15种应税消费税；培养环境保护意识
任务描述	某橡胶轮胎厂当月销售橡胶轮胎7 800 000元。 该轮胎厂是否需要缴纳消费税？请说明理由
任务分析	
任务实施	

任务评价

知识及技能	评分（5分）	素质能力	评分（5分）
1. 熟练掌握消费税的征税范围		1. 培养环境保护意识	
2. 能判断消费税的纳税人		2. 树立依法纳税意识	
3. 能区分不同应税消费品的纳税环节		3. 培养健康生活的意识	

任务总结

消费税的纳税人、税目、税率、征税环节，是消费税的重要内容。我们要了解 15 种应税消费品的税目及子税目，要区分不同应税消费品的纳税环节。

任务二　确定计税依据

任务情境

根据爱莲娜 7 月的销售情况，确定消费税的计税依据。

任务地图

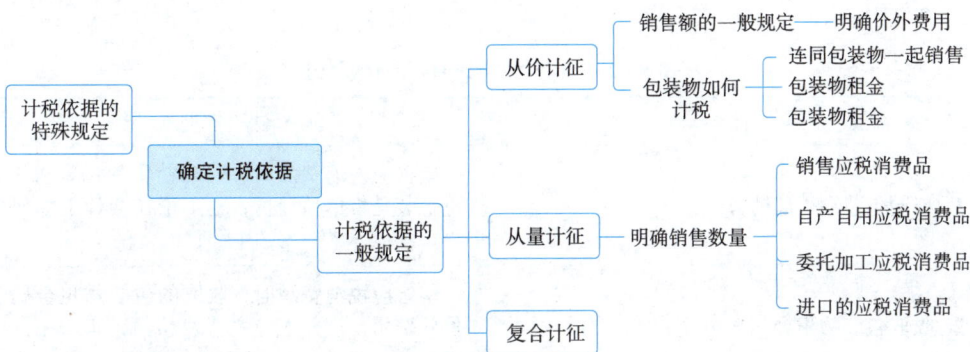

任务描述

消费税有三种计税方式，确定计税依据是正确计算应纳税额的关键。除掌握计税依据的一般规定之外，还要熟知计税依据的特殊规定。

任务目标

1. 掌握包装物押金、包装物租金的计税方法；
2. 掌握计税依据的特殊规定；
3. 培养法律意识，树立遵法守法意识；
4. 培养严谨的工作态度。

知识链接

根据目前消费税的规定，消费税应纳税额的计算分为从价计征、从量计征和复合计征三种方法。

一、计税依据的一般规定

（一）从价计征

大部分应税消费品适用从价计征消费税。在从价计征方法下，应纳消费税额等于销售额乘以适用税率，在税率确定的情况下，如何确定销售额是计算应纳税额的关键。

1. 销售额的一般规定

销售额是纳税人销售应税消费品向购买方收取的全部价款和价外费用。价外费用是指在价外收取的各种性质的费用。

作为价外费用向购买方收取的有：手续费、补贴、基金、集资费、返还利润、奖励费、违约金、延期付款利息、滞纳金、赔偿金、包装费、包装物租金、储备费、优质费、运输装卸费、代收款项、代垫款项以及其他各种性质的价外收费。价外费用不包括以下费用。

（1）同时符合以下条件的代垫运输费用。

①承运部门的运输发票开具给购买方。

②纳税人将该发票转交给购买方。

（2）代为收取的政府性基金或者行政事业性收费。

2. 包装物如何计税

销售应税消费品时，如有包装物，可能出现以下情形：连同包装物一起销售、收取包装物租金、收取包装物押金等。不同情形下，包装物的消费税处理方式不同，具体如表 3 - 2 - 1 所示。

表 3 - 2 - 1　包装物的消费税计税依据

情形		计税依据
1. 连同包装物一起销售		销售应税消费品时，同时销售的包装物，无论包装是否单独计价，也不论在会计上如何核算，均应并入销售额中征收消费税
2. 收取包装物租金		销售应税消费品时，收取的包装物租金属于价外费用，应并入应税消费品的销售额中征收消费税
3. 收取包装物押金	①啤酒、黄酒、成品油收取的包装物押金	消费税不计税（啤酒、黄酒、成品油从量计税）
	②除啤酒、黄酒以外，其他酒类产品收取的包装物押金	销售时收取的包装物押金，无论押金是否返还及会计上如何核算，均应并入酒类产品的销售额中征收消费税
	③除酒类产品、成品油以外，其他应税消费品收取的包装物押金	未到期且收取时间不超过一年的，不计税。对逾期未收回的包装物不再退还或已收取一年以上的押金，应并入应税消费品的销售额中征收消费税

（二）从量计征

啤酒、黄酒、成品油适用从量计征消费税。从量计征方法下，应纳税额等于应税消费品的销售数量乘以单位税额。销售数量指纳税人进口、生产、委托加工应税消费品的数量。

单位税额确定的情况下，确定销售数量的规定如下。

（1）销售应税消费品的，为应税消费品的销售数量。

（2）自产自用应税消费品的，为应税消费品的移送使用数量。

（3）委托加工应税消费品的，为纳税人收回的应税消费品数量。

（4）进口的应税消费品，为海关核定的应税消费品进口征税数量。

（三）复合计征

卷烟、白酒适用复合计征消费税。应纳税额等于应税销售数量乘以单位税额加上销售额乘以税率。

生产销售白酒、卷烟从量定额计税依据为实际销售数量。进口、委托加工、自产自用白酒、卷烟从量定额计税依据分别为海关核定的进口征税数量、委托方收回数量、移送使用数量。

二、计税依据的特殊规定

（一）白酒生产企业

白酒生产企业向商业销售单位收取的"品牌使用费"属于白酒销售价款的组成部分，应并入白酒的销售额中纳税。

（二）电子烟销售额的确定

（1）电子烟生产环节纳税人采用代销方式销售电子烟的，按照经销商（代理商）销售给电子烟批发企业的销售额计算纳税。

（2）电子烟生产环节纳税人通过代加工方式生产电子烟的，由持有商标的企业缴纳消费税。

（3）电子烟生产环节纳税人从事电子烟代加工业务的，应当分开核算持有商标电子烟的销售额和代加工电子烟的销售额，未分开核算的，一并缴纳消费税。

（三）设非独立核算门市部

纳税人通过自设非独立核算门市部销售的自产应税消费品，应按照门市部对外销售额或者销售数量征收消费税。

（四）最高销售价格的规定

纳税人用于换取生产资料和消费资料，投资入股和抵偿债务等方面的应税消费品，应当以纳税人同类应税消费品的最高销售价格作为计税依据计算消费税。

（五）套装销售

纳税人将自产的应税消费品与外购或自产的非应税消费品组成套装销售的，以套装产品的销售额为计税依据计征消费税。

（六）兼营销售

纳税人兼营不同税率的应税消费品，应当分别核算不同税率应税消费品的销售额、销售数量。未分别核算的，或者将不同税率的应税消费品组成成套消费品销售的，从高适用税率计征消费税。

（七）金银首饰的特殊规定

1. 视同零售

经营单位将金银首饰用于馈赠、赞助、集资、广告样品、职工福利、奖励等，视同零售，缴纳消费税。

2. 以旧换新

纳税人采用以旧换新（含翻新改制）方式销售的金银首饰，应按实际收取的不含增值税价格确定计税依据，计征消费税。

3. 组成套装

金银首饰与其他产品组成成套消费品销售的，应按销售全额计征消费税。

4. 包装物

金银首饰连同包装物一起销售的，无论包装物是否单独计价，也无论会计上如何核算，均应并入金银首饰的销售额计征消费税。

◎ 任务情境分析与实施

爱莲娜销售高档化妆品、美妆产品，消费税从价计税。销售额为纳税人销售应税消费品向购买方收取的全部价款和价外费用。当月收取的违约金属于价外费用，属于销售额的一部分，需一起计算消费税。

课堂任务

👤 课堂任务

任务名称	掌握包装物押金消费税计算的方法
任务目标	能准确判断不同应税消费品包装物押金是否计算消费税；培养严谨求实的工作态度
任务描述	某葡萄酒生产企业9月销售葡萄酒50万元，收取包装物押金1万元。 该笔包装物押金是否需要缴纳消费税？请说明理由
任务分析	
任务实施	

课后任务

👤 课后任务

任务名称	消费税计税依据中，价外费用如何界定？
任务目标	掌握消费税价外费用的范围；树立依法纳税意识，培养严谨求实的工作态度
任务描述	某汽车旗舰店，10月销售某品牌豪华汽车15辆，每辆单价160万元；另为客户代办保险、缴纳车辆购置税及办理车辆牌照费，共收取费用92万元。 该旗舰店是否需要缴纳消费税？收取的92万元费用是否需要缴纳消费税？请说明理由
任务分析	
任务实施	

👤 任务评价

知识及技能	评分 （5分）	素质能力	评分 （5分）
1. 熟练掌握计征消费税价外费用的范围		1. 树立遵法守法意识	
2. 熟练掌握包装物押金如何计征消费税		2. 树立依法纳税意识	
3. 掌握消费税计税依据的特殊规定		3. 培养严谨求实的工作态度	

👤 任务总结

消费税有三种计税方式：从价计征、从量计征及复合计征，其计税依据也有所不同。

从价计征方式下，价外费用、包装物、包装物租金、包装物押金、消费税与增值税均有不同的规定，应与增值税对比学习。

最高销售价格的规定是消费税计税特点之一。

任务三　计算应纳消费税额

任务情境

爱莲娜7月份典型涉税业务应如何计算消费税？共应缴纳多少消费税？

任务地图

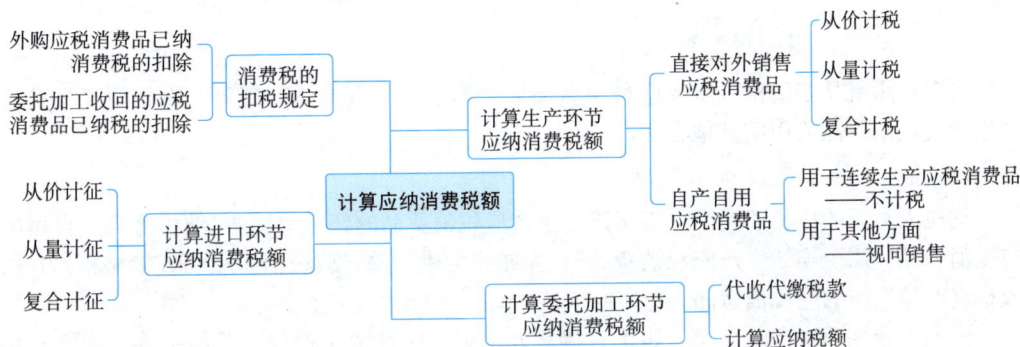

任务描述

本任务是消费税学习的重难点部分，需掌握生产、委托加工、进口环节应纳税额的计算方法。消费税扣税是本任务的难点，要理解扣税的原理，并掌握扣税的方法。

任务目标

1. 掌握生产环节应纳消费税额的一般计税方法；
2. 掌握消费税视同销售及组成计税价格；
3. 掌握委托加工环节组成计税价格，并与视同销售的组价公式进行区分；
4. 掌握进口环节应纳消费税的计税方法；
5. 理解消费税扣税的原理；
6. 掌握消费税扣税范围及扣税公式；
7. 能正确计算应纳税消费品不同纳税环节应纳消费税额；
8. 树立依法纳税的意识；
9. 培养专业技能，提升职业实践能力。

知识链接

一、计算生产环节应纳消费税额

生产环节消费税的计算，包括生产环节直接对外销售应税消费品应纳消费税的计算、自产自用应税消费品应纳消费税的计算。

（一）直接对外销售应税消费品

根据不同应税消费品的计税特点，有从价计征、从量计征、复合计税三种计税方式，具体计算公式如表3-3-1所示。

表3-3-1　生产环节直接对外销售应税消费品计税公式

计税方法	计税公式
从价计征	应纳税额＝应税消费品的不含税销售额×比例税率
从量计征	应纳税额＝应税消费品的销售数量×定额税率（啤酒、黄酒、成品油适用）
复合计税	应纳税额＝应税消费品的不含税销售额×比例税率＋应税消费品的销售数量×定额税率（白酒、卷烟适用）

（二）自产自用应税消费品

自产自用就是指纳税人生产应税消费品后，不是用于直接对外销售，而是用于自己连续生产应税消费品或用于其他方面。

1. 用于连续生产应税消费品

纳税人自产的应税消费品，用于连续生产应税消费品的，不纳税。"纳税人自产自用的应税消费品，用于连续生产应税消费品"，是指作为生产最终应税消费品的直接材料，并构成最终产品实体的应税消费品。

例如：卷烟厂生产的烟丝，如果直接对外销售，应缴纳消费税。但如果将自产烟丝用于连续生产卷烟，用于连续生产卷烟的烟丝就不缴纳消费税，只对生产销售的卷烟征收消费税。这一规定体现了不重复计税的原则。

【例3-3-1】7月，某筷子生产企业生产销售木制一次性筷子取得不含税销售额30万元，其中含包装物销售额0.6万元；销售金属工艺筷子取得不含税销售额50万元；销售竹制一次性筷子取得不含税销售额10万元。木制一次性筷子消费税税率5%。

请计算当月该企业应纳的消费税额。

【解析与答案】金属工艺筷子、竹制一次性筷子不属于消费税征税范围。应税消费品连同包装物销售的，无论包装物是否单独计价，也不论在会计上如何核算，均应并入销售额中征收消费税。

当月应纳消费税额＝30×5%＝1.5（万元）

【例3-3-2】10月，甲烟草批发企业向乙卷烟零售店销售卷烟200标准条，取得不含税销售额28 000元；向丙烟草批发企业销售卷烟300标准条，取得不含税销售额42 000元。卷烟批发环节消费税率11%，定额税率0.005元/支，每标准条200支卷烟。

请计算当月甲烟草批发企业应纳的消费税额。

【解析与答案】卷烟批发企业之间销售卷烟，不征收消费税。

甲烟草批发企业当月应纳消费税额＝28 000×11%＋0.005×200×200＝3 280（元）

2. 用于其他方面

纳税人自产的应税消费品，不是用于连续生产应税消费品，而是用于其他方面的，于移送使用时纳税。"用于其他方面"是指用于以下情形。

（1）用于生产非应税消费品。

（2）用于在建工程、管理部门、非生产机构、提供劳务。

（3）用于馈赠、赞助、集资、广告、样品、职工福利、奖励等。

3. 用于其他方面消费税的计算

纳税人自产的应税消费品，凡用于其他方面的，在移送使用时纳税。计税价格按照以下顺序确定。

（1）按照纳税人生产的同类消费品的当月销售价格计税。

如果当月同类消费品各期销售价格高低不同，应按销售数量加权平均计算。但销售的应税消费品有下列情况之一的，不得列入加权平均计算。

①销售价格明显偏低又无正当理由的。

②无销售价格的。

（2）如果当月无销售或者当月未完结，按同类消费品上月或者最近月份的销售价格计税。

（3）没有同类消费品销售价格的，按照组成计税价格计税。

组成计税价格有从价计征、复合计征两种组价公式。因啤酒、黄酒、成品油适用从量计税，根据视同销售的数量计税即可，无须组成计税价格。消费税视同销售组成计税价格公式如表3-3-2所示。

表3-3-2　消费税视同销售组成计税价格公式

计税方式	消费税视同销售组成计税价格
从价计征	组成计税价格＝（成本＋利润）÷（1－比例税率） 　　　　　　＝［成本×（1＋成本利润率）］÷（1－比例税率） 应纳税额＝组成计税价格×比例税率
复合计征 （白酒、卷烟适用）	组成计税价格＝（成本＋利润＋自产自用数量×定额税率）÷（1－比例税率） 应纳税额＝组成计税价格×比例税率＋自产自用数量×定额税率

注：“成本”是指应税消费品的生产成本，“利润”是指根据应税消费品的全国平均成本利润率计算的利润。全国平均成本利润率由国家税务总局确定。

【例3-3-3】9月，甲酒厂将新研制的3吨白酒赠送给关联企业，该批白酒生产成本为30 000元，无同类白酒销售价格。已知白酒消费税税率20%，定额税率0.5元/500克，1吨＝1 000千克，成本利润率为5%。

请计算甲酒厂当月该笔业务应纳的消费税额。

【解析与答案】将自产的白酒赠送给关联企业，属于消费税视同销售，于移送时缴纳消费税。甲酒厂无同类产品价格，应按组成价格计税。

组成计税价格＝［30 000×（1＋5%）＋3×1 000×2×0.5］÷（1－20%）＝43 125（元）

应纳消费税额＝43 125×20%＋3×1 000×2×0.5＝11 625（元）

二、计算委托加工环节应纳消费税额

委托加工应税消费品是指委托方提供原料和主要材料，受托方只收取加工费和代垫部分辅助材料加工的应税消费品。除此之外的都不能称为委托加工，应当按照销售自制应税消费品缴纳消费税。

（一）代收代缴税款

委托加工应税消费品，委托方为纳税人，受托方是代收代缴义务人。除受托方为个人外，由受托方在向委托方交货时代收代缴消费税。如果受托方没有对委托加工的应税消费品代收代缴或者少缴税款，根据《中华人民共和国税收征收管理法》的规定，除对委托方补征税款外，对受托方处以应代收代缴税款50%以上3倍以下的罚款。

委托方委托个人（包括个体工商户）加工的应税消费品，由委托方收回后缴纳消费税。

★ 委托方收回的应税消费品，以不高于受托方的计税价格出售的，不再缴纳消费税。

★ 委托方以高于受托方计税价格出售的，不属于直接出售，需按规定缴纳消费税，在计税时准予扣除受托方已代收代缴的消费税额。

（二）计算应纳税额

委托加工应税消费品，受托方代收代缴消费税时，应按受托方同类消费品的售价计算纳税；没有同类消费品价格的，按照组成计税价格计算纳税。

1. 受托方有同类消费品售价

受托方有同类消费品销售价格的，按照受托方同类消费品销售价格计算代扣代缴消费税额。同类消费品售价，是指受托方（代收代缴义务人）当月销售的同类消费品的销售价格。如果当月同类消费品各期销售价格高低不同，应按销售数量加权平均计算。但销售的应税消费品有下列情形之一的，不得列入加权平均。

（1）销售价格明显偏低且无正当理由的。

（2）无销售价格的。

如果当月无销售，或当月未完结，按照同类消费品上月或最近月份的销售价格计算代收代缴消费税额。

从价计征的计算公式为：

$$应代收代缴税额 = 同类消费品销售额 \times 比例税率$$

复合计征的计算公式为：

$$应代收代缴税额 = 同类消费品销售额 \times 比例税率 + 委托加工数量 \times 定额税率$$

2. 受托方没有同类消费品售价

受托方没有同类消费品售价的，按照组成计税价格计算纳税。

从价计征的计算公式为：

$$组成计税价格 = （材料成本 + 加工费）\div（1 - 比例税率）$$
$$应代收代缴税额 = 组成计税价格 \times 比例税率$$

复合计征的计算公式为：

$$组成计税价格 = （材料成本 + 加工费 + 委托加工数量 \times 定额税率）\div（1 - 比例税率）$$
$$应代收代缴税额 = 组成计税价格 \times 比例税率 + 委托加工数量 \times 定额税率$$

其中，"材料成本"是指委托方所提供加工材料的实际成本（不含增值税），"加工费"是指受托方加工应税消费品向委托方所收取的全部费用（包括代垫辅助材料的实际成本，不含增值税）。

【例3-3-4】甲卷烟厂为增值税一般纳税人，受托加工一批烟丝，委托方提供的烟叶成本49 140元，甲卷烟厂收取含增值税加工费2 373元。烟丝消费税税率30%，无同类烟丝售价。

请计算甲卷烟厂该笔业务应代收代缴的消费税额。

【解析与答案】甲卷烟厂无同类烟丝售价，应按组成计税价格计算消费税。消费税计税依据为不含税销售额，含税加工费应做价税分离。

组成计税价格 = [49 140 + 2 373 ÷ (1 + 13%)] ÷ (1 − 30%) = 73 200 （元）

应代收代缴消费税额 = 73 200 × 30% = 21 960 （元）

三、消费税的扣税规定

为避免重复计税，将外购应税消费品用于连续生产应税消费品销售的，可以将外购应税消费品已缴纳的消费税给予扣除。

（一）外购应税消费品已纳消费税的扣除

1. 扣税适用范围

（1）外购已税烟丝为原料生产的卷烟。

（2）外购已税高档化妆品为原料生产的高档化妆品。

（3）外购已税珠宝玉石为原料生产的贵重首饰及珠宝玉石。

（4）外购已税汽油、柴油、石脑油、燃料油、润滑油为原料生产的应税成品油。

（5）外购已税杆头、杆身和握把为原料生产的高尔夫球杆。

（6）外购已税木制一次性筷子为原料生产的木制一次性筷子。

（7）外购已税实木地板为原料生产的实木地板。

（8）外购已税鞭炮、焰火为原料生产的鞭炮、焰火。

（9）从葡萄酒生产企业购进、进口葡萄酒连续生产应税葡萄酒的，准予扣除所耗用应税葡萄酒已纳消费税税款。

（10）啤酒生产集团内部企业间用啤酒液连续灌装生产的啤酒。

> ★ 酒（葡萄酒、啤酒除外）、小汽车、摩托车、游艇、高档手表、雪茄烟、涂料、电池、溶剂油，不在扣税范围内。

> ★ 纳税人用外购的已税珠宝玉石生产的改在零售环节征收消费税的金银首饰（含镶嵌首饰）、钻石、钻石饰品，在计税时一律不得扣除外购珠宝玉石的已纳税款。

2. 计算扣税

用外购（含进口）已税消费品连续生产应税消费品销售时，按当期生产领用数量计算准予扣除外购的应税消费品已纳的消费税税款。

当期准予扣除的已纳税款 = 当期准予扣除的外购应税消费品买价 × 外购应税消费品适用税率

当期准予扣除的外购应税消费品买价 = 期初库存的外购应税消费品的买价 + 当期购进的应税消费品的买价 − 期末库存的外购应税消费品的买价

（二）委托加工收回的应税消费品已纳税的扣除

为避免重复计税，将委托加工收回的应税消费品用于连续生产应税消费品销售的，可以将委托加工收回的应税消费品已缴纳的消费税给予扣除。

1. 扣税适用范围

（1）以委托加工收回的已税烟丝为原料生产的卷烟。

（2）以委托加工收回的已税高档化妆品为原料生产的高档化妆品。

（3）以委托加工收回的已税珠宝玉石为原料生产的贵重首饰及珠宝玉石。

（4）以委托加工收回的已税汽油、柴油、石脑油、燃料油、润滑油为原料生产的应税成品油。

（5）以委托加工收回的已税杆头、杆身和握把为原料生产的高尔夫球杆。

（6）以委托加工收回的已税木制一次性筷子为原料生产的木制一次性筷子。

（7）以委托加工收回的已税实木地板为原料生产的实木地板。

（8）以委托加工收回的已税鞭炮、焰火为原料生产的鞭炮、焰火。

★ 酒（葡萄酒、啤酒除外）、小汽车、摩托车、游艇、高档手表、雪茄烟、涂料、电池、溶剂油，不在扣税范围内。

★ 纳税人用委托加工收回的已税珠宝玉石生产的改在零售环节征收消费税的金银首饰（含镶嵌首饰）、钻石、钻石饰品，在计税时一律不得扣除委托加工收回珠宝玉石的已纳税款。

2. 计算扣税

纳税人以委托加工收回的已税消费品为原料连续生产应税消费品，当期准予扣除委托加工收回的应税消费品已纳消费税税款。按当期生产领用数量计算准予扣除委托加工的应税消费品已纳的消费税税款。当期准予扣除的委托加工应税消费品已纳税款的计算公式如下。

当期准予扣除的委托加工应税消费品已纳税款 = 期初库存的委托加工应税消费品已纳税款 + 当期收回的委托加工应税消费品已纳税款 − 期末库存的委托加工应税消费品已纳税款

【例3-3-5】甲化妆品生产企业8月从乙化妆品企业购进一批高档保湿精华，取得增值税专用发票，注明价款100万元，当月领用其中的40%用于生产高档保湿眼霜，并全部销售，取得不含税销售额600万元。高档化妆品消费税税率15%。

请计算当月甲化妆品生产企业应纳的消费税额。

【解析与答案】甲化妆品生产企业领用40%高档保湿精华，用于连续生产高档化妆品，其外购的40%高档保湿精华已纳消费税税款，可以在本月计税时扣除。

应纳消费税额 = $600 \times 15\% - 100 \times 15\% \times 40\% = 84$（万元）

四、计算进口环节应纳消费税额

进口的应税消费品，于报关时缴纳消费税，由海关代征进口环节的消费税。进口的应税消费品，由进口人或代理人向报关地海关申报缴纳消费税。

纳税人进口应税消费品的，应当自海关填发海关进口消费税专用缴款书之日起15日内缴纳税款。

纳税人进口货物的消费税，根据组成计税价格和相关税率计算。

（一）从价计税

组成计税价格 =（关税完税价格 + 关税）÷（1 − 消费税比例税率）
应纳税额 = 组成计税价格 × 消费税比例税率

其中，"关税完税价格"是指海关核定的关税计税价格。

（二）复合计税

组成计税价格 =（关税完税价格 + 关税 + 进口数量 × 消费税定额税率）÷（1 − 消费税比例税率）
应纳税额 = 组成计税价格 × 消费税比例税率 + 进口数量 × 消费税定额税率

（三）从量计税

应纳税额 = 进口数量 × 消费税定额税率

【例3-3-6】甲公司为增值税一般纳税人，10月进口白酒3吨，海关核定关税完税价格900 000元，已知关税税率10%，白酒消费税税率20%，定额税率0.5元/500克。

请计算甲公司进口白酒应纳的消费税额。

【解析与答案】进口白酒需用复合计税组价公式计算进口环节消费税额。

组成计税价格 $=[900\ 000\times(1+10\%)+3\times2\ 000\times0.5]\div(1-20\%)=1\ 241\ 250$（元）

应纳消费税额 $=1\ 241\ 250\times20\%+3\times2\ 000\times0.5=251\ 250$（元）

任务情境分析与实施

根据爱莲娜7月份典型涉税业务，分析如下。

1. 生产销售高档化妆品、美妆产品，应缴纳消费税。违约金属于价外费用，应计算消费税。销售收入均为含税价，价外费用也含税。

应纳消费税额 $=(36+66+12.8+14.5+98+12.16+4)\div(1+13\%)\times15\%\times10\ 000=323\ 176.99$（元）

2. 奖励优秀员工每人一套公司产品礼盒套装，属于消费税视同销售，应计征消费税。

应纳消费税额 $=58\ 000\div(1+13\%)\times15\%=7\ 699.12$（元）

3. 爱莲娜受托加工粉底液，应代收代缴消费税。爱莲娜没有同类粉底液销售价格，应按组成计税价格计税。

组成计税价格 $=$（材料成本+加工费）$\div$（1-比例税率）$=(100+20+30)\div(1-15\%)=176.47$（万元）

应代收代缴消费税额 $=176.47\times15\%\times10\ 000=264\ 705.00$（元）

4. 购进180 000元香水精，用于生产唇膏，属于消费税扣税范围：外购已税高档化妆品为原料生产的高档化妆品。购进的香水精已纳消费税可以扣除。

当期准予扣除的外购应税消费品买价 $=1\ 200+180\ 000-3\ 900=177\ 300$（元）

当期准予扣除的已纳税款 $=177\ 300\times15\%=26\ 595$（元）

5. 进口香水，应在海关缴纳消费税。

组成计税价格 $=$（关税完税价格+关税）$\div$（1-消费税比例税率）$=38\times(1+10\%)\div(1-15\%)\times10\ 000=491\ 764.71$（元）

应纳消费税额 $=491\ 764.71\times15\%=73\ 764.71$（元）

课堂任务1

任务名称	掌握白酒应纳消费税额的计算方法
任务目标	能正确应用消费税复合计税方法，掌握组成计税价格应用的条件；提升专业实践能力
任务描述	某酒厂为增值税一般纳税人，4月发放1吨自制白酒作为职工福利，同类白酒不含税售价50 000元/吨。已知其成本价35 000元/吨。 请计算该酒厂上述业务当月应纳消费税额
任务分析	
任务实施	

课堂任务1

课堂任务2

任务名称	掌握委托加工环节应纳消费税额的计算方法
任务目标	能正确应用委托加工环节组成计税价格；树立依法纳税意识，提升专业实践技能
任务描述	某鞭炮厂为增值税一般纳税人，9月受托加工一批鞭炮，委托方提供原材料成本48 025元，鞭炮厂收取含增值税加工费9 605元，鞭炮厂无同类鞭炮销售价格。已知鞭炮消费税税率15%。 请计算该鞭炮厂对该笔业务应代收代缴的消费税额
任务分析	
任务实施	

课后任务1

任务名称	掌握消费税视同销售组价公式的应用
任务目标	能正确应用视同销售组价公式；提升职业技能
任务描述	甲化妆品厂12月将一批自产的新型高档化妆品作为福利发放给员工，该批高档化妆品生产成本34 000元，无同类高档化妆品销售价格。已知高档化妆品消费税税率为15%，成本利润率5%。 请计算甲化妆品厂当月该笔业务应缴纳消费税额
任务分析	
任务实施	

课后任务2

任务名称	掌握进口环节应纳消费税额的计算，掌握珠宝玉石的消费税纳税环节
任务目标	能正确应用进口环节组价公式；树立依法纳税意识
任务描述	甲珠宝厂9月进口钻石一批，海关核定的关税完税价格为85.5万元，缴纳关税2.565万元；进口红宝石一批，海关核定关税完税价格179.55万元，缴纳关税7.182万元。已知消费税税率10%。 请计算该珠宝厂当月上述业务应纳消费税额
任务分析	
任务实施	

任务评价

知识及技能	评分 （5分）	素质能力	评分 （5分）
1. 熟练掌握消费税一般计税方法		1. 树立遵法守法意识	

续表

知识及技能	评分 (5 分)	素质能力	评分 (5 分)
2. 能熟练应用委托加工环节组价公式		2. 树立依法纳税意识	
3. 能熟练应用消费税视同销售组价公式		3. 培养严谨求实的工作态度	
4. 能熟练应用进口环节组价公式		—	—
5. 熟悉消费税扣税范围,并能准确计算扣税额		—	—

任务总结

在生产环节、委托加工环节、进口环节,消费税的计算方法有所不同。在委托加工环节和进口环节的计税方法中,会使用组成计税价格的方法,但两者在组价时有很大差别,需要多加注意。消费税扣税是消费税计算的特色之一,也是本任务的难点。

任务四 申报与缴纳消费税

任务情境

爱莲娜 7 月发生的消费税应税行为,应在什么时间申报与缴纳应纳消费税额?如何填写消费税申报表?

任务地图

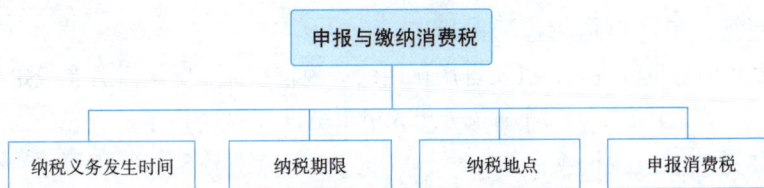

任务描述

消费税的纳税义务发生时间应与消费税的计算相结合进行学习,同时与增值税的纳税义务发生时间对比记忆。本任务的难点是消费税申报表的填制方法。

任务目标

1. 掌握消费税纳税义务发生时间;
2. 熟悉消费税的纳税期限及纳税地点;
3. 掌握消费税纳税申报表的结构及填制方法;
4. 树立依法纳税意识;
5. 培养专业技能,提升职业素养。

知识链接

一、纳税义务发生时间

（1）纳税人销售应税消费品的，其纳税义务发生时间如下。

①采取赊销和分期收款结算方式的，为书面合同约定的收款日期的当天，书面合同没有约定收款日期或者无书面合同的，为发出应税消费品的当天。

②采取预收货款结算方式的，为发出应税消费品的当天。

③采取托收承付和委托银行收款方式的，为发出应税消费品并办妥托收手续的当天。

④采取其他结算方式的，为收讫销售款或者取得索取销售款凭据的当天。

（2）纳税人自产自用应税消费品的，为移送使用的当天。

（3）纳税人委托加工应税消费品的，为纳税人提货的当天。

（4）纳税人进口应税消费品的，为报关进口的当天。

二、纳税期限

消费税的税款计算期分别为1日、3日、5日、10日、15日、1个月或者1个季度。纳税人的具体纳税期限，由主管税务机关根据纳税人应纳税额的大小分别核定，不能按固定期限纳税的，可以按次纳税。

纳税人以1个月或1个季度为1个纳税期的，自期满之日起15日内申报纳税；以1日、3日、5日、10日、15日为1个纳税期的，自期满之日起5日内预缴税款，于次月1日起至15日内申报纳税并结清上月应纳税款。

纳税人进口应税消费品的，应当自海关填发海关进口消费税专用缴款书之日起15日内缴纳税款。

三、纳税地点

（一）销售、自产自用应税消费品

纳税人销售的应税消费品，以及自产自用的应税消费品，除国家另有规定外，应当向纳税人机构所在地或者居住地的主管税务机关申报纳税。

（二）委托加工应税消费品

委托加工的应税消费品，除受托方为个人外，由受托方向机构所在地或者居住地的主管税务机关解缴消费税税款。

（三）进口应税消费品

进口的应税消费品，由进口人或者其代理人向报关地海关申报纳税。

（四）其他销售情形

纳税人到外县（市）销售或者委托外县（市）代销自产应税消费品的，于应税消费品销售后，向纳税人机构所在地或者居住地的主管税务机关申报纳税。

纳税人总机构和分机构不在同一县（市），但在同一省（自治区、直辖市）范围的，经省（自治区、直辖市）财政厅（局）、税务局审批同意，可由总机构汇总向总机构所在地的主管税务机关申报缴纳消费税。

纳税人销售的应税消费品，因质量等原因发生退货的，其已缴纳的消费税税款可予以退还。

四、申报消费税

消费税纳税人应根据增值税相关规定及时办理纳税申报，并如实填写纳税申报表。消费税及附加税费申报表如表3-4-1所示。

表3-4-1 消费税及附加税费申报表

税款所属期：自 年 月 日至 年 月 日

纳税人识别号（统一社会信用代码）：☐☐☐☐☐☐☐☐☐☐☐☐☐☐☐☐☐☐

纳税人名称： 金额单位：人民币元（列至角分）

应税消费品名称	适用税率		计量单位	本期销售数量	本期销售额	本期应纳税额
	定额税率	比例税率				
项目	1	2	3	4	5	$6 = 1 \times 4 + 2 \times 5$
合计	—	—	—	—	—	

	栏次	本期税费额
本期减（免）税额	7	
期初留抵税额	8	
本期准予扣除税额	9	
本期应扣除税额	$10 = 8 + 9$	
本期实际扣除税额	11 ［10 < (6-7)，则为10，否则为6-7］	
期末留抵税额	$12 = 10 - 11$	
本期预缴税额	13	
本期应补（退）税额	$14 = 6 - 7 - 11 - 13$	
城市维护建设税本期应补（退）税额	15	
教育费附加本期应补（退）费额	16	
地方教育附加本期应补（退）费额	17	

声明：此表是根据国家税收法律法规及相关规定填写的，本人（单位）对填报内容（及附带资料）的真实性、可靠性、完整性负责。

纳税人（签章）： 年 月 日

经办人：
经办人身份证号：
代理机构签章：
代理机构统一社会信用代码：

受理人：
受理税务机关（章）：
受理日期： 年 月 日

任务情境分析与实施

纳税人以 1 个月或 1 个季度为 1 个纳税期的，自期满之日起 15 日内申报纳税。爱莲娜以 1 个月为消费税纳税期。7 月份的应纳消费税额应在 8 月 1—15 日申报纳税。请填写《消费税及附加税费申报表》，填写方法可参考本任务的实训任务。

课堂任务

任务名称	掌握消费税纳税义务发生时间
任务目标	能对不同销售方式下，准确掌握其消费税纳税义务时间；树立依法纳税意识
任务描述	9 月 5 日，甲公司与乙公司签订购销货合同，采用预收货款方式向乙公司销售一批自产高档化妆品。甲公司 10 日预收 80% 货款，20 日发货，10 月 3 日收到尾款。 请分析，甲公司该笔业务消费税纳税义务发生时间是哪一天？
任务分析	
任务实施	

课后任务

任务名称	掌握消费税纳税义务发生时间
任务目标	能在不同销售方式下，准确掌握消费税纳税义务发生时间；树立依法纳税意识
任务描述	爱莲娜 8 月销售一批美妆产品给某演艺公司，价税合计 15 万元。合同约定 8 月 12 日付款 8 万元，9 月 3 日付剩余尾款。 针对上述业务，爱莲娜 8 月应纳消费税额的计税依据是什么？请说明理由
任务分析	
任务实施	

任务评价

知识及技能	评分 （5分）	素质能力	评分 （5分）
1. 掌握消费税纳税义务发生时间		1. 树立遵法守法意识	
2. 熟悉消费税纳税期限、纳税地点		2. 树立依法纳税意识	
3. 熟悉消费税申报表的结构		3. 培养专业技能，提升职业素养	

任务总结

消费税的纳税义务发生时间、纳税期限、纳税地点与增值税有很多相似之处，应对比记忆。消费税纳税申报表的结构及勾稽关系较易理解和掌握。

【实训任务】消费税申报表的填制

实训要求：根据下列公司的相关信息及 7 月份涉税业务，在 8 月 15 日前填报该公司 7

月的消费税申报表。

1. 纳税人相关信息

纳税人名称：逸香酒业有限责任公司

社会信用代码：91350205403894052J

所属行业：酒、饮料、茶饮料制造业

经营范围：生产原酒、啤酒；酒、饮料批发及零售；受理货物运输（代理运输）

生产经营地址：厦门市海沧区汉江街道四平路6872号

电话：0592-6239621

法定代表人：沈飞岚

开户银行及账号：中国建设银行厦门市海沧区支行　6135020550715823

2. 涉税业务

（1）7月销售夏威夷啤酒（500毫升×12听）49 400箱，不含税价每箱48元/箱；其折后销售额为2 371 200元；

（2）7月销售雪晶啤酒（500毫升×12瓶）29 640箱，不含税价每箱15元/箱；其折后销售额为444 600元；

（3）7月销售菩提白酒（500毫升×4瓶）12 600箱，7月共销售菩提白酒25.20吨，其销售额为12 600 000元；

（4）7月销售梦之光白酒（500毫升×4瓶）3 200箱，7月共销售梦之光白酒6.40吨，其销售额为6 340 000元；

备注：①菩提白酒和梦之光白酒属于粮食白酒；

②啤酒1千升=1/0.988吨；

③白酒1千升=1吨。

消费税实训
任务操作
视频

项目总结

消费税是一个极具特色的税种。消费税的征税范围仅限15种应税消费品，计税方式有从价计征、从量计征、复合计征三种方式。消费税的计算与增值税有很多相似之处。消费税的征税环节有三个：生产、批发、零售。一般的应税消费品只征一次消费税，个别应税消费品在两个环节缴纳消费税。在消费税的视同销售、委托加工、进口环节下，其计算都会用到组成计税价格，但这三种情形下的公式有所差异，应对比学习。消费税的扣税是消费税计算的特色之一，也是难点之一，应从扣税原理、扣税范围、扣税公式三个方面进行学习。

放眼看世界

英国的消费税

一、烟消费税

凡是在英国从事制造、加工、销售和进口烟的单位和个人均为烟消费税的纳税人。英国国内生产和加工的烟、进口烟为烟消费税课税对象。烟消费税的计税标准是按零售价格或烟的重量计算，采取比例税率或定额税率，出口卷烟可以享受退税。

二、酒消费税

酒消费税的征收范围包括啤酒、烈酒和果酒。

啤酒税是对啤酒制造商征收的一种消费税，按生产啤酒的未发酵麦芽汁的比重计算。麦芽汁的比重为 1 030 度以下的，每桶（36 加仑）征税 17.424 英镑；超过 1 030 度的，每超过 1 度加税 0.580 8 英镑。啤酒税征税对象只限于为销售而生产的啤酒，自制自用啤酒不征税，黑啤酒免税。用于出口的啤酒，已纳税款可退税。

烈酒消费税纳税人为烈酒的制造业者、蒸馏业者。烈酒按其含酒精浓度计算税额，烈酒的税率为：储存 3 年以上酿制而成的烈酒，每加仑征税 27.09 英镑；储存 3 年以下酿制而成的烈酒，每加仑征税 27.165 英镑。

果酒包括苹果酒、梨酒、葡萄酒等，纳税义务人为果酒的制造业者和加工业者，按制造厂和加工厂出厂的数量定额征收。

项目训练

项目训练试题

项目训练答案

项目 四

计算与申报企业所得税

项目情境

2024 年 3 月，小杨参与吉源宠物食品有限公司 2023 年企业所得税汇算清缴工作，公司基本信息参见项目二计算与申报增值税的"项目情境"。

该公司 2023 年的经营情况如下。

1. 销售收入为 1 200 万元，包含在成本费用中的实发工资总额为 280 万元，利润总额为 360 万元。

2. 技术服务收入 180 万元、出租设备收入 20 万元、国债利息收入 60 万元。

3. 转让所持有的居民企业甲公司公开发行并上市流通的股票，取得收入 160 万元，吉源宠物食品有限公司持有该股票共 18 个月，当年取得该股票股息、红利 26 万元。

4. 三项经费支出中，职工福利费为 32 万元，职工教育经费为 25 万元。

5. 按规定标准为职工缴纳基本社会保险费 70 万元，为受雇的全体员工支付补充养老保险费 24 万元，为公司高管缴纳商业保险费 10 万元。

6. 业务招待费支出 60 万元。

7. 广告费和业务宣传费支出 160 万元，上一年度结转广告费 60 万元。

8. 通过减灾委员会向遭受自然灾害的地区捐款 50 万元，支付给客户违约金 10 万元，接受工商局罚款 2 万元。

9. 2023 年 6 月购置并投入使用专用设备，取得增值税专用发票注明的金额 300 万元、税额 39 万元，该设备预计使用年限为 10 年，无残值。当年企业计提折旧 15 万元。

小杨需要解决以下几个问题。

(1) 吉源宠物食品有限公司作为居民企业，如何计算 2023 年的企业所得税？

(2) 什么时间申报企业所得税？

(3) 企业所得税汇算清缴纳税申报表如何填写？

带着这些问题，我们来开始项目四的学习旅程吧！答案也会随着下面的学习——揭晓。

项目情境分析

小杨要回答的问题主要包括两方面：计算企业所得税应纳税额、缴纳与申报企业所得税。在本项目中，需要重点学习的内容为居民企业所得税的计算，其中包括应纳税所得额和应纳税额的计算；企业所得税纳税申报表的填制方法。

学习这些内容之前，首先要掌握企业所得税的基本要素。另外，还需了解企业所得税的税收优惠政策、境外所得应纳税额的计算和企业所得税征收管理的规定。

项目导学

固定资产的税务处理 —
生产性生物资产的税务处理 —
无形资产的税务处理 —
长期待摊费用的税务处理 — 资产的税务处理 —
投资资产的税务处理 —
存货的税务处理 —

企业所得税基本要素 —
　　纳税义务人
　　征税对象
　　企业所得税的税率

计算与申报企业所得税

确认收入类项目 —
　　一般收入的确认
　　特殊收入的确认
　　不征税收入
　　免税收入

应纳税额的计算 —
境外所得在境外已纳 — 计算应纳税额
税额的抵免

计算税前扣除项目 —
　　扣除原则
　　扣除范围
　　扣除项目及标准
　　不得税前扣除的项目
　　弥补亏损

免税收入 —
免征和减征优惠 —
加计扣除 —
低税率优惠 — 企业所得税优惠政策 — 申报与缴纳企业所得税 —
抵扣应纳税所得额 —
减计收入 —
抵免应纳税额 —
　　征收管理
　　申报企业所得税

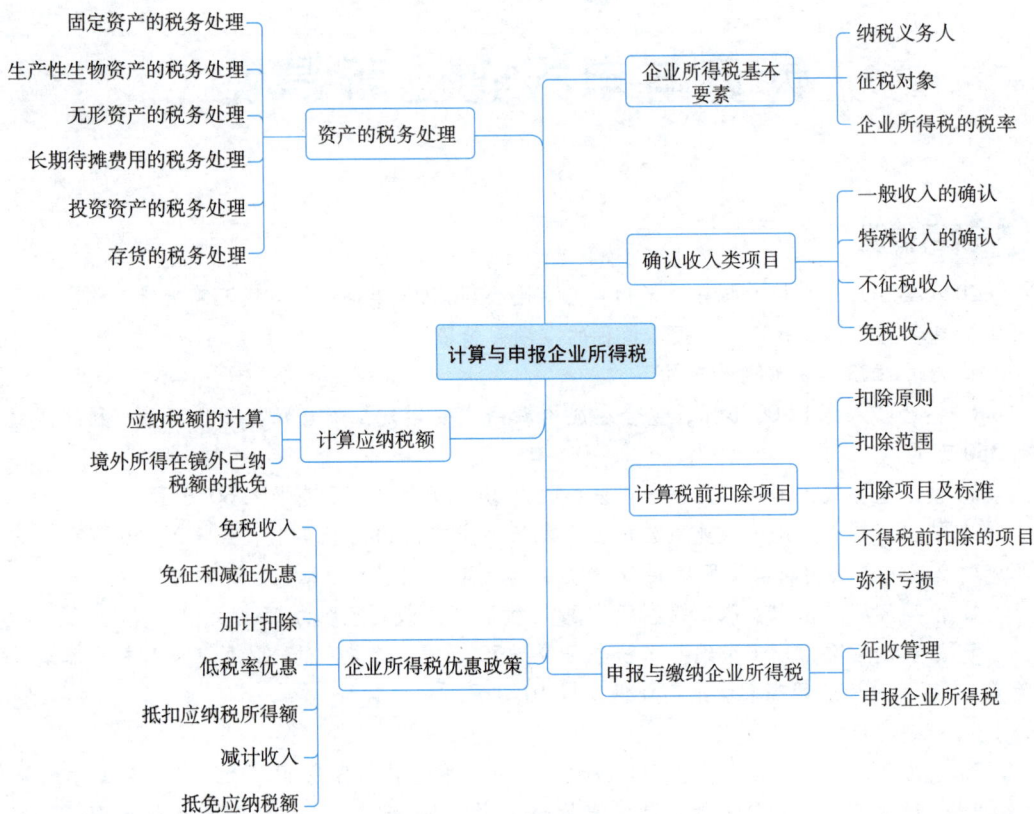

传统文化一角——聊聊中国古代税制

西汉的人头税

　　汉武帝末年，三十税一依率计征的分成制田租，变成每亩缴纳固定数额的定额租金制。由于土地丈量等技术和管理难题，加上田赋低导致国用不足，汉初的财政制度出现了一个重大变化，就是以人头税作为主要收入形式。西汉户籍制度的完善为人头税的实施奠定了基础。西汉的人头税征收情况如下：针对成年人（15～56岁），征收算赋（每人120钱，商人和奴婢240钱）；针对儿童（7～14岁），征收口赋（每人23钱，其中20钱以"食天子"，属于皇室财政；3钱为汉武帝时加征以"补车骑马"，作为算赋的补充，是军备基金，属于国家财政）。通过算赋、口赋等人头税形式获取的财政收入，事实上远远超过了田赋（租），史称"轻租重赋"。

任务一　熟知企业所得税基本要素

任务情境

　　小杨想搞清楚一个问题：吉源宠物食品有限公司属于居民企业还是非居民企业？企业

所得税的纳税人是如何分类的？负有哪些纳税义务？

任务地图

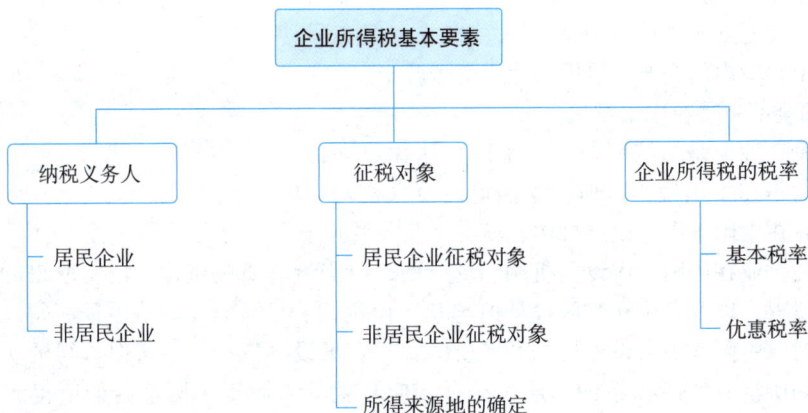

任务描述

学习企业所得税，要熟悉企业所得税的纳税义务人，掌握企业所得税的征税对象和税率，为准确地计算企业所得税奠定基础。

任务目标

1. 掌握企业所得税的纳税人；
2. 熟悉企业所得税的征税对象；
3. 掌握企业所得税的税率；
4. 提高自主学习的能力和分析能力；
5. 培养创新创业的理念。

知识链接

所得税是以所得为征税对象，并由获取所得的主体缴纳的一类税的总称。根据纳税人的不同，所得税可以分为个人所得税和企业所得税。所得税强调保障税收公平，以量能课税为基本原则，是一种典型的直接税。所得税的税负由纳税人直接承担，通常不容易转嫁给他人。

企业所得税，是指国家对在中华人民共和国境内的企业和其他取得收入的组织（统称企业）取得的所得依法征收的一种税，是国家参与企业利润分配的重要手段。

现行的企业所得税是 2007 年 3 月 16 日第十届全国人民代表大会第五次会议通过的《中华人民共和国企业所得税法》，并经过 2017 年、2018 年两次修正。

一、纳税义务人

企业所得税的纳税义务人，简称纳税人，是指在中华人民共和国境内的企业和其他取得收入的组织（以下统称企业），包括各类企业、事业单位、社会团体、民办非企业单位和从事经营活动的其他组织，但不包括个人独资企业和合伙企业。

个人独资企业、合伙企业属于自然人性质企业，没有法人资格，不缴纳企业所得税，由其自然人投资者缴纳个人所得税。

我国企业所得税法依据属地和属人的税收管辖权原则，按照登记注册地标准和实际管理机构标准，把纳税人分为居民企业和非居民企业，分别承担不同的纳税义务。

居民企业，是指依照中国法律、法规在中国境内成立的企业，或者依照外国（地区）法律成立，但实际管理机构在中国境内的企业。居民企业应就来源于"境内""境外"的全部所得在中国纳税。

> **小贴士**
>
> "注册地""实际管理机构所在地"两者有其一在中国境内，就是居民企业。

非居民企业，是指按照外国（地区）法律成立且实际管理机构不在中国境内，但在中国境内设立机构、场所的，或者在中国境内未设立机构、场所，但有来源于中国境内所得的企业。

非居民企业在中国境内设立机构、场所的，应当就其所设机构、场所取得的来源于中国境内的所得，以及发生在中国境外但与其所设机构、场所有实际联系的所得，缴纳企业所得税；对在中国境内未设立机构、场所的，或者虽设立机构、场所但取得的所得与其所设机构、场所没有实际联系的非居民企业，应当就其来源于中国境内的所得缴纳企业所得税。

实际管理机构是指对企业的生产经营、人员、账务、财产等实施实质性全面管理和控制的机构。

机构、场所是指在中国境内设立的机构、场所，是指在中国境内从事生产经营活动的机构、场所，包括：

①管理机构、营业机构、办事机构；
②工厂、农场、开采自然资源的场所；
③提供劳务的场所；
④从事建筑、安装、修理、勘探等工程作业的场所；
⑤其他从事生产经营活动的机构、场所。

与所设机构、场所有实际联系的所得是指通过该机构、场所拥有的股权、债权而取得的所得，或者该机构、场所拥有、管理和控制的财产取得的所得。

二、征税对象

企业所得税的征税对象，是纳税人（包括居民企业和非居民企业）所取得的生产经营所得、其他所得和清算所得。

> **小贴士**
>
> 居民企业和非居民企业两者纳税义务不同，要注意区分。

（一）居民企业征税对象

居民企业承担无限纳税义务，就来源于中国境内、境外的全部所得纳税。具体包括销售货物所得、提供劳务所得、转让财产所得、股息红利等权益性投资所得、利息所得、租金所得、特许权使用费所得、接受捐赠所得和其他所得。

（二）非居民企业征税对象

在中国境内设立机构、场所的，应当就其所设机构、场所取得的来源于中国境内的所得，以及发生在中国境外但与其所设机构、场所有实际联系的所得，缴纳企业所得税。

在中国境内未设立机构、场所的，或者虽设立机构、场所，但取得的所得与其所设机构、场所没有实际联系的，应当就其来源于中国境内的所得缴纳企业所得税。例如股息、红利等权益性投资所得，利息、租金、特许权使用费所得，转让财产所得等。

（三）所得来源地的确定

企业所得税来源地如表4-1-1所示。

表4-1-1　企业所得税来源地

所得类型	来源地的确定
销售货物所得	按照交易活动发生地确定
提供劳务	按照劳务发生地确定
不动产转让所得	按照不动产所在地确定
动产转让所得	按照转让动产的企业或者机构、场所所在地确定
权益性投资资产	按照被投资企业所在地确定
股息、红利等权益性投资所得	按照分配所得的企业所在地确定
利息所得、租金所得、特许权使用费所得	按照负担、支付所得的企业所在地确定
其他所得	由国务院财政、税务主管部门确定

三、企业所得税的税率

企业所得税的税率及适用范围如表4-1-2所示。

表4-1-2　企业所得税的税率及适用范围

种类	税率	适用范围
基本税率	25%	居民企业
		境内设有机构、场所且所得与机构、场所有关联的非居民企业
优惠税率	20%（实际10%）	境内未设立机构、场所，但有来自境内的所得
		虽设立机构、场所，但取得的所得与其所设机构、场所没有实际联系的非居民企业
	20%	小型微利企业
	15%	高新技术企业、经认定的技术先进型服务企业等

◎ 任务情境分析与实施

　　小杨了解到，吉源宠物食品有限公司的登记注册地在境内。企业所得税规定："依照法律、法规在中国境内成立的企业是居民企业。"因此，吉源宠物属于居民企业，应就其境内境外的所得履行全面的纳税义务。

👤 课堂任务

任务名称	判断纳税人是否属于居民企业
任务目标	能正确选择纳税人身份；培养自主学习的能力

课堂任务

续表

任务描述	法国的一家企业属于我国非居民企业，未在我国设立机构场所。2023 年 8 月，该企业转让给我国境内企业位于法国境内的不动产，转让价格为 80 万元，该不动产原值 80 万元，已计提折旧 20 万元。2023 年 9 月，该企业取得我国境内企业支付的利息所得 30 万元。 　　试判断该企业的这两笔收入是否需要缴纳企业所得税，并说明理由
任务分析	
任务实施	

课后任务

任务名称	判断企业适用的所得税税率
任务目标	能准确判断不同企业适用的所得税税率；培养分析能力和严谨细致的职业精神
任务描述	对注册在海南自由贸易港并实质性运营的鼓励类产业企业，目前享受的企业所得税税率是多少？
任务分析	
任务实施	

任务评价

知识及技能	评分 （5 分）	素质能力	评分 （5 分）
1. 熟练掌握居民企业和非居民企业的判断标准		1. 培养创新创业能力	
2. 掌握居民企业和非居民企业的纳税义务		2. 培养分析能力	
3. 能准确判断所得来源地		3. 培养严谨细致的职业精神	

任务总结

　　居民企业和非居民企业判定标准不一样，纳税义务也不一样，因此，我们要能够准确判断所得来源地。两类纳税人在判定标准和纳税义务上的差异也要牢记并熟练应用。

任务二　确认收入类项目

任务情境

　　吉源宠物食品有限公司 2023 年有多种收入来源，小杨想知道，企业所得税的收入是如何分类的？哪些收入是不征税收入，哪些是免税收入？对计算企业所得税有何影响？

任务地图

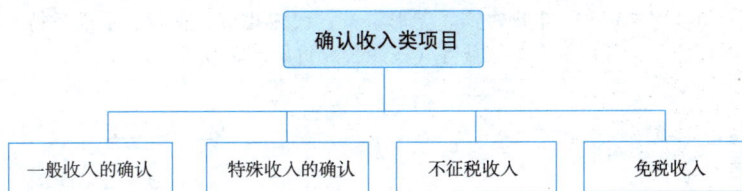

确认收入类项目
├ 一般收入的确认
├ 特殊收入的确认
├ 不征税收入
└ 免税收入

任务描述

计算企业所得税，要了解收入总额的形式，掌握收入的种类和收入确认时间，熟悉特殊收入的具体规定，掌握不征税收入和免税收入，明确收入上的税会差异，这样才能准确地进行纳税调整。

任务目标

1. 熟悉收入的形式；
2. 掌握一般收入的具体规定；
3. 熟悉特殊收入的具体规定；
4. 掌握不征税收入和免税收入；
5. 培养遵守税收法律法规、依法纳税的意识；
6. 培养思辨能力。

知识链接

企业所得税的应纳税所得额，简称应税所得，是指企业每一纳税年度的收入总额，减除不征税收入、免税收入、各项扣除，以及允许弥补的以前年度亏损后的余额，是企业所得税的计税依据，其基本计算公式如下。

应纳税所得额 = 收入总额 − 不征税收入 − 免税收入 − 各项扣除 − 允许弥补的以前年度亏损

《中华人民共和国企业所得税法》规定：纳税人以权责发生制为原则计算应纳税所得额时，财务会计处理办法与国家税收规定有抵触的，应当按照国家税收规定计算纳税。这样就会出现财务会计计算的利润与税法规定计算的利润出现偏差，应纳税所得额要按照税法规定进行调整。

因此，应税所得额的确定公式也可以是：

应纳税所得额 = 会计利润总额 + 纳税调整增加项目金额 − 纳税调整减少项目金额

企业的收入总额是指以货币形式和非货币形式从各种来源取得的收入。包括销售货物收入、提供劳务收入、转让财产收入、股息、红利等权益性投资收益，以及利息收入、租金收入、特许权使用费收入、接受捐赠收入、其他收入。

企业收入总额分为货币收入和非货币收入两种形式，如表 4 − 2 − 1 所示。

> **⚡ 小贴士**
>
> 不管是免税收入还是不征税收入，都应计入收入总额，但不计入应纳税所得额。

> **⚡ 小贴士**
>
> 应纳税所得额和会计利润存在税会差异，采用间接法计算应纳税所得额时，需要进行纳税调整。

表4-2-1 企业收入总额的两种形式

货币形式	包括现金、存款、应收账款、应收票据、准备持有至到期的债券以及债务豁免等
非货币形式	包括固定资产、生物资产、无形资产、股权投资、存货、不准备持有至到期的债券投资、劳务以及有关权益等（按照公允价值确定收入额）

一、一般收入的确认

（一）销售货物收入

销售货物收入是指纳税人销售商品、产品、原材料、包装物、低值易耗品以及其他存货取得的收入。企业应当按照从购货方已收或应收的合同或协议价款确定销售货物金额。

> **小贴士**
>
> 采用托收承付方式销售货物时，增值税的纳税义务发生时间和企业所得税的规定有差别，要注意区分。

除税法另有规定外，企业销售收入的确认，必须遵循权责发生制原则和实质重于形式原则。税法对不同销售方式下企业所得税收入的确认是不相同的，具体如表4-2-2所示。

表4-2-2 不同销售方式下企业所得税收入的确认

销售方式	具体规定
销售货物采用托收承付方式的	在办妥托收手续时确认收入
销售货物采用预收款方式的	在发出货物时确认收入
销售货物采用安装和检验的	在购买方接受货物以及安装和检验完毕时确认收入；如果安装程序比较简单，可以在发出货物时确认收入
销售货物采用支付手续费方式委托代销的	在收到代销清单时确认收入
以分期收款方式销售货物的	按照合同约定的收款日期确认收入
采用售后回购方式销售货物的	销售的货物按照售价确认收入，回购的货物作为购进货物处理
销售货物以旧换新的	销售的货物应当按照销售货物收入确认条件确认收入，回收的货物作为购进商品处理
销售货物涉及商业折扣的	应当按照扣除商业折扣后的金额确定销售货物收入金额
销售货物涉及现金折扣的	应当按扣除现金折扣前的金额确定销售货物收入金额，现金折扣在实际发生时作为财务费用扣除
企业已经确认销售收入的售出货物发生销售折让和销售退回	应当在发生日期冲减当期销售货物收入
企业以买一赠一方式组合销售本企业商品的	不属于捐赠，应将总的销售金额按各项商品的公允价值的比例来分摊确认各项的销售收入

（二）提供劳务收入

提供劳务收入是指企业从事建筑安装、修理修配、交通运输、仓储租赁、金融保险、邮电通信、咨询经纪、文化体育、科学研究、技术服务、教育培训、餐饮住宿、中介代理、卫生保健、社区服务、旅游、娱乐、加工以及其他劳务服务活动取得的收入。

企业应当按照从接受劳务方已收或应收的合同或协议价款确定提供劳务收入总额。

企业与其他企业签订的合同或协议包括销售商品和提供劳务时，销售商品部分和提供劳务部分能够区分且能够单独计量的，应当将销售商品的部分作为销售商品处理，将提供劳务的部分作为提供劳务处理。销售商品部分和提供劳务部分不能够区分，或虽能区分但不能够单独计量的，应当将销售商品部分和提供劳务部分全部作为销售商品处理。

（三）转让财产收入

转让财产收入是指企业转让固定资产、生物资产、无形资产、股权、债权等财产取得的收入。企业应当按照从财产受让方已收或应收的合同或协议价款确定转让财产收入金额。

企业转让股权收入，应于转让协议生效，且完成股权变更手续时，确认收入的实现；转让股权收入扣除为取得该股权所发生的成本后，为股权转让所得；企业在计算股权转让所得时，不得扣除被投资企业未分配利润等股东留存收益中按该项股权可能分配的金额。

（四）股息、红利等权益性投资收益

股息、红利等权益性投资收益是指企业因权益性投资从被投资方取得的收入。

企业应当按照从被投资企业分配的股息、红利和其他利润分配收益全额确认股息、红利收益金额；应以被投资企业股东会或股东大会做出利润分配或转股决定的日期，确定收入的实现。

被投资企业将股权（票）溢价所形成的资本公积转为股本的，不作为投资方企业的股息、红利收入，投资方企业也不得增加该项长期投资的计税基础。

（五）利息收入

利息收入是指企业将资金提供他人使用但不构成权益性投资，或者因他人占用本企业资金取得的收入，包括存款利息、贷款利息、债券利息、欠款利息等收入。

利息收入，按照合同约定的债务人应付利息的日期确认收入的实现。

（六）租金收入

租金收入是指企业提供固定资产、包装物或者其他有形资产的使用权取得的收入。

租金收入金额，应当按照有关租赁合同或协议约定的金额全额确定。

租金收入应按交易合同或协议规定的承租人应付租金的日期确认收入的实现。

如果交易合同或协议中规定租赁期限跨年度，且租金提前一次性支付的，出租人可对上述已确认的收入，在租赁期内，分期均匀地计入相关年度收入。

（七）特许权使用费收入

特许权使用费收入是指企业提供专利权、非专利技术、商标权、著作权以及其他特许权的使用权取得的收入。企业特许权使用费收入金额，应当按照有关使用合同或协议约定的金额全额确定。

特许权使用费收入，按照合同约定的特许权使用人应付特许权使用费的日期确认收入的实现。

（八）接受捐赠收入

接受捐赠收入是指企业接受的来自其他企业、组织或者个人无偿给予的货币性资产、非货币性资产。企业接受捐赠收入金额，按照捐赠资产的公允价值确定。

接受捐赠收入，按照实际收到捐赠资产的日期确认

⚡ **小贴士**

其他收入和其他业务收入不是等同的概念，要注意区分。

收入的实现。

企业以买一赠一方式组合销售本企业商品的，不属于捐赠，应将总的销售金额按各项商品的公允价值的比例来分摊确认各项的销售收入。

（九）其他收入

其他收入是指企业取得的除上述收入外的其他收入，包括企业资产溢余收入、逾期未退包装物押金收入、确实无法偿付的应付款项、已做坏账损失处理后又收回的应收款项、债务重组收入、补贴收入、违约金收入、汇兑收益等。

二、特殊收入的确认

企业所得税特殊收入的确认如表4-2-3所示。

表4-2-3   企业所得税特殊收入的确认

情形	处理
持续时间超过12个月的劳务	企业受托加工制造大型机械设备、船舶、飞机，以及从事建筑、安装、装配工程业务或者提供其他劳务等，持续时间超过12个月的，按照纳税年度内完工进度或者完成的工作量确认收入的实现
产品分成方式取得收入	按照企业分得产品的日期确认收入的实现，其收入额按照产品的公允价值确定
非货币性资产交换及货物、财产、劳务流出企业	企业发生非货币性资产交换，以及将货物、财产、劳务用于捐赠、偿债、赞助、集资、广告、样品、职工福利或者利润分配等用途的，应当视同销售货物、转让财产或者提供劳务，但国务院财政、税务主管部门另有规定的除外

三、不征税收入

（一）财政拨款

财政拨款，是指各级人民政府对纳入预算管理的事业单位、社会团体等组织拨付的财政资金，但国务院和国务院财政、税务主管部门另有规定的除外。

县级以上人民政府将国有资产无偿划入企业，凡指定专门用途并按规定进行管理的，企业可作为不征税收入进行企业所得税处理。其中，该项资产属于非货币性资产的，应按政府确定的接收价值计算不征税收入。

（二）依法收取并纳入财政管理的行政事业性收费、政府性基金

企业依照法律、法规及国务院有关规定收取并上缴财政的政府性基金和行政事业性收费，准予作为不征税收入，于上缴财政的当年在计算应纳税所得额时从收入总额中扣除；未上缴财政的部分，不得从收入总额中扣除。

行政事业性收费，是指按照法律法规等有关规定，依照国务院规定程序批准，在实施社会公共管理，以及在向公民、法人或者其他组织提供特定公共服务过程中，向特定对象收取并纳入财政管理的费用。政府性基金，是指企业依照法律、行政法规等有关规定，代政府收取的具有专项用途的财政资金。

（三）国务院规定的其他不征税收入

国务院规定的其他不征税收入，是指企业取得的，由国务院财政、税务主管部门规定

专项用途并经国务院批准的财政性资金。

对企业从县级以上各级人民政府取得的财政性资金，凡同时符合以下条件的，可以作为不征税收入。

（1）企业能够提供资金拨付文件，且文件中规定该资金的专项用途。

（2）财政部门或其他拨付资金的政府部门对该资金有专门的资金管理办法或具体管理要求。

（3）企业对该资金以及以该资金发生的支出单独进行核算。

四、免税收入

免税收入是国家为了实现某些经济和社会目标，在特定时期内对特定收入（如国债利息收入）给予的税收优惠。

（1）国债利息收入。需注意，国债转让收入不是国债利息收入，需要缴税。

（2）符合条件的居民企业之间的股息、红利等权益性投资收益。

（3）在中国境内设立机构、场所的非居民企业从居民企业取得与该机构、场所有实际联系的股息、红利等权益性投资收益。

（4）符合条件的非营利组织的收入。

不包括非营利组织从事营利性活动取得的收入，但国务院财政、税务主管部门另有规定的除外。

符合条件的非营利组织的企业所得税免税收入，具体包括以下收入。

①接受其他单位或者个人捐赠的收入；

②除《中华人民共和国企业所得税法》第7条规定的财政拨款以外的其他政府补助收入，但不包括因政府购买服务取得的收入；

③按照省级以上民政、财政部门规定收取的会费；

④不征税收入和免税收入孳生的银行存款利息收入；

⑤财政部、国家税务总局规定的其他收入。

（5）企业取得的地方政府债券利息所得，免税。

（6）境外机构投资境内债券市场取得的债券利息收入，免税。

（7）国际金融组织赠款收入、国内外机构、组织和个人的捐赠收入、基金资金的存款利息收入，免税。

（8）对非营利性科研机构、高等学校接收企业、个人和其他组织机构基础研究资金收入，免征企业所得税。

🔵 任务情境分析与实施

吉源宠物食品有限公司的收入中既有应税收入，也有免税收入。其中，销售收入、技术服务收入、出租设备收入属于应税收入，国债利息收入60万元、取得的股息红利26万元属于免税收入。

👤 课堂任务

任务名称	判断企业所得税应税收入
任务目标	掌握企业所得税应税收入的内容；培养遵守法律法规和依法纳税的意识

续表

任务描述	芳华化妆品有限公司2023年销售化妆品取得收入3 000万元；销售进口的化妆品取得收入1 500万元；承接国家一项关于皮肤方面的科研项目，取得财政拨款1 400万元；投资国债取得利息收入230万元；接受乙公司投资取得投资款1 000万元。 该企业在计算2023年企业所得税应纳税额时，应计入收入总额的金额是多少？请说明理由
任务分析	
任务实施	

课后任务

任务名称	判断不征税收入、免税收入
任务目标	能准确区分不征税收入和免税收入；培养思辨能力
任务描述	芳华化妆品有限公司2023年销售化妆品取得收入3 000万元；销售进口的材料取得收入1 500万元；承接国家一项关于皮肤方面的科研项目，取得财政拨款1 400万元；投资国债取得利息收入230万元；接受乙公司投资取得投资款1 000万元。 芳华化妆品有限公司2023年的各项收入中，哪些属于不征税收入？哪些属于免税收入？请说明理由
任务分析	
任务实施	

任务评价

知识及技能	评分（5分）	素质能力	评分（5分）
1. 熟练掌握一般收入的各项规定		1. 树立依法纳税意识	
2. 能辨别不征税收入和免税收入		2. 提高思辨能力	

任务总结

通过本任务的学习，我们要掌握一般收入的具体规定、区分不征税收入和免税收入，树立依法纳税的意识，提高思辨能力。

任务三　计算税前扣除项目

任务情境

要想正确计算企业所得税，小杨还需要明确公司在2023年的各项支出是否能够全额扣除。如果不能全额扣除，应按什么标准扣除。

任务地图

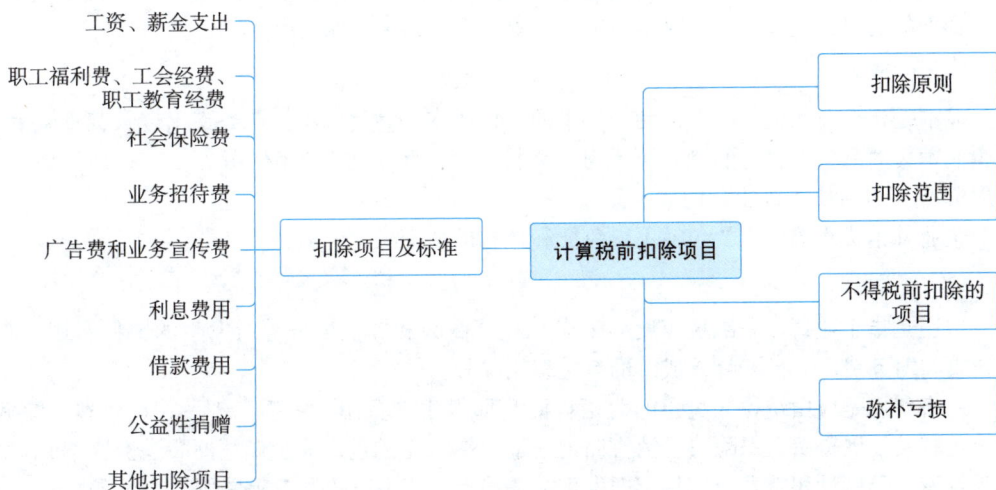

任务描述

税前扣除项目的规定对于准确计算企业所得税尤其重要，有些项目税法上的规定和会计规定不一样，需要进行纳税调整。所以，要准确掌握税前扣除项目及标准。

任务目标

1. 熟悉扣除原则；
2. 掌握扣除范围；
3. 掌握扣除项目及标准；
4. 了解不得税前扣除的项目；
5. 掌握亏损的弥补；
6. 培养分析问题、解决问题的能力；
7. 培养认真负责的职业态度。

知识链接

一、扣除原则

企业实际发生的与取得收入直接相关的、合理的支出，包括成本、费用、税金、损失和其他支出，准予在计算应纳税所得额时扣除。除税收法规另有规定者外，税前扣除的确认一般应遵循以下原则。

（1）权责发生制。企业的费用应在发生的所属期扣除。

（2）配比原则。企业发生的费用应当与收入配比扣除。

（3）相关性原则。企业可扣除的费用从性质和根源上必须与取得应税收入直接相关。

（4）确定性原则。企业可扣除的费用不论何时支付，其金额必须是确定的。

（5）合理性原则。符合生产经营活动规定，应当计入当期损益或者有关资产成本的必要和正常的支出。

二、扣除范围

企业所得税税前准予扣除项目，是纳税人每一纳税年度发生的与取得应纳税收入有关的、合理的支出，包括正常的成本、费用、税金、损失和其他支出。

（一）成本

成本是指企业在生产经营活动中发生的销售成本、销货成本、业务支出以及其他耗费，即企业销售商品（产品、材料、下脚料、废料、废旧物资等）、提供劳务、转让固定资产、无形资产（包括技术转让）的成本。

企业外销货物的成本要包括不得免征和抵扣的增值税。

（二）费用

费用是指企业每一个纳税年度为生产、经营商品和提供劳务等所发生的销售费用、管理费用和财务费用。已经计入成本的有关费用除外。

销售费用是应由纳税人负担的为销售商品而发生的费用，包括广告费、运输费、装卸费、包装费、展览费、保险费、销售佣金（能直接认定的进口佣金调整商品进价成本）、代销手续费、经营性租赁费及销售部门发生的差旅费、工资、福利费等费用。

管理费用是纳税人的行政管理部门为管理组织经营活动提供各项支援性服务而发生的费用。

财务费用是纳税人筹集经营性资金而发生的费用，包括利息净支出、汇兑净损失、金融机构手续费以及其他非资本化支出。

（三）税金

税金是指企业发生的除企业所得税和允许抵扣的增值税以外的企业缴纳的各项税金及附加。税金要么当期直接扣除，要么计入资产的成本，在以后各期分摊扣除。企业所得税税前可扣除的税金如表4-3-1所示。

表4-3-1　企业所得税税前可扣除的税金

情形			税费
不得扣除			企业缴纳的增值税、企业所得税
可以扣除	在发生当期扣除	计入税金及附加	消费税、资源税、土地增值税、出口关税、城市维护建设税、教育费附加及地方教育附加、房产税、车船税、城镇土地使用税、印花税、环境保护税
	在以后各期分摊扣除	计入相关资产成本	车辆购置税、契税、进口关税、耕地占用税、不得抵扣的增值税

（四）损失

损失是指企业在生产经营活动中发生的损失和其他损失。包括固定资产和存货的盘亏、毁损、报废损失，转让财产损失，呆账损失，坏账损失，自然灾害等不可抗力因素造成的损失以及其他损失。

税前允许扣除的损失为净损失，即企业发生的损失，减除责任人赔偿和保险赔款后的余额，依照国务院财政、税务主管部门的规定扣除。

企业已经作为损失处理的资产，在以后纳税年度又全部收回或者部分收回时，应当计入当期收入。

（五）其他支出

其他支出是指扣除成本、费用、税金、损失外，企业在生产经营活动中发生的与生产经营活动有关的、合理的支出。

三、扣除项目及标准

在计算应纳税所得额时，下列项目可按实际发生额或规定的标准扣除。

（一）工资、薪金支出

企业发生的合理的工资、薪金支出，准予据实扣除。

合理的工资、薪金是指企业按照股东大会、董事会、薪酬委员会或相关管理机构制定的工资、薪金制度规定实际发放给员工的工资、薪金。

属于国有性质的企业，其工资、薪金不得超过政府有关部门给予的限定数额；超过部分，不得计入企业工资、薪金总额，也不得在计算企业应纳税所得额时扣除。

工资、薪金是指企业每一纳税年度按照有关规定，实际发放给本企业任职或有雇佣关系的员工的所有现金或非现金形式的劳动报酬，包括基本工资、奖金、津贴、补贴、年终加薪、加班工资，以及与任职或雇佣有关的其他支出。

（二）职工福利费、工会经费、职工教育经费

企业发生的职工福利费、工会经费、职工教育经费（简称"三费"）按标准扣除，未超过标准的按实际数扣除，超过标准的只能按标准扣除，超出标准的部分不得扣除。

（1）企业发生的职工福利费支出，不超过工资、薪金总额14%的部分，准予扣除。

企业发生的职工福利费，应单独设置账册，进行准确核算，没有单独设置账册准确核算的，税务机关应责令企业在规定期限内改正。逾期仍未改正的，可对其发生的职工福利费进行核定。

工资、薪金总额是企业按照规定实际发放的工资、薪金总和，不包括企业的职工福利费、职工教育经费、工会经费以及养老保险费、医疗保险费、失业保险费、工伤保险费、生育保险费等社会保险费和住房公积金。

职工福利费的范围如下。

①企业内设集体福利部门的：企业内设部门发生的设备、设施和人员费用，如职工食堂、职工浴室、理发室、托儿所、疗养院等。（福利人员的工资不属于工资、薪金范畴）

②企业日常发生的职工福利费：职工保健、生活、住房、交通等福利事项发放的补贴和非货币性福利，如采暖补贴、医疗费用、降温费、交通补贴等。

③按规定发生的其他职工福利费，如丧葬费、抚恤费、安家费、探亲路费等。

> **小贴士**
> 职工教育经费超过规定标准，可以结转以后纳税年度扣除。

（2）企业拨缴的工会经费，不超过工资、薪金总额2%的部分，准予扣除。

（3）除国务院财政、税务主管另有规定外，企业发生的职工教育经费支出，不超过工资、薪金总额8%的部分，准予扣除；超过部分，准予在以后纳税年度结转扣除。

软件产业和集成电路产业企业职工教育经费中的职工培训费用可以全额税前扣除。对于不能准确划分的，以及准确划分后职工教育经费中扣除职工培训费后的余额，一律按照工资、薪金总额的8%扣除。

【例4-3-1】某生产企业为居民企业，2023年实际发生的工资支出为1 000万元，职工福利费为180万元，职工教育经费为60万元。该企业在缴纳2023年企业所得税时，职工福利费和职工教育经费的扣除数额是多少？

【解析与答案】职工福利费的扣除限额为1 000×14%＝140（万元），实际发生的职工福利费180万元＞140万元，所以职工福利费扣除140万元；职工教育经费的扣除限额为1 000×8%＝80（万元），实际发生的职工教育经费60万元＜80万元，所以职工教育经费扣除60万元。

> ⚡ **小贴士**
>
> 社会保险费有全额扣除、限额扣除和不得扣除，要注意是哪种保险费。

（三）社会保险费

企业所得税税前可以扣除的保险费如表4-3-2所示。

表4-3-2　企业所得税税前可以扣除的保险费

项目	扣除规定
企业参加财产保险，按照有关规定缴纳的保险费	据实扣除
企业参加雇主责任险、公众责任险等责任保险，按照规定缴纳的保险费	据实扣除
企业发生的合理的劳动保护支出	据实扣除
"四险一金"：企业依照国务院有关主管部门或者省级人民政府规定的范围和标准为职工缴纳的基本养老保险费、基本医疗保险费、失业保险费、工伤保险费等基本社会保险费和住房公积金	据实扣除
企业根据国家有关政策规定，为在本企业任职或者受雇的全体员工支付的补充养老保险费、补充医疗保险费	分别在不超过职工工资总额5%标准内的部分，在计算应纳税所得额时准予扣除；超过的部分，不予扣除
企业职工因公出差乘坐交通工具发生的人身意外保险费支出	据实扣除
企业依照国家规定为特殊工种职工支付的人身安全保险费支出	据实扣除
企业为投资者或者职工支付的其他商业保险费	不得扣除

【例4-3-2】兴盛有限责任公司2023年度支出合理的工资、薪金总额2 000万元，按规定标准为职工缴纳基本社会保险费350万元，为受雇的全体员工支付补充养老保险费180万元，为公司高管缴纳商业保险费50万元。该公司2023年度发生的上述保险费在计算应纳税所得额时，准予扣除的数额是多少？

【解析与答案】根据规定，企业为员工缴纳的基本社会保险费，可以在税前据实扣除；为在本企业任职或者受雇的全体员工支付的补充养老保险费，不超过职工工资总额5%标准内的部分，在计算应纳税所得额时准予扣除；企业为投资者或者职工支付的其他商业保险费（除为特殊工种职工支付的人身安全保险费），不得扣除。

因此该公司为公司高管缴纳的商业保险费50万元不能在税前扣除。

补充养老保险费扣除限额＝2 000×5%＝100（万元）

实际支付180万元大于扣除限额，税前可以扣除的补充养老保险费为100万元。

准予税前扣除的保险费＝350+100＝450（万元）

（四）业务招待费

业务招待费是指企业在经营管理活动中用于接待应酬而发生的各种费用，主要包括业务洽谈、产品推销、对外联络、公关交往、会议接待、来宾接待等发生的费用。

企业发生的与生产经营活动有关的业务招待费支出，按照发生额的60%扣除，但最高不得超过当年销售（营业）收入的5‰。

在计算业务招待费的扣除限额时，销售（营业）收入包括销售货物收入、提供劳务收入、租金收入、特许权使用费等，即包括会计核算中的"主营业务收入""其他业务收入"和会计上不确认收入但税法上确认的"视同销售收入"，但不包括"营业外收入"和"股息、红利等权益性投资收益"（创投企业的投资收益包含在年营业收入总额内），其计算公式如下。

计算业务招待费扣除限额的销售收入 = 主营业务收入 + 其他业务收入 + 视同销售收入

计算业务招待费时，需要特别注意以下两点。

（1）企业筹建期间，与筹办有关的业务招待费支出，按实际发生额的60%计入筹办费，按规定在税前扣除。

（2）对从事股权业务的企业（包括集团公司总部、创业投资企业等），其从被投资企业所分配的股息、红利以及股权转让收入，可以按规定的比例计算业务招待费扣除限额。

【例4-3-3】某企业2023年销售货物收入2 000万元，出租包装物收入300万元，出售固定资产收入100万元，捐赠10万元，该企业实际发生的业务招待费为35万元。该企业当年可在所得税前扣除的业务招待费金额为多少？

【解析与答案】计算业务招待费的基数为主营业务收入、其他业务收入和视同销售收入。

计算基数 = 2 000 + 300 = 2 300（万元）

业务招待费有两个标准：一是发生额的60%，35 × 60% = 21（万元）

一是销售收入的5‰，2 300 × 5‰ = 11.5（万元）

两者取其小，21万元 > 11.5万元，所以业务招待费扣除11.5万元。

（五）广告费和业务宣传费

（1）企业发生的符合条件的广告费和业务宣传费支出，除国务院财政、税务主管部门另有规定外，不超过当年销售（营业）收入15%的部分，准予扣除；超过部分，准予在以后纳税年度结转扣除。计算广告费和业务宣传费扣除限额的销售收入规定，同业务招待费，即：

计算广告费和业务宣传费扣除限额的销售收入 = 主营业务收入 + 其他业务收入 + 视同销售收入

（2）企业在筹建期间，发生的广告费和业务宣传费，可按实际发生额计入企业筹办费，并按有关规定在税前扣除。

（3）烟草企业的烟草广告费和业务宣传费支出，一律不得扣除。

> ⚡ **小贴士**
>
> 广告费不等同于赞助支出，广告费是限额扣除，赞助支出不得扣除。

（4）对化妆品制造、医药制造和饮料制造（不含酒类制造，下同）企业发生的广告费和业务宣传费支出，不超过当年销售（营业）收入30%的部分，准予扣除；超过部分，准予在以后纳税年度结转扣除。

（5）企业申报的广告费支出，必须符合下列条件：广告是通过工商部门批准的专门机构制作的；已实际支付费用，并已取得相应发票；通过一定的媒体传播。

【例 4-3-4】某化妆品制造企业，2023 年销售货物收入 1 500 万元，出租房屋收入 500 万元，转让房屋收入 300 万元，接受捐赠收入 100 万元，政府补助收入 50 万元。当年实际发生广告费支出为 352 万元，上一年度结转广告费 190 万元。该企业 2023 年税前准予扣除的广告费金额是多少？

【解析与答案】根据企业所得税的规定，在计算业务招待费的扣除限额时，销售（营业）收入包括销售货物收入、提供劳务收入、租金收入、特许权使用费等，即包括会计核算中的"主营业务收入""其他业务收入"和会计上不确认收入但税法上确认的"视同销售收入"，但不包括"营业外收入"和"股息、红利等权益性投资收益"。

该化妆品制造企业 2023 年转让房屋收入 300 万元，在会计上计入"资产处置损益"；接受捐赠收入 100 万元，在会计上计入"营业外收入"；政府补助收入 50 万元，属于不征税收入。这些收入均不能作为计算广告费扣除限额的基数。

该化妆品制造企业发生的广告费和业务宣传费支出，不超过当年销售（营业）收入 30% 的部分，可以在税前扣除。

当年广告费扣除限额 =（1 500 + 500）× 30% = 600（万元）

上年度结转的广告费 190 万元，在 600 万元的限额内，先扣除上年度结转的广告费 190 万元，限额剩余 600 - 190 = 410（万元）。本年度发生广告费支出 352 万元，没有超出剩余限额。

本年度可以扣除的广告费 = 190 + 352 = 542（万元）

（六）利息费用

企业所得税前可以扣除的利息费用如表 4-3-3 所示。

表 4-3-3　企业所得税前可以扣除的利息费用

情形	扣除规定
向金融企业借款的利息支出	可据实扣除
企业经批准发行债券的利息支出	可据实扣除
金融企业的各项存款利息支出和同业拆借利息支出	可据实扣除
①非金融企业向非金融企业借款的利息支出 ②向无关联关系的自然人借款的利息支出	不超过按照金融企业同期同类贷款利率计算的数额的部分可据实扣除，超过部分不得扣除
①向关联方借款的利息支出 ②向股东或其他与企业有关联关系的自然人借款的利息支出	两个限制： ①利率限制：不超过金融企业同期同类贷款利率 ②本金限制：接受关联方债权性投资与权益性投资比例，金融企业为 5∶1，其他企业为 2∶1

【例 4-3-5】某企业 2023 年"财务费用"账户中利息包含两笔，一笔是以年利率 6% 向银行借入的 6 个月期的生产用周转资金 200 万元的借款利息；一笔 10 万元是向非金融企业借入一年期的生产用周转资金 150 万元的借款利息。该公司 2023 年在计算应纳税所得额时可扣除的利息费用是多少？

【解析与答案】可扣除的银行利息费用 = 200 × 6% ÷ 12 × 6 = 6（万元），向非金融企业借入款项可以扣除的利息费用限额 = 150 × 6% = 9（万元）< 10 万元，只可按照限额扣除。可税前扣除的利息费用合计 = 6 + 9 = 15（万元）。

（七）借款费用

（1）企业在生产经营活动中发生的合理的不需要资本化的借款费用，准予扣除。

（2）企业为购置、建造固定资产、无形资产和经过12个月以上的建造才能达到预定可销售状态的存货发生的借款，在有关资产购置、建造期间发生的合理的借款费用，应予以资本化，作为资本性支出计入有关资产的成本；有关资产交付使用后发生的借款费用，可在发生当期扣除。

（八）公益性捐赠

（1）公益性捐赠的具体范围如下。

①救助灾害、救济贫困、扶助残疾人等困难的社会群体和个人的活动；

②教育、科学、文化、卫生、体育事业；

③环境保护、社会公共设施建设；

④促进社会发展和进步的其他社会公共和福利事业。

（2）企业所得税公益性捐赠扣除规定如表4-3-4所示。

> ⚡ **小贴士**
>
> 　年度利润总额是会计上的利润总额，不是应纳税所得额。

> ⚡ **小贴士**
>
> 　没有通过法定途径的捐赠，不得按公益性捐赠处理。

表4-3-4　企业所得税公益性捐赠扣除规定

扣除限额	年度利润总额12%以内的部分，准予在计算应纳税所得额时扣除
超过部分	准予结转以后3年内在计算应纳税所得额时扣除
捐赠要求	企业通过公益性社会团体或者县级以上人民政府及其部门，用于《中华人民共和国公益事业捐赠法》规定的公益事业的捐赠
特殊规定	通过公益性社会团体或者县级以上人民政府及其部门和直属机构，用于目标脱贫地区的扶贫捐赠支出，准予在计算企业所得税应纳税所得额时据实扣除

【例4-3-6】某企业2023年营业收入2 500万元，营业成本1 700万元，税金及附加200万元，发生的"三费"合计60万元，营业外收入100万元，营业外支出150万元（其中符合规定的非扶贫公益性捐赠支出65万元）。该企业2023年应缴纳的企业所得税为多少？

【解析与答案】其中符合规定的非扶贫公益性捐赠扣除限额为会计利润的12%。

会计利润 = 2 500 - 1 700 - 200 - 60 + 100 - 150 = 490（万元）

扣除限额 = 490 × 12% = 58.8（万元）< 65万元

当年应纳税所得额 = 490 + （65 - 58.8）= 496.2（万元）

应纳企业所得税 = 496.2 × 25% = 124.05（万元）

（九）其他扣除项目

1. 环境保护专项资金

企业依照法律、行政法规有关规定提取的用于环境保护、生态恢复等方面的专项资金准予扣除；上述专项资金提取后改变用途的，不得扣除。

2. 手续费及佣金支出

企业所得税手续费及佣金扣除规定如表4-3-5所示。

表4-3-5　企业所得税手续费及佣金扣除规定

企业类型	具体扣除方法
保险企业	不超过当年全部保费收入扣除退保金等后余额的18%（含本数）的部分，在计算应纳税所得额时准予扣除；超过部分，允许结转以后年度扣除
电信企业	在发展客户、拓展业务过程中向经纪人、代办商支付手续费和佣金的，不超过企业当年收入总额5%的部分，准许扣除
其他企业	按与具有合法经营资格中介服务机构或个人（不含交易双方及其雇员、代理人和代表人等）所签订服务协议收入金额的5%计算扣除限额
从事代理服务企业	从事代理服务、主营业务收入为手续费、佣金的企业（如证券、期货、保险代理等企业），为取得该类收入而实际发生的营业成本（包括手续费及佣金支出），准予在企业所得税前据实扣除

下列手续费及佣金支出不得税前扣除。

（1）除委托个人代理外，企业以现金等非转账方式支付的手续费及佣金不得在税前扣除；

（2）企业为发行权益性证券支付给有关证券承销机构的手续费及佣金不得在税前扣除；

（3）企业不得将手续费及佣金支出计入回扣、业务提成、返利、进场费等费用；

（4）企业支付的手续费及佣金不得直接冲减服务协议或合同金额，并如实入账。

3. 汇兑损失

企业在货币交易中以及纳税年度终了时，将人民币以外的货币性资产、负债按期末即期人民币汇率中间价折算为人民币时产生的汇兑损失，准予扣除；已经计入有关资产成本、与向所有者进行利润分配相关的部分，不得扣除。

4. 资产损失

（1）企业发生的损失，减除责任人赔偿和保险赔款后的余额，依照国务院财政、税务主管部门的规定扣除。

（2）企业已经作为损失处理的资产，在以后纳税年度又全部收回或者部分收回时，应当计入当期收入。

（3）企业发生符合规定的资产损失，应在按税法规定实际确认或者实际发生的当年申报扣除；但企业以前年度发生的资产损失未能在当年税前扣除的，可以按照规定，向税务机关说明并进行专项申报扣除。企业过往年度发生的资产损失，属于实际资产损失的，准予追补至该项损失发生年度扣除，其追补确认期限一般不得超过5年。企业因以前年度实际资产损失未在税前扣除而多缴的企业所得税税款，可在追补确认年度企业所得税应纳税款中予以抵扣，不足抵扣的，向以后年度递延抵扣。

四、不得税前扣除的项目

（1）向投资者支付的股息、红利等权益性投资收益款项。

（2）企业所得税税款。

（3）税收滞纳金，是指纳税人违反税收法规，被税务机关处以的滞纳金。

> ⚡ 小贴士
>
> 合同违约金、银行罚息、诉讼费等可以扣除。

（4）**罚金、罚款和被没收财物的损失**，是指纳税人违反国家有关法律、法规规定，被有关部门处以的罚款，以及被司法机关处以的罚金和被没收财物。

（5）**超过规定标准**的公益性捐赠支出。

（6）与**生产经营活动无关**的各种非广告性质的赞助支出。

（7）**未经核定的准备金支出**，是指不符合国务院财政、税务主管部门规定的各项资产减值准备、风险准备等准备金支出。

（8）企业之间支付的管理费、企业内营业机构之间支付的租金和特许权使用费，以及非银行企业内营业机构之间支付的利息，不得扣除。

（9）与取得收入无关的其他支出。

五、弥补亏损

税法规定，企业某一纳税年度发生的亏损可以用下一年度的所得弥补，下一年度的所得不足以弥补的，可以逐年延续弥补，但**最长不得超过 5 年**。

5 年弥补期是以**企业亏损年度的第一年度**算起，连续 5 年内不论是盈利或亏损，都作为实际弥补年限计算。如连续发生年度亏损，必须从第一个亏损年度算起，**先亏先补，后亏后补**。

企业筹办期间不计算为亏损年度，企业自开始生产经营的年度，为开始计算企业损益的年度。企业从事生产经营之前进行筹办活动期间发生筹办费用支出，不得计算为当期的亏损，企业可以在开始经营之日的当年一次性扣除，也可以按照新税法有关长期待摊费用的处理规定处理，但一经选定，不得改变。

亏损额是指将每一纳税年度的收入总额减除不征税收入、免税收入和各项扣除以后小于零的数额。不是企业财务报表中的亏损额。

企业在汇总计算缴纳企业所得税时，其境外营业机构的亏损不得抵减境内营业机构的盈利。

自 2018 年 1 月 1 日起，当年具备高新技术企业或科技型中小企业资格的企业，其具备资格年度之前 5 个年度发生的尚未弥补完的亏损，准予结转以后年度弥补，**最长结转年限由 5 年延长至 10 年**。

【例 4 - 3 - 7】甲食品生产企业（不属于小型微利企业）2017 年发生亏损 20 万元，2018 年盈利 12 万元，2019 年亏损 1 万元，2020 年盈利 4 万元，2021 年亏损 5 万元，2022年盈利 2 万元，2023 年盈利 38 万元。该企业 2023 年应缴纳多少企业所得税？

【解析与答案】2017 年亏损的 20 万元，可以以 2018 年、2020 年、2022 年的利润进行弥补，弥补后尚有 2 万元亏损；2019 年、2021 年企业亏损，应计入 2017 年亏损的弥补期限，至 2022 年，2017 年亏损的延续弥补期限届满，2023 年的盈利不能再用于弥补 2017 年尚未弥补的亏损；2023 年的盈利可以用于弥补 2019 年、2021 年的亏损，所以该企业 2023年应当缴纳的企业所得税 =（38 - 1 - 5）×25% = 8（万元）。

任务情境分析与实施

经过本任务的学习，小杨明白了各项扣除项目的税会差异。根据企业所得税的规定，吉源宠物食品有限公司有些项目可以全额扣除，有些项目是限额扣除，有些项目不得扣除，具体如下。

1. 职工福利费。

扣除限额 = 280×14% = 39.2（万元）> 32 万元

实际支付 32 万元全额扣除，不做纳税调整。

2. 职工教育经费。

扣除限额 = 280 × 8% = 22.4（万元）< 25 万元，扣除 22.4 万元

纳税调增 = 25 – 22.4 = 2.6（万元）

3. 保险费。

基本社会保险费 70 万元全额扣除，不做纳税调整。

为公司高层缴纳的商业保险费不得扣除，需要进行纳税调增 10 万元。

补充养老保险限额扣除。

扣除限额 = 280 × 5% = 14（万元）< 24 万元，扣除 14 万元

纳税调增 = 24 – 14 = 10（万元）

4. 业务招待费。

扣除限额 =（1 200 + 180 + 20）× 5‰ = 7（万元） 60 × 60% = 36（万元）

税前扣除 7 万元，纳税调增 = 60 – 7 = 53（万元）

5. 广告费和业务宣传费。

扣除限额 =（1 200 + 180 + 20）× 15% = 210（万元）

本年广告费和业务宣传费 160 万元，上年结转广告费 60 万元，一共 220 万元。

本年可以扣除 210 万元。

纳税调减 = 210 – 160 = 50（万元）

6. 公益性捐赠。

扣除限额 = 360 × 12% = 43.2（万元）< 50 万元

税前允许扣除的捐赠为 43.2 万元。

纳税调增 = 50 – 43.2 = 6.8（万元）

7. 工商局罚款 2 万元不得税前扣除。

8. 违约金 10 万元可以税前扣除。

课堂任务

任务名称	计算广告费和业务宣传费允许税前扣除金额
任务目标	掌握广告费和业务宣传费的扣除标准，能计算广告费和业务宣传费的税前扣除金额，培养分析问题、解决问题的能力
任务描述	2023 年度，甲企业实现销售收入 3 000 万元，当年发生广告费 400 万元，上年度结转未扣除广告费 60 万元。 甲企业在计算 2023 年度企业所得税纳税所得额时，准予扣除广告费的金额是多少？
任务分析	
任务实施	

课后任务

任务名称	计算保险费允许税前扣除金额
任务目标	掌握保险费的扣除标准，能计算保险费的税前扣除金额；培养认真负责的职业态度

课后任务

续表

任务描述	A厂本年发放职工工资750万元，按规定的范围和标准为职工缴纳基本医疗保险费45万元，基本养老保险费75万元，失业保险费30万元，生育保险费20万元和住房公积金110万元；为职工支付的补充养老保险费为60万元，补充医疗保险费为67.5万元；为企业瓦斯检查员及井下电钳工支付人身安全保险费10万元；为职工支付出差人身意外保险费为2万元；为职工支付家庭财产保险15万元、汽车商业保险9万元。经核实，企业的工资薪金支出符合政策。 　　要求：就A厂列支的各项社会保险费进行企业所得税处理
任务分析	
任务实施	

任务评价

知识及技能	评分 （5分）	素质能力	评分 （5分）
1. 掌握广告费的税前扣除标准		1. 提高分析问题、解决问题的能力	
2. 掌握保险费的税前扣除标准		2. 树立认真负责的职业态度	
3. 掌握三费等其他项目的扣除标准		3. 树立严谨细致的职业精神	

任务总结

　　通过本任务，我们要掌握工资薪金支出、三费、社会保险等各个项目的税前扣除标准，提高分析问题、解决问题的能力，树立认真负责的职业态度和严谨细致的职业精神。

任务四　明确资产的税务处理

任务情境

　　吉源宠物食品有限公司2023年6月购进的专用设备，其支出能否在税前一次性扣除？这是小杨面临的又一个问题，请带着问题进入本任务的学习吧！

任务地图

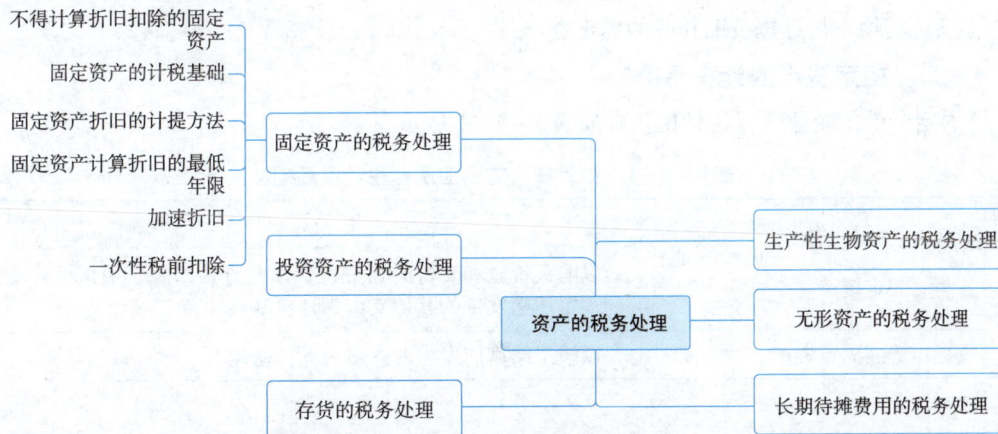

任务描述

在本任务中，学生要学习固定资产的税务处理，主要学习税法上对于资产的规定，学会区分税法规定和会计规定不一致的地方，以便进行纳税调整。

任务目标

1. 掌握固定资产的税务处理；
2. 熟悉生物资产、无形资产、长期待摊费用、投资资产和存货的税务处理；
3. 增强爱国主义情感，培养公民意识；
4. 提高专业技能。

知识链接

资产是由于资本投资而形成的财产，对于资本性支出以及无形资产受让、开办、开发费用，不允许作为成本费用从纳税人的收入总额中做一次性扣除，只能采取分次计提折旧或分次摊销的方式予以扣除，即纳税人经营活动中使用的固定资产的折旧费用、无形资产和长期待摊费用的摊销费用可以扣除。

税法规定，纳入税务处理范围的资产形式主要有固定资产、生物资产、无形资产、长期待摊费用、投资资产、存货等，均以历史成本为计税基础。

一、固定资产的税务处理

固定资产是指企业为生产产品、提供劳务、出租或者经营管理而持有的、使用时间超过 12 个月的非货币性资产，包括房屋、建筑物、机器、机械、运输工具以及其他与生产经营活动有关的设备、器具、工具等。

（一）不得计算折旧扣除的固定资产

（1）房屋、建筑物以外未投入使用的固定资产。
（2）以经营租赁方式租入的固定资产。
（3）以融资租赁方式租出的固定资产。
（4）已提足折旧仍继续使用的固定资产。
（5）与经营活动无关的固定资产。
（6）单独估价作为固定资产入账的土地。
（7）其他不得计提折旧扣除的固定资产。

（二）固定资产的计税基础

固定资产的企业所得税计税基础如表 4 – 4 – 1 所示。

表 4 – 4 – 1　固定资产的企业所得税计税基础

具体情形	相关规定
外购的固定资产	以购买价款和支付的相关税费以及直接归属于使该资产达到预定用途发生的其他支出为计税基础
自行建造的固定资产	以竣工结算前发生的支出为计税基础

续表

具体情形	相关规定
融资租入的固定资产	以租赁合同约定的付款总额和承租人在签订租赁合同过程中发生的相关费用为计税基础；租赁合同未约定付款总额的，以该资产的公允价值和承租人在签订租赁合同过程中发生的相关费用为计税基础
盘盈的固定资产	以同类固定资产的"重置完全价值"为计税基础
改建的固定资产	除已足额提取折旧的固定资产和租入的固定资产以外的其他固定资产，以改建过程中发生的改建支出增加计税基础
通过捐赠、投资、非货币性资产交换、债务重组等方式取得的固定资产	以该资产的公允价值和支付的相关税费为计税基础

（三）固定资产折旧的计提方法

（1）固定资产按照"直线法"计算的折旧，准予扣除。

（2）企业应当自固定资产投入使用月份的"次月"起计提折旧；停止使用的固定资产，应当从停止使用月份的"次月"起停止计提折旧。

（四）固定资产计算折旧的最低年限

（1）房屋、建筑物：20 年。

（2）飞机、火车、轮船、机器、机械和其他生产设备：10 年。

（3）与生产经营活动有关的器具、工具、家具等：5 年。

（4）飞机、火车、轮船以外的运输工具：4 年。

（5）电子设备：3 年。

【例 4-4-1】2023 年 6 月，某企业为了提高产品性能与安全度，从国内购入 2 台安全生产设备并于当月投入使用，增值税专用发票注明价款 400 万元，进项税 68 万元，企业采用直线法按 5 年计提折旧，残值率 8%（经税务机构认可），税法规定该设备直线法最低折旧年限为 10 年。计算 2023 年企业所得税应纳税所得额时，安全设备折旧费应如何做纳税调整？

【解析与答案】

企业按 5 年计提折旧，当年计提折旧额 $= 400 \times (1 - 8\%) \div 5 \div 2 = 36.8$（万元）

税法按 10 年计提折旧，当年计提折旧额 $= 400 \times (1 - 8\%) \div 10 \div 2 = 18.4$（万元）

纳税调增 $= 36.8 - 18.4 = 18.4$（万元）

（五）加速折旧

企业的固定资产由于技术进步等原因，需要加速折旧的，可以缩短折旧年限或者采取加速折旧的方法。可以采用以上折旧方法的固定资产包括：由于技术进步，产品更新换代较快的固定资产；常年处于强震动、高腐蚀状态的固定资产。

采取缩短折旧年限方法的，要求最低折旧年限不得低于法定折旧年限的 60%。

采取加速折旧方法的：可以采取双倍余额递减法或者年数总和法。

（六）一次性税前扣除

企业在 2024 年 1 月 1 日至 2027 年 12 月 31 日期间新购进的设备、器具，单位价值不超过 500 万元的，允许一次性计入当期成本费用，在计算应纳税所得额时扣除，不再分年度计算折旧。这里所称设备、器具，是指除房屋、建筑物以外的固定资产。

💡 **小贴士**

一次性税前扣除的规定适用于所有行业。

二、生产性生物资产的税务处理

生物资产是指有生命的动物和植物，分为消耗性生物资产、生产性生物资产和公益性生物资产，其中生产性生物资产可计提折旧。生产性生物资产是指为产出农产品、提供劳务或出租等目的而持有的生物资产，包括经济林、薪炭林、产畜和役畜等。

（一）生产性生物资产的计税基础

（1）外购的生产性生物资产，以购买价款和支付的相关税费为计税基础。

（2）通过捐赠、投资、非货币性资产交换、债务重组等方式取得的生产性生物资产，以该资产的公允价值和支付的相关税费为计税基础。

（二）生产性生物资产折旧的计提方法

（1）生产性生物资产按照直线法计算的折旧，准予扣除。

（2）企业应当自生产性生物资产投入使用月份的"次月"起计算折旧；停止使用的生产性生物资产应当自停止使用月份的"次月"起停止计算折旧。

（三）生产性生物资产计算折旧的最低年限

（1）林木类生产性生物资产：10 年。

（2）畜类生产性生物资产：3 年。

三、无形资产的税务处理

无形资产是指企业长期使用，但没有实物形态的资产，包括专利权、商标权、著作权、土地使用权、非专利技术、商誉等。

（一）下列无形资产不得计算摊销费用扣除

（1）自行开发的支出已在计算应纳税所得额时扣除的无形资产。

（2）自创商誉。

（3）与经营活动无关的无形资产。

（4）其他不得计算摊销费用扣除的无形资产。

（二）无形资产的计税基础

（1）外购的无形资产，以购买价款和支付的相关税费以及直接归属于使该资产达到预定用途发生的其他支出为计税基础。

（2）自行开发的无形资产，以开发过程中该资产符合资本化条件后至达到预定用途前发生的支出为计税基础。

（3）通过捐赠、投资、非货币性资产交换、债务重组等方式取得的无形资产，以该资产的公允价值和支付的相关税费为计税基础。

（三）无形资产摊销方法

无形资产按照"直线法"计算的摊销费用，准予扣除。无形资产的摊销年限不得低于 10 年。

四、长期待摊费用的税务处理

长期待摊费用是指企业发生的摊销期限在 1 年以上的费用。在计算应纳税所得额时，长期待摊费用按照规定摊销的，准予扣除。

（1）已足额提取折旧的固定资产的改建支出，按照固定资产预计尚可使用年限分期摊销。

（2）租入固定资产的改建支出，按照合同约定的剩余租赁期限分期摊销。

（3）固定资产的大修理支出，按照固定资产尚可使用年限分期摊销。

（4）其他应当作为长期待摊费用的支出，自支出发生月份的"次月"起，分期摊销，摊销年限不得低于 3 年。

五、投资资产的税务处理

投资资产是指企业对外进行权益性投资和债权性投资而形成的资产。

（1）企业对外投资期间，投资资产的成本在计算应纳税所得额时不得扣除。

（2）企业在转让或者处置投资资产时，投资资产的成本准予扣除。

六、存货的税务处理

存货是指企业在日常活动中持有以备出售的产成品或商品、处在生产过程中的在产品、在生产过程或提供劳务过程中耗用的材料或物料等，包括各类材料、在产品、半成品、产成品或库存商品以及包装物、低值易耗品、委托加工物资等。

企业使用或者销售存货，按照规定计算的存货成本，准予在计算应纳税所得额时扣除。

企业使用或者销售的存货的成本计算方法，可以在先进先出法、加权平均法、个别计价法中选用一种。

🔘 任务情境分析与实施

根据企业所得税规定，企业在 2024 年 1 月 1 日至 2027 年 12 月 31 日期间新购进的设备、器具，单位价值不超过 500 万元的，允许一次性计入当期成本费用，在计算应纳税所得额时扣除，不再分年度计算折旧。吉源宠物食品有限公司 2023 年 6 月购进专用设备价值 300 万元，不超过 500 万元，因此可以作为一次性当期成本费用在税前扣除。

企业可以选择计提折旧，也可以选择一次性税前扣除，因此无须做纳税调整。

👤 课堂任务

任务名称	判断固定资产的计税基础
任务目标	掌握固定资产的计税基础；培养严谨细致的职业精神
任务描述	某企业于 2023 年 6 月 15 日购入生产用设备一台，金额 450 万元，按照企业所得税法的规定，该设备应如何计提折旧？请说明理由
任务分析	
任务实施	

课堂任务

课后任务

课后任务

任务名称	计算固定资产的计税基础
任务目标	能计算固定资产的计税基础，提高专业技能
任务描述	甲企业为增值税小规模纳税人，2023年11月购入一台生产用机器设备，取得普通发票，发票上注明的价款为60万元，税额为7.8万元；支付安装费，取得的普通发票上注明价款为2万元，税额为0.18万元。 请计算该项业务企业所得税的计税基础
任务分析	
任务实施	

任务评价

知识及技能	评分 （5分）	素质能力	评分 （5分）
1. 熟练掌握固定资产税务处理的具体规定		1. 培养严谨细致的职业精神	
2. 能计算固定资产的计税基础		2. 提高计算和分析能力	

任务总结

　　通过本任务，我们需要掌握固定资产的税务处理，熟悉生物资产、无形资产、长期待摊费用等税务处理，培养严谨细致的职业精神，提高计算和分析能力。

任务五　计算应纳税额

任务情境

　　小杨在学习了扣除项目的税法规定和资产的税务处理后，还不太清楚应如何计算应纳税额。现在就跟着本任务一起来解决这个问题吧！

任务地图

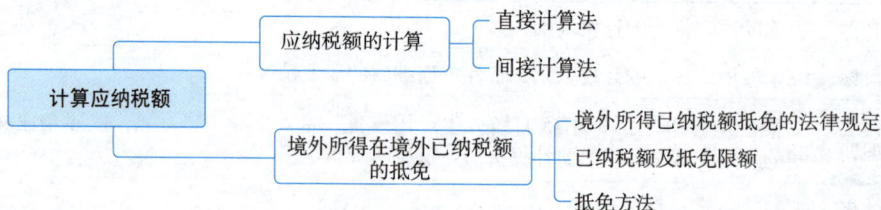

任务描述

　　本任务主要学习如何计算企业所得税应纳税额，可以采用直接计算法和间接计算法计算。要注意纳税调整的项目，才能正确地用间接计算法计算企业所得税。

任务目标

1. 掌握企业所得税应纳税额的计算公式；
2. 了解境外所得在境外已纳税款的抵免；
3. 培养专业客观的职业素养；
4. 树立诚实守信的价值观。

知识链接

一、应纳税额的计算

企业所得税的应纳税额是指企业的应纳税所得额乘以适用税率，减除按照企业所得税法税收优惠的相关规定减免和抵免的税额后的余额。计算公式如下。

应纳税额 = 应纳税所得额 × 适用税率 − 减免税额 − 抵免税额

减免税额和抵免税额是指依照企业所得税法和国务院的税收优惠规定减征、免征和抵免的应纳税额。

企业所得税应纳税所得额有直接计算法和间接计算法两种方法。

（一）直接计算法

应纳税所得额 = 收入总额 − 不征税收入 − 免税收入 − 各项扣除金额 − 弥补亏损

（1）收入总额是指税法规定的收入，准予扣除项目金额是指按照企业所得税法律制度规定的范围和限额扣除标准计算的扣除金额。

（2）企业每一纳税年度的收入总额减除不征税收入、免税收入和准予扣除项目金额后小于零的数额，为亏损。

（3）企业纳税年度发生的亏损，准予用以后年度的税前所得弥补，但弥补期最长不得超过5年。5年内不论是盈利还是亏损，都作为实际弥补期限计算。

> **小贴士**
>
> 亏损是指税法上的亏损额，不是会计利润。

（二）间接计算法

应纳税所得额 = 会计利润总额 + 纳税调整增加额 − 纳税调整减少额

1. 纳税调整增加额

（1）在计算会计利润时已经扣除，但税法规定不能扣除的项目金额（如税收滞纳金、工商部门的罚款）。

（2）在计算会计利润时已经扣除，但超过税法规定扣除标准的部分（如业务招待费、广告费的超标部分）。

（3）未计或者少计的应税收益。

2. 纳税调整减少额

（1）弥补以前年度（5年内）未弥补的亏损额。

（2）减税或者免税收入。

（3）加计扣除项目（如研究开发费用）。

【例4−5−1】甲公司2020年在北京市登记注册成立，不符合小型微利企业条件，企业所得税按季预缴，主要从事建筑材料生产和销售业务。2023年有关经营情况如下。

（1）建筑材料销售收入500万元，生产设备出租收入60万元，国债利息收入1.5万元，存款利息收入0.8万元，存货盘盈0.2万元。

（2）发生的合理的劳动保护费支出2万元，因生产经营需要向金融企业借款利息支出3万元，直接向某大学捐赠1万元，缴纳诉讼费用1.7万元。

（3）购置符合规定的安全生产专用设备一台，该设备投资额45万元，当年即投入使用。

（4）全年利润总额为280万元。

已知企业所得税税率为25%，符合规定的安全生产专用设备的投资额的10%可以从企业当年的应纳税额中抵免。请计算该公司的应纳税额。

【解析与答案】从会计利润出发，逐项判断调增调减。

国债利息收入：会计利润已计入，但免征企业所得税，计算应纳税所得额时纳税调减1.5万元。

直接向某大学的捐赠，会计利润中已扣除，但不得税前扣除，计算应纳税所得额时纳税调增1万元。

企业当年购置并实际使用安全生产专用设备，该专用设备的投资额的10%可以从企业当年的应纳税额中抵免。

因此，应纳税额 $= (280 - 1.5 + 1) \times 25\% - 45 \times 10\% = 65.375$（万元）

二、境外所得在境外已纳税额的抵免

（一）境外所得已纳税额抵免的法律规定

企业所得税法规定，企业取得的下列境外所得在境外已缴纳的企业所得税额，可以从当期应纳税额中抵免，抵免限额为该项所得依照本法规定计算的应纳税额；超过抵免限额的部分，可以在以后5个年度内，用每年抵免限额抵免当年应抵税额后的余额进行抵补。

（1）居民企业来源于中国境外的应税所得，如居民企业从其直接或间接控制的外国企业分得的来源于中国境外的股息、红利等权益性投资收益。

（2）非居民企业在中国境内设立机构、场所，取得发生在中国境外但与该机构、场所有实际联系的应税所得。

（二）已纳税额及抵免限额

（1）已在境外缴纳的所得税税额是指企业来源于中国境外的所得，依照中国境外税收法律以及相关规定应当缴纳，并已经实际缴纳的企业所得税性质的税款。

（2）抵免限额是指企业来源于中国境外的所得，依照企业所得税法及其实施条例的规定计算的应纳税额。除国务院财政、税务主管部门另有规定外，该抵免限额应当分国（地区）不分项计算，计算公式如下。

抵免限额＝中国境内、境外所得依照中国企业所得税法相关规定计算的应纳税总额×来源于某国（地区）的应纳税所得额÷中国境内、境外应纳税所得总额

企业按照中国企业所得税法相关规定计算的当期境内、境外应纳税所得总额小于零的，应以零计算当期境内、境外应纳税所得总额，其当期境外所得税的抵免限额为零。

5个抵补年度是指从企业取得的来源于中国境外的所得，已经在中国境外缴纳的企业所得税性质的税额超过抵免限额的当年的次年起连续5个纳税年度。

（三）抵免方法

企业可以选择按国别（地区）分别计算，或者不按国别（地区）汇总计算其来源于境外的应纳税所得额，并按照税法规定的税率，分别计算其可抵免境外所得税税额和抵免限额。上述方式一经选择，5年内不得改变。

【例4-5-2】甲公司为居民企业，2023年度取得境内所得800万元、境外所得100万元，已在境外缴纳企业所得税税款20万元。已知企业所得税税率为25%。请计算甲公司2023年度应缴纳的企业所得税额。

【解析与答案】

（1）境外所得的抵免限额 = $100 \times 25\% = 25$（万元），境外已纳税额20万元，未超过境外所得抵免限额，可以全额抵免。

（2）计算境内应缴纳所得税时应以境内境外所得全额为计算基础。

（3）甲公司应缴纳企业所得税 = $(800 + 100) \times 25\% - 20 = 205$（万元）

任务情境分析与实施

小杨利用间接法计算出了该公司2023年的应纳税额，具体如下。

应纳税所得额 = $360 - 60 - 26 + 2.6 + 10 + 10 + 53 - 50 + 6.8 + 2 = 308.4$（万元）

应纳税额 = $308.4 \times 25\% = 77.1$（万元）

课堂任务

课堂任务

任务名称	计算企业所得税应纳税额
任务目标	能正确计算企业所得税；树立诚实守信的价值观
任务描述	甲公司为居民企业，2023年发生经营业务如下。 ①取得产品销售收入8 000万元； ②发生产品销售成本5 200万元； ③发生销售费用1 540万元（其中广告费650万元），管理费用480万元（其中业务招待费25万元），财务费用60万元； ④销售税金80万元； ⑤营业外收入80万元，营业外支出50万元（含通过公益性社会团体向山区捐款30万元，支付税收滞纳金6万元）； ⑥计入成本、费用中的实发工资总额200万元、拨缴职工工会经费5万元、发生职工福利费31万元、发生职工教育经费17万元。 请计算该企业本年度的企业所得税的应纳税额
任务分析	
任务实施	

课后任务

课后任务

任务名称	计算抵免境外所得税后的应纳税额
任务目标	能计算抵免境外所得税后的应纳税额；培养专业客观的职业素养
任务描述	甲公司是我国的居民企业纳税人，2023年度取得境内应纳税所得额为200万元，适用25%的企业所得税税率。另外，甲公司分别在甲、乙两国设有分支机构（我国与甲、乙两国已经缔结避免双重征税协定），在甲国分支机构取得应纳税所得额为100万元，甲国税率为20%；在乙国分支机构取得应纳税所得额为60万元，乙国税率为30%。 请计算甲公司在我国应缴纳的企业所得税额

续表

任务分析	
任务实施	

任务评价

知识及技能	评分 （5分）	素质能力	评分 （5分）
1. 能用直接计算法计算应纳税额		1. 树立诚实守信的价值观	
2. 能用间接计算法计算应纳税额		2. 提高分析问题、解决问题的能力	
3. 掌握境外所得已纳税额的抵免规定		3. 培养专业客观的职业素养	

任务总结

通过本任务，我们学习了使用直接计算法和间接计算法计算企业所得税，还学习了境外所得已纳税款的抵免规定。

任务六　掌握企业所得税优惠政策

任务情境

党的二十大报告提出："加强企业主导的产学研深度融合，强化目标导向，提高科技成果转化和产业化水平。"小杨想知道，为了鼓励企业研发和创新，国家在企业所得税方面制定了哪些优惠政策？

任务地图

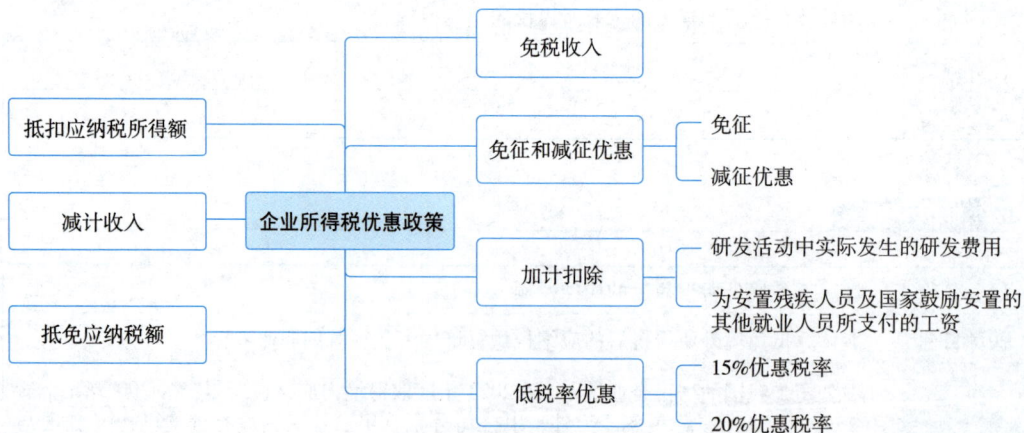

任务描述

本任务包含企业所得税的多种优惠政策，如免税、免征和减征优惠、加计扣除等，体现了国家在鼓励研发、鼓励创新和对弱势群体的保障等方面做出的努力。

任务目标

1. 熟悉企业所得税的多种税收优惠政策；
2. 掌握企业所得税优惠政策的规定；
3. 能运用企业所得税的优惠政策计算应纳税额；
4. 培养政治认同感；
5. 提高创新创业能力；
6. 培养主动学习、解决问题的能力。

知识链接

税收优惠主要是扶持国家支持的行业，实现国家一定时期内的发展目标，如促进科技进步、鼓励基础设施建设、鼓励农业发展、保护环境与节能等。

企业所得税的税收优惠方式，包括免税收入、直接减免税、优惠税率、减计收入、加计扣除、加速折旧、抵扣应纳税所得额、抵免企业所得税等多种方式。

企业同时从事不同企业所得税待遇项目的，其优惠项目应当单独计算所得，并合理分摊企业的期间费用；没有单独计算的，不得享受企业所得税优惠政策。

一、免税收入

免税收入是指属于企业的应税所得，但按照税法规定免予征收企业所得税的收入。企业的免税收入包括以下几种。

（1）国债利息收入。
（2）符合条件的居民企业之间的股息、红利等权益性投资收益。
（3）在中国境内设立机构、场所的非居民企业从居民企业取得的与该机构、场所有实际联系的股息、红利等权益性投资收益。
（4）符合条件的非营利组织的收入。
（5）其他免税项目。

二、免征和减征优惠

企业所得税免征和减征优惠政策如表4－6－1所示。

表4－6－1　企业所得税免征和减征优惠政策

项目	具体规定	
从事农、林、牧、渔业项目的所得	免征： （1）蔬菜、谷物、薯类、油料、豆类、棉花、麻类、糖料、水果、坚果的种植； （2）农作物新品种的选育； （3）中药材的种植； （4）林木的培育与种植； （5）牲畜、家禽的饲养； （6）林产品的采集； （7）灌溉、农产品初加工、兽医、农技推广、农机作业和维修等农、林、牧、渔服务项目； （8）远洋捕捞	减半征收： （1）花卉、茶以及其他饮料作物和香料作物的种植； （2）海水养殖、内陆养殖

续表

项目	具体规定
从事国家重点扶持的公共基础设施项目的投资经营所得	自项目取得第一笔生产经营收入所属纳税年度起，第 1 年至第 3 年免征企业所得税，第 4 年至第 6 年减半征收企业所得税
从事符合条件的环境保护、节能节水项目的所得	自项目取得第一笔生产经营收入所属纳税年度起，第 1 年至第 3 年免征企业所得税，第 4 年至第 6 年减半征收企业所得税
符合条件的技术转让所得	在一个纳税年度内，居民企业技术转让所得不超过 500 万元的部分免征企业所得税；超过 500 万元的部分，减半征收企业所得税

【例 4-6-1】 甲企业转让一项专利权，取得收入 1 200 万元，其专利权账面净值 500 万元，不考虑相关税费，甲企业就这笔专利权转让确认的征税收入是多少？

【解析与答案】 转让技术所得 = 1 200 - 500 = 700（万元）

技术转让所得 700 万元中的 500 万元免税，超过 500 万元的部分减半征税。所以只需要对 100 万元的部分征税。

三、加计扣除

（一）研发活动中实际发生的研发费用

1. 具体规定

企业开展研发活动中实际发生的研发费用，未形成无形资产计入当期损益的，在按规定据实扣除的基础上，自 2023 年 1 月 1 日起，再按照实际发生额的 100% 在税前加计扣除；形成无形资产的，自 2023 年 1 月 1 日起，按照无形资产成本的 200% 在税前摊销。

> 💡 **小贴士**
>
> 加计扣除需要进行纳税调减。

集成电路企业和工业母机企业开展研发活动中实际发生的研发费用，未形成无形资产计入当期损益的，在按规定据实扣除的基础上，在 2023 年 1 月 1 日至 2027 年 12 月 31 日期间，再按照实际发生额的 120% 在税前扣除；形成无形资产的，在上述期间按照无形资产成本的 220% 在税前摊销。

对企业出资给非营利性科学技术研究开发机构（科学技术研究开发机构以下简称"科研机构"）、高等学校和政府性自然科学基金用于基础研究的支出，在计算应纳税所得额时可按实际发生额在税前扣除，并可按 100% 在税前加计扣除对非营利性科研机构、高等学校接收企业、个人和其他组织机构基础研究资金收入，免征企业所得税。

2. 不适用税前加计扣除政策的行业

（1）烟草制造业。

（2）住宿和餐饮业。

（3）批发和零售业。

（4）房地产业。

（5）租赁和商务服务业。

（6）娱乐业。

（7）财政部和国家税务总局规定的其他行业。

3. 允许加计扣除的研发费用范围

人员人工费用、直接投入费用、折旧费用、无形资产摊销、新产品设计费、新工艺规程制定费、新药研制的临床试验费、勘探开发技术的现场试验费；其他相关费用；财政部和国家税务总局规定的其他费用。

（二）为安置残疾人员及国家鼓励安置的其他就业人员所支付的工资

1. 相关规定

企业安置残疾人员所支付的工资的加计扣除，是指企业安置残疾人员的，在按照支付给残疾职工工资据实扣除的基础上，按照支付给残疾职工工资的100%加计扣除。企业安置国家鼓励安置的其他就业人员所支付的工资的加计扣除办法，由国务院另行规定。

2. 加计扣除需满足的条件

（1）依法与安置的每位残疾人签订了1年以上（含1年）的劳动合同或服务协议，并且安置的每位残疾人在企业实际上岗工作。

（2）为安置的每位残疾人按月足额缴纳了符合规定的基本养老、基本医疗、失业和工伤等社会保险（仅指"职工基本养老和基本医疗保险"，不含"城居养老和医疗保险""农村养老保险和合作医疗"）。

（3）定期通过银行等金融机构向安置的每位残疾人实际支付了不低于企业所在区县适用的经省级人民政府批准的最低工资标准的工资。

（4）具备安置残疾人上岗工作的基本设施。

四、低税率优惠

（一）15%优惠税率

（1）对国家需要重点扶持的高新技术企业，减按15%的税率征收企业所得税。

（2）对经认定的符合条件的技术先进型服务企业，减按15%的税率征收企业所得税。

（3）自2021年1月1日至2030年12月31日，对设在西部地区的鼓励类产业企业，减按15%的税率征收企业所得税。

（4）自2020年1月1日至2024年12月31日，对注册在海南自由贸易港并实质性运营的鼓励类产业企业，减按15%的税率征收企业所得税。

（5）对符合条件的从事污染防治的第三方企业，减按15%的税率征收企业所得税。

（二）20%优惠税率

小型微利企业，减按25%计入应纳税所得额，按20%的税率缴纳企业所得税。该优惠政策延续到2027年12月31日。

小型微利企业，是指从事国家非限制和禁止行业，且同时符合年度应纳税所得额不超过300万元、从业人数不超过300人、资产总额不超过5000万元等三个条件的企业。

从业人数，包括与企业建立劳动关系的职工人数和企业接受的劳务派遣用工人数。从业人数和资产总额指标，应按企业全年的季度平均值确定。具体计算公式如下。

$$季度平均值 =（季初值 + 季末值）÷2$$
$$全年季度平均值 = 全年各季度平均值之和 ÷4$$

年度中间开业或者终止经营活动的，以其实际经营期作为一个纳税年度确定上述相关指标。

【例4-6-2】 F企业符合小型微利企业条件，2023年度营业收入260万元，营业成本150万元，期间费用21万元。该企业2023年应缴纳多少企业所得税？

【解析与答案】 小型微利企业，减按25%计入应纳税所得额，按20%的税率缴纳企业所得税。该优惠政策延续到2027年12月31日。

F企业应纳税所得额＝260－150－21＝89（万元）

应纳企业所得税额＝89×25%×20%＝4.45（万元）

五、抵扣应纳税所得额

创业投资企业采取股权投资方式，投资于未上市的中小高新技术企业2年以上的，可以按照其投资额的70%在股权持有满2年的当年，抵扣该创业投资企业的应纳税所得额；当年不足抵扣时，可以在以后纳税年度结转抵扣。

公司制创业投资企业采取股权投资方式直接投资于种子期、初创期科技型企业满2年的，可以按照投资额的70%在股权持有满2年的当年抵扣该公司制创业投资企业的应纳税所得额；当年不足抵扣的，可以在以后纳税年度结转抵扣。

有限合伙制创业投资企业采取股权投资方式直接投资于初创科技型企业满2年的，该合伙创投企业的法人合伙人可以按照对初创科技型企业投资额的70%抵扣法人合伙人从合伙创投企业分得的所得；当年不足抵扣的，可以在以后纳税年度结转抵扣。

【例4-6-3】 某企业2021年5月向甲企业（初创科技型企业）投资600万元，股权持有到2023年12月31日，该企业2023年度生产经营所得为900万元，无其他纳税调整项目。请计算该企业的应纳税所得额。

【解析与答案】 持有股权满2年的当年可以从应纳税所得额中抵扣投资额的70%。

该企业可抵扣的应纳税所得额＝600×70%＝420（万元）

当年应纳税所得额＝900－420＝480（万元）

六、减计收入

（1）企业以《资源综合利用企业所得税优惠目录》规定的资源作为主要原材料，生产国家非限制和禁止并符合国家和行业相关标准的产品取得的收入，减按90%计入收入总额。前述所称原材料占生产产品材料的比例不得低于前述优惠目录规定的标准。

（2）2027年12月31日前，对经省级地方金融监督管理部门批准成立的小额贷款公司取得的农户小额贷款利息收入，在计算应纳税所得额时，按90%计入收入总额。小额贷款是指单笔且该农户贷款余额总额在10万元（含本数）以下的贷款。

（3）2027年12月31日前，对金融机构农户小额贷款的利息收入，在计算应纳税所得额时，按90%计入收入总额；对保险公司为种植业、养殖业提供保险业务取得的保费收入，在计算应纳税所得额时，按90%计入收入总额。

（4）自2019年6月1日起执行至2025年12月31日，提供社区养老、托育、家政服务的机构，提供社区养老、托育、家政服务取得的收入，在计算应纳税所得额时，减按90%计入收入总额。

七、抵免应纳税额

税额抵免是指企业购置并实际使用《环境保护专用设备企业所得税优惠目录》《节能节水专用设备企业所得税优惠目录》和《安全生产专用设备企业所得税优惠目录》规定的

环境保护、节能节水、安全生产等专用设备，该专用设备的投资额的10%可以从企业当年的应纳税额中抵免；当年不足抵免的，可以在以后5个纳税年度结转抵免。企业购置上述专用设备在5年内转让、出租的，应当停止享受企业所得税优惠，并补缴已抵免的企业所得税税款。

【例4-6-4】某公司2023年度企业所得税应纳税所得额2 200万元，当年购置并实际使用一台符合《节能节水专用设备企业所得税优惠目录》规定的节能节水专用设备，该专用设备投资额900万元。已知，企业所得税税率为25%。请计算该公司2023年度应缴纳的企业所得税额。

【解析与答案】该公司享受抵免应纳税额的规定。

应纳税额 = 2 200 × 25% − 900 × 10% = 460（万元）

任务情境分析与实施

小杨了解到，对高新技术企业采用优惠税率、研发支出加计扣除等相关政策都是为了鼓励企业研发和创新。这些优惠政策的实施，为加快实现党的二十大提出的"高水平科技自立自强，进入创新型国家前列"的目标起到了积极作用。

课堂任务

任务名称	确认加计扣除的项目
任务目标	能正确应用税收优惠政策；培养政治认同感
任务描述	泰和制造企业2023年取得会计利润1 800万元，当年发生研发支出400万元，未形成无形资产，已做管理费用扣除。 假设该企业无其他纳税调整事项，请计算泰和制造企业2023年应缴纳的企业所得税
任务分析	
任务实施	

课堂任务

课后任务

任务名称	计算减计收入下的应纳税额
任务目标	能准确计算税收优惠政策下的应纳税额；提高创新创业能力
任务描述	泰和制造企业2023年实现会计利润380万元，调查得知，本厂所生产的甲产品是以《资源综合利用企业所得税优惠目录》内的一种资源为主要原材料生产的、不属于国家禁止和限制生产的产品，且符合国家行业相关标准。在企业的"主营业务收入"中查得本年甲产品的销售收入为520万元。 请就甲产品的收入进行所得税处理
任务分析	
任务实施	

课后任务

任务评价

知识及技能	评分 （5分）	素质能力	评分 （5分）
1. 熟练掌握税收优惠政策的基本规定		1. 培养政治认同感	
2. 能计算税收优惠政策下的企业所得税		2. 提高创新创业能力	

任务总结

通过本任务，我们学习了企业所得税优惠政策的基本规定和在享受税收优惠的情况下如何计算缴纳企业所得税；学生要培养政治认同感，提高创新创业能力。

任务七　申报与缴纳企业所得税

任务情境

吉源宠物食品有限公司 2023 的企业所得税应在什么时间申报？企业所得税纳税申报表应如何填写？

任务地图

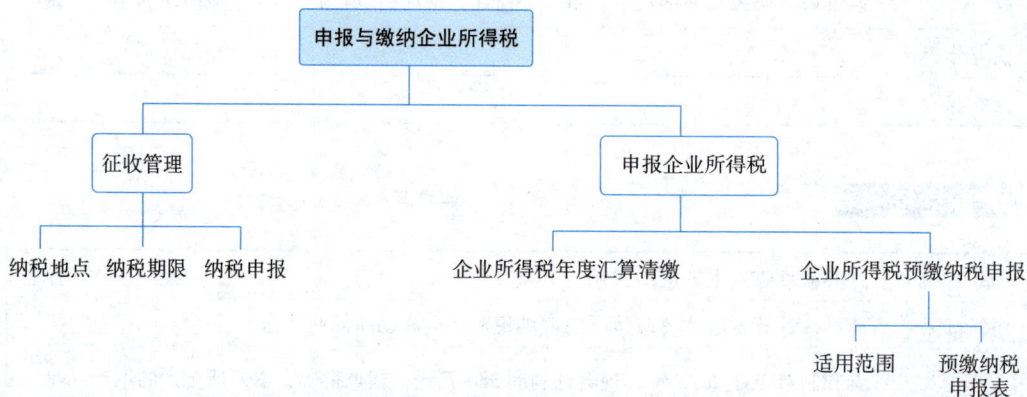

任务描述

企业所得税的纳税申报表分为两类：预缴纳税申报表和年度纳税申报表，企业所得税纳税申报比较复杂。

任务目标

1. 熟悉企业所得税的征收管理；
2. 掌握纳税申报表主表的填制；

3. 熟悉纳税申报表附表的填制；

4. 培养动手操作能力；

5. 提升职业技能。

知识链接

一、征收管理

企业所得税征收管理规定如表 4 – 7 – 1 所示。

表 4 – 7 – 1　企业所得税征收管理规定

纳税地点	居民企业	除税收法律、行政法规另有规定外，居民企业以企业登记注册地为纳税地点；但登记注册地在境外的，以实际管理机构所在地为纳税地点
	非居民企业	①非居民企业在中国境内设立机构、场所的，以机构、场所所在地为纳税地点。非居民企业在中国境内设立两个或者两个以上机构、场所的，经税务机关审核批准，可以选择由其主要机构、场所汇总缴纳企业所得税 ②在中国境内未设立机构、场所的，或者虽设立机构、场所但取得的所得与其所设机构、场所没有实际联系的非居民企业，以扣缴义务人所在地为纳税地点
纳税期限		①企业所得税按纳税年度计征，分月或者分季预缴，年终汇算清缴，多退少补。纳税年度自公历 1 月 1 日起至 12 月 31 日止 ②企业在一个纳税年度中间开业，或者终止经营活动，使该纳税年度的实际经营期不足 12 个月的，应当以其实际经营期为 1 个纳税年度 ③企业依法清算时，应当以清算期间作为 1 个纳税年度。企业应当自清算结束之日起 15 日内，向主管税务机关报送企业所得税纳税申报表，缴纳税款 ④企业在年度中间终止经营活动的，应当自实际经营终止之日起 60 日内，向税务机关办理当期企业所得税汇算清缴
纳税申报		①企业所得税分月或者分季预缴的，企业应当自月份或者季度终了之日起 15 日内，无论盈利或亏损，都应向税务机关报送预缴企业所得税纳税申报表，预缴税款 ②纳税人 12 月或第 4 季度的企业所得税预缴纳税申报，应在纳税年度终了后 15 日内完成，预缴申报后进行企业所得税汇算清缴 ③企业应当自年度终了之日起 5 个月内，向税务机关报送年度企业所得税纳税申报表，并汇算清缴，结清应缴应退税款

二、申报企业所得税

（一）企业所得税年度汇算清缴

表 4 – 7 – 2 所示为企业所得税年度纳税申报表（A 类）的主表，该表主要反映企业汇算清缴总体情况，计算填报利润总额、应纳税所得额和应纳税额等有关项目。

表 4 - 7 - 2 　A100000 中华人民共和国企业所得税年度纳税申报表（A 类）

行次	类别	项目	金额
1	利润总额计算	一、营业收入（填写 A101010/101020/103000）	
2		减：营业成本（填写 A102010/102020/103000）	
3		减：税金及附加	
4		减：销售费用（填写 A104000）	
5		减：管理费用（填写 A104000）	
6		减：财务费用（填写 A104000）	
7		减：资产减值损失	
8		加：公允价值变动收益	
9		加：投资收益	
10		二、营业利润（1 - 2 - 3 - 4 - 5 - 6 - 7 + 8 + 9）	
11		加：营业外收入（填写 A101010/101020/103000）	
12		减：营业外支出（填写 A102010/102020/103000）	
13		三、利润总额（10 + 11 - 12）	
14	应纳税所得额计算	减：境外所得（填写 A108010）	
15		加：纳税调整增加额（填写 A105000）	
16		减：纳税调整减少额（填写 A105000）	
17		减：免税、减计收入及加计扣除（填写 A107010）	
18		加：境外应税所得抵减境内亏损（填写 A108000）	
19		四、纳税调整后所得（13 - 14 + 15 - 16 - 17 + 18）	
20		减：所得减免（填写 A107020）	
21		减：弥补以前年度亏损（填写 A106000）	
22		减：抵扣应纳税所得额（填写 A107030）	
23		五、应纳税所得额（19 - 20 - 21 - 22）	
24	应纳税额计算	税率（25%）	
25		六、应纳所得税额（23 × 24）	
26		减：减免所得税额（填写 A107040）	
27		减：抵免所得税额（填写 A107050）	
28		七、应纳税额（25 - 26 - 27）	
29		加：境外所得应纳所得税额（填写 A108000）	
30		减：境外所得抵免所得税额（填写 A108000）	
31		八、实际应纳所得税额（28 + 29 - 30）	
32		减：本年累计实际已缴纳的所得税额	

续表

行次	类别	项目	金额
33	应纳税额计算	九、本年应补（退）所得税额（31-32）	
34		其中：总机构分摊本年应补（退）所得税额（填写A109000）	
35		财政集中分配本年应补（退）所得税额（填写A109000）	
36		总机构主体生产经营部门分摊本年应补（退）所得税额（填写A109000）	

（二）企业所得税预缴纳税申报

1. 适用范围

本表适用于实行查账征收企业所得税的居民企业纳税人（以下简称"纳税人"）在月（季）度预缴纳税申报时填报。正常经营的纳税人，填报税款所属期月（季）度第一日至税款所属期月（季）度最后一日；年度中间开业的纳税人，在首次月（季）度预缴纳税申报时，填报开始经营之日至税款所属月（季）度最后一日，以后月（季）度预缴纳税申报时按照正常情况填报；年度中间终止经营活动的纳税人，在终止经营活动当期纳税申报时，填报税款所属期月（季）度第一日至终止经营活动之日，以后月（季）度预缴纳税申报时不再填报。

2. 中华人民共和国企业所得税月（季）度预缴纳税申报表（A类）（见表4-7-3）

表4-7-3　A200000 中华人民共和国企业所得税月（季）度预缴纳税申报表（A类）

税款所属期间：　年　月　日至　年　月　日

纳税人识别号（统一社会信用代码）：□□□□□□□□□□□□□□□□□□

纳税人名称：　　　　　　　　　　　　　　　金额单位：人民币元（列至角分）

优惠及附报事项有关信息									
项目	一季度		二季度		三季度		四季度		季度平均值
	季初	季末	季初	季末	季初	季末	季初	季末	
从业人数									
资产总额（万元）									
国家限制或禁止行业	□是　□否				小型微利企业				□是 □否
	附报事项名称								金额或选项
事项1	（填写特定事项名称）								
事项2	（填写特定事项名称）								
	预缴税款计算								本年累计
1	营业收入								
2	营业成本								

续表

	预缴税款计算	本年累计
3	利润总额	
4	加：特定业务计算的应纳税所得额	
5	减：不征税收入	
6	减：资产加速折旧、摊销（扣除）调减额（填写 A201020）	
7	减：免税收入、减计收入、加计扣除（7.1＋7.2＋…）	
7.1	（填写优惠事项名称）	
7.2	（填写优惠事项名称）	
8	减：所得减免（8.1＋8.2＋…）	
8.1	（填写优惠事项名称）	
8.2	（填写优惠事项名称）	
9	减：弥补以前年度亏损	
10	实际利润额（3＋4－5－6－7－8－9）/按照上一纳税年度应纳税所得额平均额确定的应纳税所得额	
11	税率（25%）	
12	应纳所得税额（10×11）	
13	减：减免所得税额（13.1＋13.2＋…）	
13.1	（填写优惠事项名称）	
13.2	（填写优惠事项名称）	
14	减：本年实际已缴纳所得税额	
15	减：特定业务预缴（征）所得税额	
16	本期应补（退）所得税额（12－13－14－15）/税务机关确定的本期应纳所得税额	
	汇总纳税企业总分机构税款计算	
17	总机构	总机构本期分摊应补（退）所得税额（18＋19＋20）	
18		其中：总机构分摊应补（退）所得税额（16×总机构分摊比例__%）	
19		财政集中分配应补（退）所得税额（16×财政集中分配比例__%）	
20		总机构具有主体生产经营职能的部门分摊所得税额（16×全部分支机构分摊比例__%×总机构具有主体生产经营职能部门分摊比例__%）	
21	分支机构	分支机构本期分摊比例	
22		分支机构本期分摊应补（退）所得税额	

续表

实际缴纳企业所得税计算		
23	减：民族自治地区企业所得税地方分享部分： □免征　□减征：减征幅度__%）	本年累计应减免金额 〔（12－13－15）×40%× 减征幅度〕
24	实际应补（退）所得税额	

谨声明：本纳税申报表是根据国家税收法律法规及相关规定填报的，是真实的、可靠的、完整的。

　　　　　　　　　　　　　　　　　　　　纳税人（签章）：　年　月　日

经办人： 经办人身份证号： 代理机构签章： 代理机构统一社会信用代码：	受理人： 受理税务机关（章）： 受理日期：　年　月　日

任务情境分析与实施

　　吉源宠物食品有限公司的企业所得税按月预缴税款，按年计征，在2024年5月31日之前进行纳税申报。企业所得税纳税申报依据为《中华人民共和国企业所得税年度纳税申报表》，填写方法参考实训任务。

课堂任务

任务名称	熟悉企业所得税的征收管理
任务目标	熟悉企业所得税征收管理规定；提升专业技能
任务描述	芳华化妆品有限公司2024年1月经营亏损，该公司是否还需要进行企业所得税的预缴纳税申报？如果需要，应在什么时间进行？请说明理由
任务分析	
任务实施	

课堂任务

课后任务

任务名称	熟悉企业所得税的纳税地点
任务目标	熟悉企业所得税纳税地点的规定；提升专业技能
任务描述	芳华化妆品有限公司登记注册地在英国，实际管理机构在北京，该公司应向何地纳税？请说明理由
任务分析	
任务实施	

课后任务

任务评价

知识及技能	评分 （5分）	素质能力	评分 （5分）
1. 熟悉企业所得税征收管理		1. 提升职业技能	
2. 掌握企业所得税年度汇算清缴纳税申报表的填报方法		2. 培养动手操作能力	
3. 掌握预缴纳税申报表的填制方法			

任务总结

　　本任务的难点是企业所得税申报表及附表的填制，要重点掌握企业所得税申报表主表的具体内容和填制方法；要培养动手操作能力，提升职业技能。

【实训任务1】企业所得税预缴申报

　　实训要求：根据以下资料，进行企业所得税预缴申报。

　　大连翎羽科技股份有限公司的财务人员林宇（身份证号：210211198610260532）于2023年10月10日进行本企业9月份的企业所得税预缴申报，公司的经营业务资料如下。

　　（1）销售收入本年累计数4 300万元；

　　（2）安装收入本年累计数100万元；

　　（3）成本费用本年累计数2 900万元；

　　（4）销售税金本年累计数300万元（其中增值税累计数180万元）；

　　（5）销售费用本年累计数600万元；

　　（6）管理费用本年累计数280万元，其中技术研发费用本年累计数50万元，未形成无形资产；

　　（7）财务费用本年累计数80万元；

　　（8）营业外收入本年累计数50万元；

　　（9）营业外支出本年累计数30万元，其中包括2月份支付的税收滞纳金1万元，10月份通过希望工程捐赠20万元等；

　　（10）取得国债利息收入本年累计1.8万元。已知以前年度未弥补亏损15万元，已缴纳税额57.75万元。

【实训任务2】企业所得税年度纳税申报

　　实训要求：根据以下资料，完成企业所得税年度申报。

　　大连鸿达纺织厂的财务人员于2023年3月15日进行本企业2022年度的企业所得税纳税申报，经营业务资料如下。

　　（1）销售商品收入4 500万元；

　　（2）销售商品成本3 000万元；

　　（3）税金及附加200万元；

　　（4）销售费用500万元，其中职工薪酬100万元，业务宣传支出180万元，办公费40万元，包装费60万元，租赁费30万元，差旅费90万元；

　　（5）管理费用240万元，其中职工薪酬110万元，业务招待费20万元，办公费50万

元，董事会费 20 万元，修理费 40 万元；

（6）财务费用 70 万元，其中利息支出 60 万元，包含 5 万元的超标准利息支出，手续费 10 万元（扣除限额 12 万元）；

（7）营业外收入 50 万元，其中固定资产盘盈净收入 20 万元，收到外单位捐款 30 万元；

（8）营业外支出 19 万元，其中支付合同违约金 1 万元，税收滞纳金 2 万元，向合作伙伴支出赞助费 1 万元（非广告性质），通过红十字会向灾区捐赠 10 万元，通过希望工程捐赠 5 万元；

（9）国债利息收入 2 万元。

列入成本费用的工资薪金支出 350 万元，其中安置残疾人员支付工资 30 万元。支付各类基本社会保险费 112.7 万元，住房公积金 24.5 万元，职工福利费 50 万元，职工教育经费 16 万元（比例扣除，以前年度累计结转扣除额已扣除完毕），拨缴工会经费 8 万元（以上工资费用实发与账面一致）。企业前期已缴纳所得税额 118.6 万元，未弥补以前年度亏损 15 万元。以上收支金额实发与账面均一致。

项目总结

本项目系统介绍了企业所得税的基本理论、征税范围及税率；企业所得税收入的确认；税前扣除项目以及标准；资产的税务处理；企业所得税的计算方法；企业所得税的税收优惠政策；企业所得税的申报与缴纳。结合任务地图、任务描述、任务目标、课堂任务、课后任务，提升学生关于企业所得税涉税业务的税务处理能力，同时结合实训任务，掌握填报企业所得税纳税申报表的方法，提升学生业务实操技能和专业能力，培养学生依法纳税的意识。

放眼看世界

法国的税制

法国的现行税制十分复杂。

按照收入归属，可划分为中央税和地方税两大类。中央税主要包括所得税、商品和劳务税及部分财产税；地方税主要包括土地税、居住税和房产空置税、地方经济捐税等财产和行为税及垃圾清理税等其他税收。此外，为弥补社会保障资金的不足，除社会保险分摊金外，法国还征收社会保险相关税收。

按照课税对象的不同，可划分为所得税、商品和劳务税、财产和行为税三大类。其中，所得税包括公司所得税、个人所得税、工资税；商品和劳务税包括增值税和消费税；财产和行为税包括不动产销售登记税、商业实体产权转让登记税、公司登记税、继承与赠与登记税、印花税、机动车执照税及其附加、私人机动车污染附加税、公司机动车税、已开发土地税、未开发土地税、居住税和房产空置税、财富税、股份转让税、金融交易税、地方经济捐税以及垃圾清理税和特别发展税等。据统计，法国共有 360 种税（包括税收和社会保障提成），其中 153 种是针对企业的税收。法国被称为"万税之国"。

再来了解一下法国各税种的税额在所有税收收入及捐税总和的占比情况。以 2016 年的数据为例，所得税（个人所得税和公司所得税等）占 35%；增值税占 24%；商品税（能源消费税、烟草税等）占 15%；生产的其他税（生产的土地税、生产的增加值税等）占 10%；工资税和劳动力税占 5.5%；财产税和其他收入税（居住税、团结互助税等）占

3.9%；资本税占0.2%。从这些数据可以看出，法国的主要税种是所得税、增值税、商品税、生产的其他税。

项目训练

项目训练试题

项目训练答案

计算与申报个人所得税

项目情境

张明是吉源宠物食品有限公司的技术主管。吉源宠物食品有限公司基本信息见项目二，张明本人的基本信息如下。

身份证号：371102198209246662

电话号码：18363372326

家庭成员：家里有两个小孩，一个在上小学，一个在上幼儿园；父母健在，均年满60周岁，张明为独生子女。张明选择由本人100%扣除子女教育的支出。

张明在2023年取得了以下几项收入。

1. 张明每月工资收入13 000元，每月缴纳三险一金3 500元；

2. 每季度取得季度奖25 000元；

3. 6月应邀去其他宠物公司进行技术培训，取得收入20 000元；

4. 在杂志上发表一篇文章，取得稿酬3 000元；

5. 7月将其名下的一套住房租给刘某，每月租金3 000元，为此每月缴纳相关税费160元（不含增值税）。12月因房屋漏水张明支付房屋修缮费600元。张明均出具完税凭证及发票；

6. 投资经营一家小商店，注册为"个体工商户"，账证齐全，2023年取得经营收入320 000元，准予扣除的成本、费用及相关税金共计250 600元，各项扣除项目均符合税法规定，无纳税调整项目；

7. 取得国债利息收入2 460元。

8. 8月某地区发生水灾，张明通过市民政局向受灾地区捐款3 000元。

根据张明的具体情况，需要解决以下几个问题。

（1）如何计算张明的个人所得税？

（2）如何申报个人所得税？

（3）个人所得税申报表如何填写？

带着这些问题，我们开始项目五的学习旅程吧！答案也会随着对下面内容的学习而一一揭晓。

项目情境分析

张明要解决的问题主要包括两方面：计算个人所得税应纳税额、缴纳与申报个人所得税。在本项目中，需要重点学习的内容有：个人所得税应纳税额的计算，尤其是综合所得的汇算清缴和预扣预缴；个人所得税纳税申报表的填制方法。

在学习这些内容之前，首先要掌握个人所得税的征税范围及税率。另外，还需了解非居民个人应纳税额的计算和公益性捐赠等相关规定。

项目导学

纳税义务人
- 居民个人
- 非居民个人

税款计算
- 综合所得计算方法
  - 汇算清缴
  - 预扣预缴
- 经营所得计算方法
- 其他所得计算方法
- 非居民个人计算方法
- 特殊事项下应纳税额的计算

税收优惠
- 免税项目
- 减税项目

征收管理
- 扣缴申报
- 自行申报

计算与申报个人所得税

征税范围
- 综合所得
  - 工资、薪金所得
  - 劳务报酬所得
  - 特许权使用费所得
  - 稿酬所得
- 经营所得
- 财产租赁所得
- 财产转让所得
- 利息、股息、红利所得
- 偶然所得

税率
- 累进税率
- 比例税率

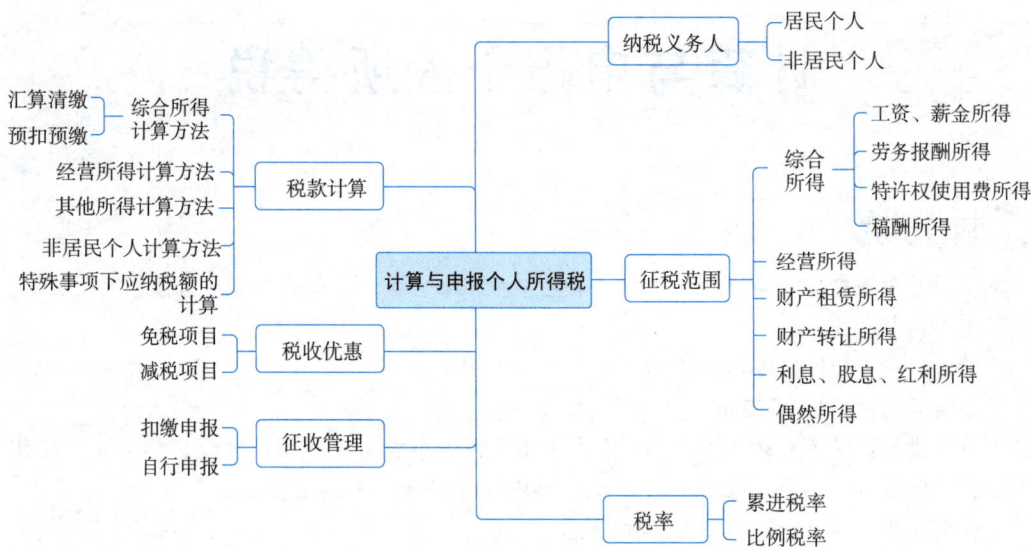

传统文化一角——聊聊中国古代税制

汉武帝时期的"算缗"和"告缗"

算缗，就是对商贾、手工业者征收财产税。汉武帝之前，西汉政府已针对商贾就其营业额（固定商铺）或交易行为（流动摊贩）征收"市租"，并对其特定财产（如舟、车等）征税。汉武帝时，将特定财产税转变为一般财产税（公元前128年），就富人所拥有的动产（商货、车船、牲畜等）、不动产（田宅等）以及奴婢，一律估价，折算为钱，并按规定税率征税。商人每二千钱征收120钱，如果是经营自己的手工作品，每四千钱征收120钱。由于大部分商人并不合作，汉武帝又实施"告缗"，对瞒产漏税者，一旦被告发，则没收其全部财产，并罚戍边一年；对主动告发者，以罚没人财产的一半为奖励。短期内，告缗令的效果奇佳，但后果相当消极。"于是商贾中家以上大率破，民偷甘食好衣，不事畜藏之产业。"告缗令推行五年后，由桑弘羊建议停止。

任务一　划分个人所得税纳税人

任务情境

张明想弄清楚以下几个问题：他属于哪类个人所得税纳税人？负有哪些纳税义务？个人所得税的纳税人是按什么标准划分的？

任务地图

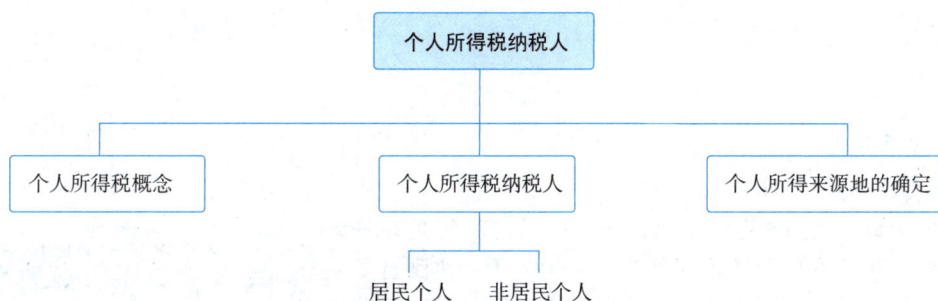

个人所得税纳税人

个人所得税概念　　个人所得税纳税人　　个人所得来源地的确定

居民个人　　非居民个人

任务描述

学习个人所得税，首先要学会划分纳税人。不同的个人所得税纳税人，其分类标准、纳税义务均不相同，要分清两类纳税人的差别。

任务目标

1. 了解个人所得税的概念；
2. 能准确判断居民个人和非居民个人；
3. 能区分居民个人和非居民个人的纳税义务；
4. 掌握所得来源地的确定方式；
5. 培养良好的职业道德素养；
6. 培养遵守税收法律法规，增强依法纳税的意识。

知识链接

个人所得税是以自然人及具有自然人性质的企业取得的各种应税所得作为征税对象而征收的一种所得税。个人所得税最早于 1799 年在英国开始征收。中国于 1980 年开始征收个人所得税。现行的《中华人民共和国个人所得税法》是 2018 年 8 月 31 日由第十三届全国人民代表大会常务委员会第五次会议修改通过，于 2019 年 1 月 1 日起全面施行的。

一、纳税义务人

为了有效地行使税收管辖权，我国税法根据国际惯例，将个人所得税的纳税人划分为居民个人和非居民个人，并规定了不同的纳税义务。

（一）分类标准

根据什么标准划分纳税人，涉及纳税人身份如何确定的问题。我国采用了国际常用的住所标准和居住时间标准，把个人所得税纳税人划分为居民个人和非居民个人。

> **小贴士**
>
> 住所标准、居住时间标准，两者符合其一就是居民纳税人；两者都不符合就是非居民个人。

1. 住所标准

个人所得税法规定，在中国境内有住所，是指因户籍、家庭、经济利益关系而在中国境内习惯性居住。

★ 习惯性居住，是判定纳税义务人是居民或非居民的一个法律意义上的标准。习惯性居住不是指实际居住或在某一个特定时期内的居住地，如因学习、工作、探亲、旅游等而在中国境外居住的，在其原因消除之后，必须回到中国境内居住的个人，则中国即为该纳税人的习惯性居住地。

2. 居住时间标准

个人所得税法规定，居住时间是指个人在一国境内居住的天数。我国规定判断居民身份的居住时间是在一个纳税年度内在中国境内居住累计满 183 天，达到这个标准的个人即为居民个人。在中国境内的居住时间按照在中国境内停留的时间计算。

> **小贴士**
>
> 183 天必须在一个纳税年度内累计计算，不能跨纳税年度计算。

★ 纳税年度，自公历 1 月 1 日起至 12 月 31 日止。

（二）纳税人分类及纳税义务

个人所得税纳税人分类如表 5 - 1 - 1 所示。

表 5 - 1 - 1   个人所得税纳税人分类

类型	判定标准	纳税义务
居民个人	在中国境内有住所的个人	就其从中国境内和境外取得的所得，向中国政府缴纳个人所得税
居民个人	在中国境内无住所而一个纳税年度内在中国境内居住累计满 183 天的个人	就其从中国境内和境外取得的所得，向中国政府缴纳个人所得税
非居民个人	在中国境内无住所又不居住的个人	仅就其从中国境内取得的所得，向中国政府缴纳个人所得税
非居民个人	在中国境内无住所而一个纳税年度内在中国境内居住累计不满 183 天的个人	仅就其从中国境内取得的所得，向中国政府缴纳个人所得税

二、个人所得来源地的确定

如前所述，居民个人和非居民个人就来源于中国境内、境外的所得，对我国政府承担不同的纳税义务，因此确定个人所得的来源地非常重要。

> **小贴士**
>
> 所得来源地不等同于所得支付地，要注意两者之间的区别。

★ 除国务院财政、税务主管部门另有规定外，下列所得，不论支付地点是否在中国境内，均为来源于中国境内的所得。

（1）因任职、受雇、履约等而在中国境内提供劳务取得的所得；

（2）将财产出租给承租人在中国境内使用而取得的所得；

（3）转让中国境内的不动产等财产或者在中国境内转让其他财产取得的所得；

（4）许可各种特许权在中国境内使用而取得的所得；

（5）从中国境内的企业、事业单位、其他组织以及居民个人取得的利息、股息、红利所得。

任务情境分析与实施

张明经过了解，得知居民纳税人的判定条件之一就是"习惯性居住地在境内"。因此，张明属于居民纳税人，需要就境内和境外的所得履行全面的纳税义务。

课堂任务

任务名称	判断纳税人是否属于居民个人
任务目标	能正确判断纳税人身份；培养良好的职业道德素养，培养依法纳税意识
任务描述	格莱美电器制造有限公司2023年有两个在公司工作的外籍人员： ①汤姆从2023年2月1日至12月31日在境内履职，期间没有离境 ②杰森在2023年1月10日入境，2023年8月10日离境，期间临时离境35天 请判断这两名外籍人员是否属于居民个人，并说明理由
任务分析	
任务实施	

课堂任务

课后任务

任务名称	判断是境内所得还是境外所得
任务目标	能准确区分所得的来源地，进而界定纳税义务；培养分析能力和严谨细致的职业精神
任务描述	2023年12月，美国人约翰取得四项收入。 ①在美国出版图书取得的稿酬 ②12月回美国述职期间由中国子公司发放的工资 ③12月在中国境内供职期间由美国母公司支付的出差补贴 ④12月境内供职期间由中国子公司支付的现金形式的住房补贴 请判断以上所得属于境内所得还是境外所得，并说明理由
任务分析	
任务实施	

课后任务

任务评价

知识及技能	评分（5分）	素质能力	评分（5分）
1. 熟练掌握居民个人和非居民个人的判断标准		1. 培养分析能力	
2. 掌握居民个人和非居民个人的纳税义务		2. 培养依法纳税意识	
3. 能区分所得属于境内所得还是境外所得		3. 培养严谨细致的职业精神	

任务总结

居民个人和非居民个人判定标准不一样，纳税义务也不一样，此外，还要准确判断所得来源地。除了在判定标准上和纳税义务上的差异，两种纳税人计税方法、征收管理也有很大不同，在下面的任务中会逐一介绍。要牢记两类纳税人的区别并熟练应用。

任务二　明确征税范围和税率

任务情境

根据张明 2023 年的各项收入，张明想知道，在个人所得税的规定中，他的各项收入属于哪类应税所得。

任务地图

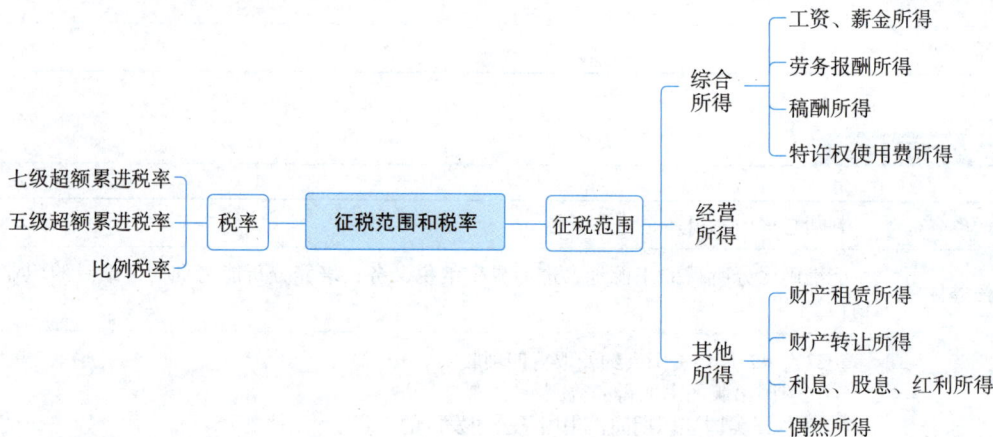

任务描述

个人所得税法列举了 9 个应税项目，每个应税项目的计税方法不一样，适用的税率形式也有区别，准确地判定个人所得税的不同应税项目，对于准确计算个人所得税尤其重要。

任务目标

1. 掌握个人所得税的各类应税所得；
2. 掌握各项个人所得适用的税率；
3. 培养依法诚信纳税的意识；
4. 增强责任意识和严谨细致的职业精神；
5. 培养劳动意识。

知识链接

一、征税范围

（一）工资、薪金所得

工资、薪金所得，是指个人因任职或者受雇取得的工资、薪金、奖金、年终加薪、劳动分红、津贴、补贴以及与任职或者受雇有关的其他所得。

★一般来说，工资、薪金所得属于非独立个人劳动所得。

根据我国目前个人收入的构成情况，《中华人民共和国个人所得税法》规定对于一些不属于工资、薪金性质的补贴、津贴或者不属于纳税人本人工资、薪金所得项目的收入，不予征税。这些项目包括：

（1）独生子女补贴。

（2）执行公务员工资制度未纳入基本工资总额的补贴、津贴差额和家属成员的副食品补贴。

（3）托儿补助费。

（4）差旅费津贴、误餐补助。

★其中，误餐补助是指按照财政部规定，个人因公在城区、郊区工作，不能在工作单位或返回就餐的，根据实际误餐顿数，按规定的标准领取的误餐费。

（5）外国来华留学生领取的生活津贴费、奖学金，不属于工资、薪金范畴，不征收个人所得税。

> **小贴士**
>
> 工资、薪金所得和劳务报酬所得最大的区别在于是否任职受雇。

（二）劳务报酬所得

劳务报酬所得，是指个人从事劳务取得的所得，包括从事设计、装潢、安装、制图、化验、测试、医疗、法律、会计、咨询、讲学、新闻、广播、翻译、审稿、书画、雕刻、影视、录音、录像、演出、表演、广告、展览、技术服务、介绍服务、经纪服务、代办服务以及其他劳务取得的所得。

（三）稿酬所得

稿酬所得，是指个人因其作品以图书、报刊形式出版、发表取得的所得，作品包括文字、书画、摄影以及其他作品。

★作者去世后，财产继承人取得的遗作稿酬，应当按照稿酬所得缴纳个人所得税。

对报刊、杂志、出版等单位的职员在本单位的刊物上发表作品、出版图书取得所得的征税问题，相关规定为：任职、受雇于报刊、杂志等单位的记者、编辑等专业人员，因在本单位的报刊、杂志上发表作品取得的所得，与其当月工资收入合并，按工资、薪金所得项目征税。除上述专业人员以外，其他人员在本单位的报刊、杂志上发表作品取得的所得，按稿酬所得项目征税。出版社的专业作者撰写、编写或翻译的作品，由本社以图书形式出版而取得的稿费收入，按稿酬所得项目征税。

（四）特许权使用费所得

特许权使用费所得，是指个人提供专利权、商标权、著作权、非专利技术以及其他特许权的使用权取得的所得。

（1）提供著作权的使用权取得的所得，不包括稿酬所得，作者将自己的文字作品手稿原件或复印件公开拍卖（竞价）取得的所得，按特许权使用费所得项目征税。

（2）个人取得特许权的经济赔偿收入按特许权使用费所得项目纳税，税款由支付赔款的单位或个人代扣代缴。

（3）编剧从电视剧的制作单位取得的剧本使用费，不再区分剧本的使用方是否为其任职单位，按特许权使用费所得项目征税。

（4）我国将个人提供和转让专利权取得的所得，都列入特许权使用费所得征税。

（五）经营所得

经营所得，是指：

（1）个体工商户的生产、经营所得，个人独资企业投资人、合伙企业的个人合伙人来源于境内注册的个人独资企业、合伙企业生产、经营的所得。

（2）个人依法从事办学、医疗、咨询以及其他有偿服务活动取得的所得。

（3）个人对企业、事业单位承包经营、承租经营、转包、转租取得的所得；对企事业单位的承包经营、承租经营所得。

（4）个人从事其他生产、经营活动取得的所得。

（六）财产租赁所得

财产租赁所得，是指个人出租不动产、机器设备、车船以及其他财产取得的所得。个人取得的财产转租收入，属于财产租赁所得的征税范围，由财产转租人缴纳个人所得税。

（七）财产转让所得

财产转让所得，是指个人转让有价证券、股权、合伙企业中的财产份额、不动产、机器设备、车船以及其他财产取得的所得。在现实生活中，个人进行的财产转让主要是个人财产所有权的转让。财产转让实际上是一种买卖行为，当事人双方通过签订、履行财产转让合同，形成财产买卖的法律关系，使出让财产的个人从对方取得价款（收入）或其他经济利益。财产转让所得因其性质的特殊性，需要单独列举项目征税。对个人取得的各项财产转让所得，除股票转让所得外，都要征收个人所得税。具体规定如下。

1. 股票转让所得

根据《中华人民共和国个人所得税法实施条例》的规定，对股票转让所得征收个人所得税的办法，由国务院另行规定，并报全国人民代表大会常务委员会备案。为了配合企业改制，促进股票市场的稳健发展，经报国务院批准，从1997年1月1日起，对个人转让上市公司股票取得的所得继续暂免征收个人所得税。

2. 量化资产股份转让

集体所有制企业在改制为股份合作制企业时，对职工个人以股份形式取得的拥有所有权的企业量化资产，暂缓征收个人所得税；待个人将股份转让时，就其转让收入额，减除个人取得该股份时实际支付的费用支出和合理转让费用后的余额，按财产转让所得项目计征个人所得税。

3. 个人出售自有住房

个人转让自用5年以上并且是唯一的家庭生活用房取得的所得，免税。对出售自有住房并在1年内重新购房的纳税人不再减免个人所得税。

4. 支付居民换购住房的税收优惠

2022年10月1日至2023年12月31日，纳税人出售自有住房并在现住房出售后1年内，在同一城市重新购买住房的，可按规定申请退还其出售现住房已缴纳的个人所得税。

（八）利息、股息、红利所得

利息、股息、红利所得，是指个人拥有债权、股权而取得的利息、股息、红利所得。利息，是指个人拥有债权而取得的利息，包括存款利息、贷款利息和各种债券的利息。按税法规定，个人取得的利息所得，除国债和国家发行的金融债券利息外，应当依法缴纳个人所得税。股息、红利，是指个人拥有股权取得的股息、红利。按照一定的比率派发的每股息金称为股息；根据公司、企业应分配的超过股息部分的利润，按股份分配的称为红利。股息、红利所得，除另有规定外，都应当缴纳个人所得税。

（九）偶然所得

偶然所得，是指个人得奖、中奖、中彩以及其他偶然性质的所得。

（1）个人为单位或他人提供担保获得收入，按照偶然所得项目计算缴纳个人所得税。

（2）购买社会福利有奖募捐奖券一次中奖不超过1万元的，暂免征税；超过1万元的，全额征税。

（3）个人取得单张有奖发票所得不超过800元（含800元）的，暂免征收个人所得税。

★ 个人取得的所得，难以界定应纳税所得项目的，由国务院税务主管部门确定。

二、税率

个人所得税按照应税所得项目，实行超额累进税率和比例税率两种税率形式。

（一）综合所得适用税率表

综合所得个人所得税税率表如表5-2-1所示。

表5-2-1　综合所得个人所得税税率表（居民个人适用）

级数	全年应纳税所得额	税率	速算扣除数
1	不超过36 000元的部分	3%	0
2	超过36 000元至144 000元的部分	10%	2 520
3	超过144 000元至300 000元的部分	20%	16 920
4	超过300 000元至420 000元的部分	25%	31 920
5	超过420 000元至660 000元的部分	30%	52 920
6	超过660 000元至960 000元的部分	35%	85 920
7	超过960 000元的部分	45%	181 920

（二）个人所得税月度税率表

个人所得税月度税率表如表5-2-2所示，选择单独计税的全年一次性奖金，非居民个人工资薪金、劳务报酬、稿酬、特许权使用费所得等适用。

表5-2-2　个人所得税月度税率表

级数	应纳税所得额	税率	速算扣除数
1	不超过3 000元的部分	3%	0
2	超过3 000元至12 000元的部分	10%	210
3	超过12 000元至25 000元的部分	20%	1 410
4	超过25 000元至35 000元的部分	25%	2 660
5	超过35 000元至55 000元的部分	30%	4 410
6	超过55 000元至80 000元的部分	35%	7 160
7	超过80 000元的部分	45%	15 160

（三）经营所得适用税率表

经营所得个人所得税税率表如表5-2-3所示。

表5-2-3　经营所得个人所得税税率表

级数	全年应纳税所得额	税率	速算扣除数
1	不超过30 000元的	5%	0
2	超过30 000元至90 000元的部分	10%	1 500
3	超过90 000元至300 000元的部分	20%	10 500
4	超过300 000元至500 000元的部分	30%	40 500
5	超过500 000元的部分	35%	65 500

（四）其他所得适用税率表

个人所得税其他应税所得税率表如表5-2-4所示。财产租赁所得，财产转让所得，利息、股息、红利所得和偶然所得，适用20%的比例税率。

表5-2-4　个人所得税其他应税所得税率表

税目	居民个人		非居民个人
	预扣预缴	汇算清缴	
工资、薪金所得	3%～45%预扣率	3%～45%七级超额累进税率	3%～45%七级超额累进税率（按月换算）
劳务报酬所得	20%～40%预扣率		
稿酬所得	20%		
特许权使用费所得	20%		
经营所得	5%～35%超额累进税率		
财产租赁所得	20%（个人出租住房10%）		
财产转让所得	20%		
利息、股息、红利所得	20%		
偶然所得	20%		

◎ 任务情境分析与实施

张明经过了解，分析得出他的收入中有工资、薪金所得、劳务报酬所得、稿酬所得、财产租赁所得、经营所得和利息、股息、红利所得。

课堂任务

任务名称	区分工资、薪金所得和劳务报酬所得
任务目标	能正确判断取得的收入属于哪种所得；培养职业判断力

课堂任务

续表

任务描述	格莱美电器制造有限公司员工张某 2023 年在公司任职期间，取得了以下几项收入。 ①担任董事、监事取得的收入 30 万元 ②年终奖 36 万元 ③6 月份去其他公司进行培训取得的收入 2 万元 请判断这些收入属于工资、薪金所得还是劳务报酬所得，并说明理由
任务分析	
任务实施	

课后任务

课后任务

任务名称	判断下列所得是否需要缴纳个人所得税
任务目标	能准确区分纳税所得和不纳税所得；培养严谨细致的职业精神
任务描述	格莱美电器有限公司员工王某 2023 年 7 月取得以下收入。 ①工资收入 45 000 元，其中包括差旅费津贴 1 680 元，半年奖 15 000 元 ②购买社会福利有奖募捐奖券中奖 6 000 元 ③将其中一套闲置房出租给陈某，每月取得租金收入 1 600 元，不考虑税费等相关因素 请判断这些收入是否需要缴纳个人所得税，并说明理由
任务分析	
任务实施	

任务评价

知识及技能	评分 （5 分）	素质能力	评分 （5 分）
1. 熟练掌握个人所得税的 9 个应税项目		1. 培养依法纳税意识和严谨细致的职业精神	
2. 熟练掌握个人所得税的税率形式		2. 培养责任意识和劳动意识	

任务总结

　　个人所得税法列举出 9 个应税项目，由于计税方法和税率不同，只有准确判断所得属于哪项所得，才能正确计算应纳税所得额和应纳税额。在下面的任务中，将逐一介绍各种所得的应纳税额，要牢记各项应税所得。

任务三　计算综合所得应纳税额

任务情境

　　作为居民纳税人，张明应如何计算综合所得的应纳税额？下面我们一起学习任务三，帮助张明找出答案吧！

任务地图

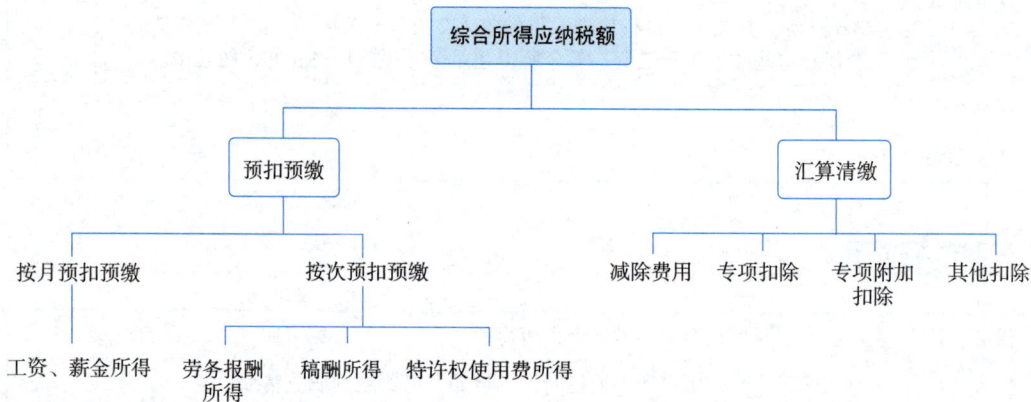

任务描述

　　工资、薪金所得、劳务报酬所得、稿酬所得和特许权使用费所得，居民个人的这四项所得统称为综合所得，取得时预扣预缴，年度终了合并计税，汇算清缴。本任务比较重要，且有一定的难度，需要分清是预扣预缴阶段还是汇算清缴阶段的计算，还要分清不同的征税项目。

任务目标

　　1. 掌握专项附加扣除的范围及标准；
　　2. 掌握综合所得预扣预缴计算方法；
　　3. 掌握综合所得汇算清缴的计算方法；
　　4. 知晓新时代党和国家"以人民为中心"的治国理念，激发爱国情怀；
　　5. 树牢法治观念，增强底线意识和红线思维。

知识链接

　　应纳税所得额是纳税人计算个人所得税的计税依据，正确计算应纳税所得额是依法计算缴纳个人所得税的基础。

　　在计算应纳税所得额时，除特殊项目外，一般允许从个人应税收入中减去税法规定的扣除项目或金额，包括为取得收入所支出的必要的成本或费用，仅就扣除费用后的余额征税。

　　个人取得收入的形式，包括现金、实物、有价证券和其他形式的经济利益。所得为实物的，应当按照凭证上所注明的价格计算应纳税所得额；无凭证的实物或者凭证上所注明的价格明显偏低的，参照市场价格核定应纳税所得额。所得为有价证券的，根据票面价格和市场价格核定应纳税所得额；所得为其他形式的经济利益的，参照市场价格核定应纳税所得额。

一、居民个人综合所得的年度汇算清缴

居民个人取得的综合所得，按纳税年度合并计算个人所得税。

💡 **小贴士**

非居民个人的计算方法和居民个人不一样，会在任务六介绍。

（一）确定应纳税所得额

居民个人的综合所得，以每一纳税年度的收入额减除基本费用 60 000 元以及专项扣除、专项附加扣除和依法确定的其他扣除后的余额，为应纳税所得额。

居民个人综合所得的扣除项目如表 5 - 3 - 1 所示。

表 5 - 3 - 1　居民个人综合所得的扣除项目

扣除项目	主要规定
减除费用	60 000 元/年
专项扣除	按照国家规定的范围和标准缴纳的基本养老保险、基本医疗保险、失业保险等社会保险费和住房公积金等
专项附加扣除	子女教育专项扣除
	继续教育专项扣除
	大病医疗专项扣除
	住房贷款利息专项扣除
	住房租金专项扣除
	赡养老人专项扣除
	3 岁以下婴幼儿照护专项扣除
依法确定的其他扣除	个人缴付符合国家规定的企业年金、职业年金，个人购买的符合国家规定的商业健康保险、税收递延型商业养老保险的支出，以及国务院规定可以扣除的其他项目

综上，居民个人综合所得税的应纳税所得额计算公式如下。

应纳税所得额 = 综合所得收入额 - 60 000 元 - 专项扣除 - 专项附加扣除 - 其他扣除

其中：

综合所得收入额 = 工资收入额 + 劳务报酬收入额 + 稿酬收入额 + 特许权使用费收入额

居民个人取得的劳务报酬所得、稿酬所得、特许权使用费所得以收入减除 20% 的费用后的余额为收入额。其中稿酬所得在此基础上，减按 70% 计算。即：

劳务报酬、特许权使用费的每次收入额 = 每次收入 × (1 - 20%)

稿酬的每次收入额 = 每次收入 × (1 - 20%) × 70%

（二）专项附加扣除标准

专项附加扣除遵循公平、合理、利于民生、简便易行的原则，包含子女教育、继续教育、大病医疗、住房贷款利息、住房租金、赡养老人、3 岁以下婴幼儿照护 7 项支出，并根据教育、医疗、住房、养老等民生支出的变化情况，适时调整专项附加扣除的范围和标准。

1. 子女教育

个人所得税子女教育扣除规定如表 5 - 3 - 2 所示。

表5-3-2　个人所得税子女教育扣除规定

项目	具体内容
扣除范围	年满3岁至小学入学前教育；学历教育包括义务教育（小学、初中教育）、高中阶段教育（普通高中、中等职业、技工教育）、高等教育（大学专科、大学本科、硕士研究生、博士研究生教育）
扣除标准	按照每个子女每月2 000元（每年24 000元）的标准定额扣除
扣除方式	父母可以选择由其中一方按扣除标准的100%扣除，也可以选择由双方分别按扣除标准的50%扣除
资料留存	纳税人子女在中国境外接受教育的，纳税人应当留存境外学校录取通知书、留学签证等相关教育的证明资料备查

2. 继续教育

个人所得税继续教育扣除规定如表5-3-3所示。

表5-3-3　个人所得税继续教育扣除规定

项目	具体内容
扣除范围	纳税人在中国境内接受学历（学位）继续教育的支出；纳税人接受技能人员职业资格继续教育、专业技术人员职业资格继续教育支出
扣除标准	接受学历（学位）继续教育的，在学历（学位）教育期间按照每月400元（每年4 800元）定额扣除。接受技能人员职业资格继续教育、专业技术人员职业资格继续教育的，在取得相关证书的当年，按照3 600元定额扣除
扣除方式	个人接受本科及以下学历（学位）继续教育，符合税法规定扣除条件的，可以选择由其父母扣除，也可以选择由本人扣除
资料留存	纳税人接受技能人员职业资格继续教育、专业技术人员职业资格继续教育的，应当留存相关证书等资料备查

3. 大病医疗

个人所得税大病医疗扣除规定如表5-3-4所示。

表5-3-4　个人所得税大病医疗扣除规定

项目	具体内容
扣除范围	纳税人发生的与基本医保相关的医药费用支出，扣除医保报销后个人负担（指医保目录范围内的自付部分）累计超过15 000元的部分
扣除标准	在80 000元限额内据实扣除；纳税人及其配偶、未成年子女发生的医药费用支出，应按前述规定分别计算扣除额
扣除方式	纳税人发生的医药费用支出可以选择由本人或者其配偶扣除；未成年子女发生的医药费用支出可以选择由其父母一方扣除
资料留存	纳税人应当留存医药服务收费及医保报销相关票据原件（或复印件）等资料备查。医疗保障部门应当向患者提供在医疗保障信息系统记录的本人年度医药费用信息查询服务

4. 住房贷款利息

个人所得税住房贷款利息扣除规定如表 5 - 3 - 5 所示。

表 5 - 3 - 5　个人所得税住房贷款利息扣除规定

项目	具体内容
扣除范围	纳税人本人或配偶，单独或共同使用商业银行或住房公积金个人住房贷款为本人或其配偶购买中国境内住房，发生的首套住房贷款利息支出
扣除标准	在实际发生贷款利息的年度，按照每月 1 000 元（每年 12 000 元）的标准定额扣除，扣除期限最长不超过 240 个月（20 年）； ★ 纳税人只能享受一套首套住房贷款利息扣除
扣除方式	经夫妻双方约定，可以选择由其中一方扣除，具体扣除方式确定后，在一个纳税年度内不得变更
资料留存	纳税人应当留存住房贷款合同、贷款还款支出凭证备查

5. 住房租金

个人所得税住房租金扣除规定如表 5 - 3 - 6 所示。

表 5 - 3 - 6　个人所得税住房租金扣除规定

项目	具体内容
扣除范围	纳税人在主要工作城市没有自有住房而发生的住房租金支出； ★ 夫妻双方主要工作城市相同的，只能由一方扣除住房租金支出； ★ 纳税人及其配偶在一个纳税年度内不得同时分别享受住房贷款利息专项附加扣除和住房租金专项附加扣除
扣除标准	直辖市、省会（首府）城市、计划单列市以及国务院确定的其他城市，扣除标准为每月 1 500 元（每年 18 000 元）
	市辖区户籍人口超过 100 万的城市，扣除标准为每月 1 100 元（每年 13 200 元）
	市辖区户籍人口不超过 100 万的城市，扣除标准为每月 800 元（每年 9 600 元）
扣除方式	住房租金支出由签订租赁住房合同的承租人扣除
资料留存	纳税人应当留存住房租赁合同、协议等有关资料备查

6. 赡养老人

个人所得税赡养老人扣除规定如表 5 - 3 - 7 所示。

表 5 - 3 - 7　个人所得税赡养老人扣除规定

项目	具体内容
扣除范围	纳税人赡养一位及以上年满 60 岁的父母，以及子女均已去世的年满 60 岁的祖父母、外祖父母
扣除标准	纳税人为独生子女的，按照每月 3 000 元（每年 36 000 元）的标准定额扣除
	纳税人为非独生子女的，由其与兄弟姐妹分摊每月 3 000 元（每年 36 000 元）的扣除额度，每人分摊的额度最高不得超过每月 1 500 元（每年 18 000 元）
扣除方式	由赡养人均摊或者约定分摊，也可以由被赡养人指定分摊

7. 3 岁以下婴幼儿照护

个人所得税 3 岁以下婴幼儿照护扣除规定如表 5 - 3 - 8 所示。

表 5 - 3 - 8   个人所得税 3 岁以下婴幼儿照护扣除规定

项目	具体内容
扣除范围	照护 3 岁以下婴幼儿子女的相关支出
扣除标准	按照每个婴幼儿每月 2 000 元的标准定额扣除
扣除方式	父母可以选择由其中一方按扣除标准的 100% 扣除，也可以选择由双方分别按扣除标准的 50% 扣除
实施时间	自 2022 年 1 月 1 日开始实施

（三）计算应纳税额

居民个人综合所得按年计税，适用税率为七级超额累进税率。相关计算公式如下：

应纳税额 = 年应纳税所得额 × 适用税率 - 速算扣除数

= （年综合所得收入额 - 60 000 - 专项扣除 - 专项附加扣除 - 其他扣除）× 适用税率 - 速算扣除数（税率表见表 5 - 2 - 1）

【例 5 - 3 - 1】张某因生了一场大病，花费医疗费用合计 43.5 万元，其中医保报销 32 万元，其余为医保目录中的个人自费部分。张某的大病医疗在个人所得税汇算清缴时能抵扣的金额为多少？

【解析与答案】在一个纳税年度内，纳税人发生的与基本医保相关的医药费用支出，扣除医保报销后个人负担（指医保目录范围内的自付部分）累计超过 15 000 元的部分，由纳税人在办理年度汇算清缴时，在 80 000 元限额内据实扣除。张某个人负担的部分 = 43.5 - 32 = 11.5（万元），其中超过 1.5 万元的部分为 11.5 - 1.5 = 10（万元），超过限额 8 万元，按 8 万元扣除。

【例 5 - 3 - 2】居民个人张某为独生子女，2023 年交完社保和公积金后共取得税前工资收入 30 万元，特许权使用费 4 万元，稿酬 2 万元；张某有两个小孩，符合专项附加扣除条件，且均由其扣除子女教育专项附加；张某的父母健在且已年满 60 周岁。请计算张某当年应纳的个人所得税额。

【解析与答案】张某有两项专项附加扣除：子女教育支出和赡养老人支出。子女教育每个子女每月按 2 000 元扣除，赡养老人支出每月按 3 000 元扣除。

全年应纳税所得额 = 300 000 + 40 000 × （1 - 20%）+ 20 000 × （1 - 20%）× 70% - 60 000 - 2 000 × 12 × 2 - 3 000 × 12 = 199 200（元）

全年应纳税额 = 199 200 × 20% - 16 920 = 22 920（元）

二、居民个人综合所得的预扣预缴

（一）工资、薪金所得的预扣预缴

扣缴义务人向居民个人支付工资、薪金所得时，应当按照累计预扣法计算预扣税款，并按月办理扣缴申报。居民个人工资、薪金所得预扣预缴税率表如表 5 - 3 - 9 所示。

本期应预扣预缴税额 = （累计预扣预缴应纳税所得额 × 预扣率 - 速算扣除数）- 累计减免税额 - 累计已预扣预缴税额

累计预扣预缴应纳税所得额 = 累计收入 - 累计免税收入 - 累计减除费用 - 累计专项扣除 - 累计专项附加扣除 - 累计依法确定的其他扣除

表 5 - 3 - 9　居民个人工资、薪金所得预扣预缴税率表（同综合所得个人所得税税率表）

级数	全年应纳税所得额	税率	速算扣除数
1	不超过 36 000 元的部分	3%	0
2	超过 36 000 元至 144 000 元的部分	10%	2 520
3	超过 144 000 元至 300 000 元的部分	20%	16 920
4	超过 300 000 元至 420 000 元的部分	25%	31 920
5	超过 420 000 元至 660 000 元的部分	30%	52 920
6	超过 660 000 元至 960 000 元的部分	35%	85 920
7	超过 960 000 元的部分	45%	181 920

其中，累计减除费用，按照 5 000 元/月乘以纳税人当年截至本月在本单位的任职受雇月份数计算。居民个人向扣缴义务人提供有关信息并依法要求办理专项附加扣除的，扣缴义务人应当按照规定在工资、薪金所得按月预扣预缴税款时予以扣除，不得拒绝。年度预扣预缴税额与年度应纳税额不一致的，由居民个人于次年 3 月 1 日至 6 月 30 日向主管税务机关办理综合所得年度汇算清缴，税款多退少补。

【例 5 - 3 - 3】中国公民李某 2023 年每月取得工资 26 000 元，缴纳基本养老保险费、基本医疗保险费、失业保险费、住房公积金 4 200 元，支付首套住房贷款利息 3 500 元，无其他专项附加扣除和其他扣除项目，住房贷款利息支出由李某按照扣除标准的 100% 扣除。请计算李某 1 月和 2 月工资应预扣预缴的个人所得税额。

【解析与答案】减除费用为 5 000 元/月，三险一金按实际发生额扣除，住房贷款利息专项附加扣除为 1 000 元/月，而非按照实际发生额的 3 500 元来扣除。根据计算公式得出以下答案。

1 月应预扣预缴的个人所得税额 = (26 000 - 5 000 - 4 200 - 1 000) × 3% = 474（元）

2 月应预扣预缴的个人所得税额 = (26 000 × 2 - 5 000 × 2 - 4 200 × 2 - 1 000 × 2) × 3% - 474 = 474（元）

（二）劳务报酬、稿酬、特许权使用费的预扣预缴

扣缴义务人向居民个人支付劳务报酬所得、稿酬所得、特许权使用费所得时，应当按照以下方法预扣预缴税款。

（1）劳务报酬所得、稿酬所得、特许权使用费所得以收入减除费用后的余额为收入额；其中，稿酬所得的收入额减按 70% 计算。

（2）减除费用：预扣预缴税款时，劳务报酬所得、稿酬所得、特许权使用费所得每次收入不超过 4 000 元的，减除费用按 800 元计算；每次收入 4 000 元以上的，减除费用按收入的 20% 计算。

（3）应纳税所得额：劳务报酬所得、稿酬所得、特许权使用费所得，以每次收入额为预扣预缴应纳税所得额，计算应预扣预缴税额。

> **小贴士**
>
> 汇算清缴收入额里没有 800 元的规定，和预扣预缴规定不同。

劳务报酬所得适用居民个人劳务报酬所得预扣预缴税率表（见表 5-3-10）。稿酬所得、特许权使用费所得适用 20% 的比例预扣率。

表 5-3-10　居民个人劳务报酬所得预扣预缴税率表

级数	每次应纳税所得额	预扣率（%）	速算扣除数
1	不超过 20 000 元的部分	20%	0
2	超过 20 000 ~ 50 000 元的部分	30%	2 000
3	超过 50 000 元的部分	40%	7 000

（4）预扣预缴税额计算公式为：

$$劳务报酬所得应预扣预缴税额 = （每次收入 - 减除费用） \times 预扣率 - 速算扣除数$$

$$稿酬所得应预扣预缴税额 = （每次收入 - 减除费用） \times 70\% \times 20\%$$

$$特许权使用费所得应预扣预缴税额 = （每次收入 - 减除费用） \times 20\%$$

> 💡 **小贴士**
>
> 稿酬所得均享受 30% 的减征优惠。

【例 5-3-4】2023 年 6 月，王某通过兼职一次性取得设计收入 10 万元，王某在 2023 年 6 月就劳务报酬这一项收入应预扣预缴的所得税额为多少？

【解析与答案】劳务报酬所得减除 20% 的费用，余额为收入额，根据居民个人劳务报酬所得预扣预缴税率表，再计算应纳税额。

劳务报酬所得应纳税所得额 = 100 000 × (1 - 20%) = 80 000（元）

预扣预缴应纳税额 = 80 000 × 40% - 7 000 = 25 000（元）

【例 5-3-5】2023 年 10 月，李某出版小说取得稿酬 80 000 元，为创作该小说，李某发生资料购买费等费用 10 000 元。请计算李某该笔稿酬应预扣预缴的个人所得税额。

【解析与答案】稿酬所得收入额按 70% 计算，稿酬所得的减除费用是按税法扣除，与实际发生的费用无关，本笔稿酬 80 000 元，减除费用按 20% 计算。

稿酬预扣预缴的应纳税所得额 = 80 000 × (1 - 20%) × 70% = 44 800（元）

预扣预缴应纳税额 = 44 800 × 20% = 8 960（元）

【例 5-3-6】2023 年 12 月，王某取得特许权使用费 3 000 元，与取得特许权使用费相关的支出为 600 元。请计算该笔特许权使用费应预扣预缴的个人所得税。

【解析与答案】特许权使用费的减除费用按税法扣除，与实际发生的费用无关，本笔特许权使用费 3 000 元，减除费用为 800 元。

特许权使用费的应纳税所得额 = 3 000 - 800 = 2 200（元）

预扣预缴应纳税额 = 2 200 × 20% = 440（元）

◉ 任务情境分析与实施

根据张明提供的各项收入，计算张明 2023 年综合所得应纳税额，计算过程如下。

综合所得应纳税所得额 = 13 000 × 12 + 25 000 × 4 + 20 000 × (1 - 20%) + 3 000 × (1 - 20%) × 70% - 60 000 - 3 500 × 12 - 2 000 × 2 × 12 - 3 000 × 12 = 87 680（元）

综合所得应纳税额 = 87 680 × 10% - 2 520 = 6 248（元）

课堂任务

任务名称	计算居民个人综合所得预扣预缴应纳税额
任务目标	熟练掌握专项附加扣除的范围和标准，强化"以人为本"的治国理念，培养爱国情怀；能正确计算预扣预缴阶段的应纳税额，培养认真细致的职业态度
任务描述	中国居民王某，2021 年入职甲公司，2023 年前 3 个月每月应发工资均为 50 000 元，每月按照国家规定的范围和标准由甲公司为其代扣代缴的"三险一金"7 500 元，每月按规定享受的子女教育、住房贷款利息专项附加扣除共计 3 000 元，3 月份王某分别取得劳务报酬和稿酬 50 000 元和 10 000 元，没有减免收入及减免税额等情况。 请计算王某 1—3 月工资薪金应预扣预缴的税额
任务分析	
任务实施	

课堂任务

课后任务

任务名称	计算居民个人综合所得汇算清缴应纳税额
任务目标	能熟练掌握综合所得汇算清缴的计算方法；提升解决实际问题的能力，培养精益求精的精神
任务描述	中国居民王某，2021 年入职甲公司，2023 年每个月应发工资均为 50 000 元，每月按照国家规定的范围和标准由甲公司为其代扣代缴的"三险一金"7 500 元，每月按规定享受的子女教育、住房贷款利息专项附加扣除共计 3 000 元，3 月份王某分别取得劳务报酬和稿酬 50 000 元和 10 000 元，没有减免收入及减免税额等情况。 请计算王某 2023 年汇算清缴的应纳税额
任务分析	
任务实施	

课后任务

任务评价

知识及技能	评分 （5 分）	素质能力	评分 （5 分）
1. 掌握专项附加扣除的范围以及标准		1. 强化爱国情怀	
2. 掌握综合所得个人所得税税款的计算方法		2. 培养认真细致的职业态度	
3. 掌握综合所得预扣预缴税款的计算方法		3. 提高解决实际问题的能力	
4. 熟悉其他扣除的相关规定		4. 培养精益求精的精神	

任务总结

　　本任务的重点内容是居民个人综合所得的预扣预缴和汇算清缴税款的计算，这部分涉及的知识范围广，学习难度大，与个人所得税申报表的正确填报紧密相关。

任务四　计算经营所得应纳税额

任务情境

张明投资的小商店，2023 年的收入属于经营所得，需要缴纳个人所得税。根据现行的税收政策，张明就这项所得应缴纳多少个人所得税？

任务地图

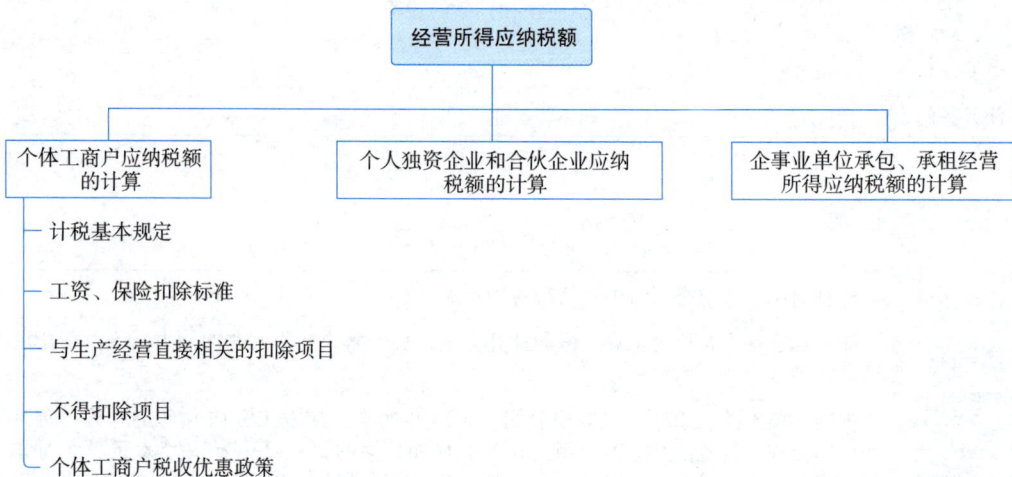

任务描述

经营所得的计税方法和企业所得税类似，在学习过程中要注意两者之间的相同点和不同点，也要注意个体工商户、个人独资企业和合伙企业、承包承租经营所得之间的差别。

任务目标

1. 掌握个体工商户计税的基本规定；
2. 掌握个体工商户工资、保险的扣除标准；
3. 熟悉个体工商户与生产经营相关的扣除项目；
4. 熟悉个人独资企业、合伙企业、承包承租经营所得税款的计算；
5. 践行爱国爱党，增强社会责任感。

> **小贴士**
>
> 和企业所得税的计算有同有异，要注意区别。

知识链接

纳税人取得的经营所得，按年计算个人所得税，适用 5 级超额累进税率，计算公式如下。

应纳税额＝全年应纳税所得额×适用税率－速算扣除数

全年应纳税所得额＝全年收入总额－成本、费用以及损失（税率表见表 5－2－3）

一、计算个体工商户应纳税额

个体工商户的生产、经营所得，以每一纳税年度的收入总额，减除成本、费用、税金、损失、其他支出以及允许弥补的以前年度亏损后的余额，为应纳税所得额。

（一）计税基本规定

个体工商户从事生产经营以及与生产经营有关的活动（以下简称"生产经营"）取得的货币形式和非货币形式的各项收入，为收入总额。包括销售货物收入、提供劳务收入、转让财产收入、利息收入、租金收入、接受捐赠收入、其他收入。其中，其他收入包括个体工商户资产溢余收入、逾期一年以上的未退包装物押金收入、确实无法偿付的应付款项、已做坏账损失处理后又收回的应收款项、债务重组收入、补贴收入、违约金收入、汇兑收益等。

成本，是指个体工商户在生产经营活动中发生的销售成本、销货成本、业务支出以及其他耗费。

费用，是指个体工商户在生产经营活动中发生的销售费用、管理费用和财务费用，已经计入成本的有关费用除外。

税金，是指个体工商户在生产经营活动中发生的除个人所得税和允许抵扣的增值税以外的各项税金及其附加。

损失，是指个体工商户在生产经营活动中发生的固定资产和存货的盘亏、毁损、报废损失，转让财产损失，坏账损失，自然灾害等不可抗力因素造成的损失以及其他损失。

个体工商户发生的损失，减除责任人赔偿和保险赔款后的余额，参照财政部、国家税务总局有关企业资产损失税前扣除的规定扣除。个体工商户已经作为损失处理的资产，在以后纳税年度又全部收回或者部分收回时，应当计入收回当期的收入。

其他支出，是指除成本、费用、税金、损失外，个体工商户在生产经营活动中发生的与生产经营活动有关的、合理的支出。个体工商户发生的支出应当区分收益性支出和资本性支出。收益性支出在发生当期直接扣除；资本性支出应当分期扣除或者计入有关资产成本，不得在发生当期直接扣除。

★ 上述支出，是指与取得收入直接相关的支出。

除税收法律法规另有规定外，个体工商户实际发生的成本、费用、税金、损失和其他支出，不得重复扣除。

💡 **小贴士**

不能和综合所得重复扣除60 000元/年费用。

亏损，是指个体工商户依照规定计算的应纳税所得额小于 0 的数额。

（二）工资、保险扣除标准

个体工商户工资、保险扣除规定如表 5 - 4 - 1 所示。

表 5 - 4 - 1　个体工商户工资、保险扣除规定

项目	业主	员工
工资	①工资薪金支出不得税前扣除 ②取得经营所得的个人，没有综合所得的，计算其每一纳税年度的应纳税所得额时，应当减除费用60 000 元、专项扣除、专项附加扣除以及依法确定的其他扣除	合理的工资、薪金支出，准予扣除

项目	业主	员工
基本保险	基本养老保险费、基本医疗保险费、失业保险费、生育保险费、工伤保险费和住房公积金，准予扣除	
补充保险	补充养老保险费、补充医疗保险费，以当地（地级市）上年度社会平均工资的3倍为计算基数，分别在不超过该计算基数5%标准内的部分据实扣除；超过部分，不得扣除	补充养老保险费、补充医疗保险费，分别在不超过从业人员工资总额5%标准内的部分据实扣除；超过部分，不得扣除
商业保险	除个体工商户依照国家有关规定为特殊工种从业人员支付的人身安全保险费和财政部、国家税务总局规定可以扣除的其他商业保险费外，个体工商户业主本人或者为从业人员支付的商业保险费，不得扣除	
财产保险	按照规定缴纳的保险费，准予扣除	
三项经费	个体工商户业主本人向当地工会组织缴纳的工会经费、实际发生的职工福利费支出、职工教育经费支出，以当地（地级市）上年度社会平均工资的3倍为计算基数，在规定比例内据实扣除	个体工商户向当地工会组织拨缴的工会经费、实际发生的职工福利费支出、职工教育经费支出分别在工资薪金总额的2%、14%、2.5%的标准内据实扣除；职工教育经费超过部分，准予在以后纳税年度结转扣除

（三）与生产经营直接相关的扣除项目

个体工商户与经营相关的扣除项目如表5-4-2所示。

表5-4-2　个体工商户与经营相关的扣除项目

扣除项目	具体规定
生产经营费用与个人、家庭费用	分别核算：生产经营费用据实扣除
	难以分清：按难以分清费用金额的40%扣除
亏损	可以结转到以后5年内弥补
不需要资本化的借款费用	据实扣除
业务招待费	限额1：实际发生额的60%； 限额2：当年销售（营业）收入的5‰； ★取较小者作为扣除限额
借款费用	在生产经营活动中发生的合理的不需要资本化的借款费用，准予扣除
利息支出	向金融企业借款，据实扣除
	向非金融企业或个人借款，在按照金融企业同期同类贷款利率计算的数额内扣除
广告费和业务宣传费	不超过当年销售（营业）收入15%的部分，可以据实扣除；超过部分，准予结转扣除

续表

扣除项目	具体规定
需要租入固定资产支付的租赁费	以经营租赁方式租入固定资产发生的租赁费支出，按照租赁期限均匀扣除
	以融资租赁方式租入固定资产发生的租赁费支出，按照规定构成融资租入固定资产价值的部分应当提取折旧费用，分期扣除
摊位费、行政性收费、协会会费	据实扣除
公益捐赠支出	通过公益性社会团体或者县级以上人民政府及其部门，用于规定的公益事业的捐赠，捐赠额不超过其应纳税所得额30%的部分可以据实扣除； ★ 个体工商户直接对受益人的捐赠不得扣除
新产品、新技术、新工艺的研究开发费用	准予当期直接扣除；研究开发新产品、新技术而购置单台价值在10万元以下的测试仪器和试验性装置准予直接扣除；单台价值在10万元以上（含10万元）的测试仪器和试验性装置，按固定资产管理，不得在当期直接扣除
损失	按净损失额（减除责任人赔偿和保险赔款）扣除

（四）不得扣除项目

个体工商户的下列支出不得扣除：个人所得税税款；税收滞纳金；罚金、罚款和被没收财物的损失；不符合扣除规定的捐赠支出；赞助支出；用于个人和家庭的支出；与取得生产经营收入无关的其他支出；国家税务总局规定不准扣除的支出。

（五）个体工商户税收优惠政策

2023年1月1日至2027年12月31日，对个体工商户年应纳税所得额不超过200万元的部分减半征收个人所得税。个体工商户在享受现行其他个人所得税优惠政策的基础上，可叠加享受本条政策优惠。

【例5-4-1】 某个体工商户2023年向员工实际发放工资300 000元，该个体工商户计算当年应纳个人所得税时，可扣除员工的职工福利费是多少？

【解析与答案】 个体工商户实际发生的职工福利费支出在工资薪金总额14%的标准范围内据实扣除。故该个体工商户可扣除员工的职工福利费限额＝300 000×14%＝42 000（元）

【例5-4-2】 纳税人张某经营个体工商户A，年应纳税所得额为180万元（适用税率35%，速算扣除数65 500）。请计算张某当年的应纳税额。

【解析与答案】 可享受的减免税额为：

（1 800 000×35%－65 500）×50%＝282 250（元）

应纳税额为：1 800 000×35%－65 500－282 250＝282 250（元）

【例5-4-3】 纳税人李某经营个体工商户B，年应纳税所得额为210万元（适用税率35%，速算扣除数65 500），请计算李某当年的应纳税额。

【解析与答案】 可享受的减免税额为：

（2 000 000×35%－65 500）×50%＝317 250（元）

应纳税额为：$2\,100\,000 \times 35\% - 65\,500 - 317\,250 = 352\,250$（元）

二、计算个人独资企业和合伙企业应纳税额

对于个人独资企业和合伙企业生产经营所得，其个人所得税规定如表 5 - 4 - 3 所示。

表 5 - 4 - 3　个人独资企业和合伙企业个人所得税规定

项目	具体规定
应纳税额	应纳税所得额 = 全年度收入总额 - 成本、费用及损失 - 投资者本人费用扣除额 应纳税额 = 应纳税所得额 × 税率 - 速算扣除数
费用扣除	费用扣除标准统一确定为 60 000 元/年（5 000 元/月）； ★ 投资者的工资不得在税前扣除
生活费混用	投资者及其家庭发生的生活费用不允许在税前扣除； 投资者及其家庭发生的生活费用与企业生产经营费用混合在一起，并且难以划分的，全部视为投资者个人及其家庭发生的生活费用，不允许在税前扣除
特殊规定	投资者兴办两个或两个以上企业的，根据规定准予扣除的个人费用，由投资者选择在其中一个企业的生产经营所得中扣除； 投资者兴办两个或两个以上企业的，企业的年度经营亏损不能跨企业弥补

【例 5 - 4 - 4】某个人独资企业 2023 年发生业务如下。

（1）向非金融企业借款 300 万元，年利率 9%，利息支出 27 万元均已计入财务费用，银行同期同类贷款利率 6%。

（2）实发工资中包括投资者本人工资 16 万元、雇员工资 20 万元。

（3）生产经营费用发生 20 万元，其中有 10 万元与家庭发生的生活费难以分清。

（4）广告费为 20 万元。

已知：本年度营业收入 250 万元，利润总额 120 万元。

请计算该个人独资企业应纳税额。

【解析与答案】

（1）利息支出限额 = $300 \times 6\% = 18$（万元）< 27 万元，调增 9 万元；

（2）投资者本人工资 16 万元不能扣除，调增 16 万元；

（3）生产经营费用与家庭发生的生活费难以分清，不允许在税前扣除，调增 10 万元；

（4）广告费扣除限额 = $250 \times 15\% = 37.5$（万元）> 20 万元，扣除 20 万元。

应纳税额 = $(120 + 9 + 16 + 10 - 6) \times 35\% - 6.55 = 45.6$（万元）

三、计算企事业单位的承包、承租经营所得应纳税额

应纳所得税额 = 应纳税所得额 × 适用税率 - 速算扣除数

应纳税所得额 = 个人承包、承租经营收入总额 - 每月费用扣除标准 ×
实际承包或承租月数

收入总额是指纳税义务人按照承包经营、承租经营合同规定分得的经营利润。

承租者、承包者的个人工资不能减除，但是可以每年减除 60 000 元。

任务情境分析与实施

根据张明提供的小商店的各项数据，计算张明 2023 年经营所得应纳税额如下。

经营所得应纳税所得额 = 320 000 − 250 600 = 69 400（元）

根据现行税收政策，对于个体工商户年应纳税所得额不超过 100 万元的部分，减半征收个人所得税。

经营所得应纳税额 = (69 400 × 10% − 1 500) × 50% = 2 720（元）

课堂任务

任务名称	判断个体工商户税前扣除项目
任务目标	熟练掌握个体工商户的计税基本规定和税前扣除项目，积极创新创业，增强社会责任感
任务描述	个体工商户李某 2023 年取得营业收入 350 万元，利润总额为 160 万元，当年发生的业务招待费为 15 万元，广告费为 28 万元。 请计算业务招待费和广告费的扣除限额
任务分析	
任务实施	

课堂任务

课后任务

任务名称	计算个体工商户的个人所得税
任务目标	熟练掌握经营所得的计税方法；提高解决实际问题的能力，培养专业、求精的精神
任务描述	某个体工商户，账证健全，2023 年 12 月取得经营收入为 520 000 元，准许扣除的当月成本、费用（不含业主工资）及相关税金共计 460 600 元。1—11 月累计应纳税所得额 98 400 元（未扣除业主费用减除标准），1—11 月累计已预缴个人所得税 30 200 元。除经营所得外，业主本人没有其他收入，且 2023 年全年均享受子女教育一项专项附加扣除（一个子女）。不考虑专项扣除和符合税法规定的其他扣除。 请计算该个体工商户 2023 年度汇算清缴时应申请的个人所得税退税额
任务分析	
任务实施	

课后任务

任务评价

知识及技能	评分 （5 分）	素质能力	评分 （5 分）
1. 熟练掌握个体工商户的计税基本规定和税前扣除项目		1. 增强创新创业的能力	
2. 熟练掌握经营所得的计税方法		2. 培养社会责任感	
3. 能正确计算经营所得的个人所得税		3. 提升解决实际问题的能力	

居民个人经营所得和企业所得税有相似的地方，要注意区分辨别。通过本任务的学习，我们要能够正确计算经营所得的应纳税额，提升创新创业能力，增强社会责任感。

任务五　计算"利、偶、转、租"四项所得应纳税额

任务情境

张明7月将自己名下的一套住房租给刘某，取得租金收入。该笔收入属于财产租赁所得。通过学习本任务，就能计算出张明该笔收入需要缴纳的个人所得税了。

任务地图

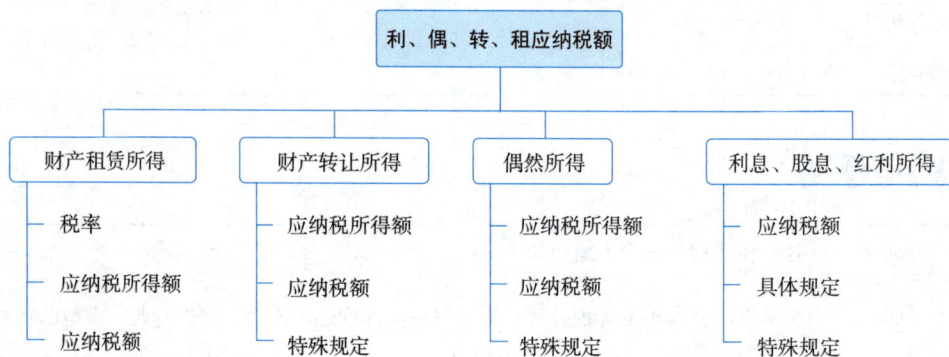

任务描述

财产租赁所得，财产转让所得，偶然所得，利息、股息、红利所得税率形式一样，计税方法不一样，要牢记四项所得应纳税所得额和应纳税额的计算方法。

任务目标

1. 掌握财产租赁所得应纳税额的计算；
2. 掌握财产转让所得应纳税额的计算；
3. 掌握偶然所得应纳税额的计算；
4. 掌握利息、股息、红利所得应纳税额的计算；
5. 熟悉四项所得的特殊规定；
6. 树立公平正义、共同富裕的核心价值观。

知识链接

一、财产租赁所得应纳税额的计算

财产租赁所得，以1个月内取得的收入为一次。

（一）税率

财产租赁所得，采用20%的比例税率。

对个人按市场价格出租的居民住房取得的所得，暂减按 10% 的税率征收个人所得税。

（二）应纳税所得额的确定

在确定财产租赁所得的应纳税所得额时，按照以下顺序进行扣除。

（1）纳税人在出租财产过程中缴纳的房产税、城市维护建设税、教育费附加，可持完税（缴款）凭证，从其财产租赁收入中扣除。

（2）个人转租房屋，其向房屋出租方支付的租金，凭房屋租赁合同和合法支付凭据允许在计算个人所得税时，从该项转租收入中扣除。

（3）允许扣除的修缮费用，以每次 800 元为限。一次扣除不完的，准予在下一次继续扣除，直到扣完。

（4）税法规定的费用扣除标准为定额 800 元或定率 20%。

具体计算公式如下。

①每次（月）收入≤4 000 元：

应纳税所得额 = 每次（月）收入额 − 财产租赁过程中缴纳的税费 −
由纳税人负担的租赁财产实际开支的修缮费用（800 元为限）− 800 元

②每次（月）收入 >4 000 元：

应纳税所得额 =［每次（月）收入额 − 财产租赁过程中缴纳的税费 −
由纳税人负担的租赁财产实际开支的修缮费用（800 元为限）］×（1 − 20%）

（三）应纳税额的计算

应纳税额 = 应纳税所得额 × 20%（或者 10%）

【例 5 − 5 − 1】 王某于 2023 年 1 月将其自有的面积为 130 平方米的公寓按市场价格出租给李某居住。王某每月取得租金收入 4 200 元，全年租金收入 50 400 元。请计算王某全年租金收入应缴纳的个人所得税。

【解析与答案】 财产租赁收入以每月取得的收入为一次，按市场价格出租给个人居住适用 10% 的税率，因此，王某每月及全年应纳税额为：

每月应纳税额 = 4 200 ×（1 − 20%）× 10% = 336（元）

全年应纳税额 = 336 × 12 = 4 032（元）

二、财产转让所得应纳税额的计算

纳税人取得的财产转让所得，按次计算个人所得税。

（一）应纳税所得额的确定

纳税人取得财产转让所得，以转让财产的收入额减除财产原值和合理费用后的余额，为应纳税所得额。计算公式如下。

应纳税所得额 = 每次转让财产收入 − 财产原值 − 合理税费

（二）应纳税额的计算

纳税人取得财产转让所得适用比例税率 20%。计算公式如下。

应纳税额 = 应纳税所得额 × 20% =（每次转让财产收入 − 财产原值 − 合理税费）× 20%

（三）特殊规定

1. 个人股权转让所得

个人股权转让个人所得税的规定如表 5 − 5 − 1 所示。

表5-5-1　个人股权转让个人所得税的规定

具体情形		适用税目	应纳税额
转让	转让上市公司股票	财产转让所得	免征个人所得税
	转让有限责任公司股权		（收入总额-财产原值-合理费用）×20%

2. 个人转让房屋

个人出售自有住房、个人转让自用5年以上并且是唯一的家庭居住用房取得的所得，免税。对出售自有住房并在1年内重新购房的纳税人不再减免个人所得税。

个人转让房屋的个人所得税应税收入不含增值税，其取得房屋时所支付价款中包含的增值税计入财产原值，计算转让所得时可扣除的税费不包括本次转让缴纳的增值税。

在2022年10月1日至2025年12月31日期间，纳税人出售自有住房并在现住房出售后1年内，在市场重新购买住房的，给予退税优惠。个人转让房屋个人所得税优惠政策如表5-5-2所示。

表5-5-2　个人转让房屋个人所得税优惠政策（截至2025年12月31日）

前提	退税金额
新购住房金额≥现住房转让金额	退税金额=现住房转让时缴纳的个人所得税
新购住房金额＜现住房转让金额	退税金额=（新购住房金额÷现住房转让金额）×现住房转让时缴纳的个人所得税

三、偶然所得应纳税额的计算

偶然所得，按次计算个人所得税。

（一）应纳税所得额的确定

纳税人取得的偶然所得，以每次收入额为应纳税所得额。

（二）应纳税额的计算

偶然所得适用比例税率20%，计算公式如下。

$$应纳税额=应纳税所得额×适用税率=每次收入额×20\%$$

（三）企业促销展业赠送奖品个人所得税的规定

奖品个人所得税规定如表5-5-3所示。

表5-5-3　奖品个人所得税规定

具体情形		税务处理
企业在业务宣传、广告等活动中，随机向本单位以外的个人赠送礼品（包括网络红包，下同），以及企业在年会、座谈会、庆典以及其他活动中向本单位以外的个人赠送礼品，个人取得的礼品收入	一般情形	按照"偶然所得"项目计税
	企业赠送的具有价格折扣或折让性质的消费券、代金券、抵用券、优惠券等礼品	不征收个人所得税

续表

具体情形	税务处理
企业通过价格折扣、折让方式向个人销售商品（产品）和提供服务	不征收个人所得税
企业在向个人销售商品（产品）和提供服务的同时给予赠品（如通信企业对个人购买手机赠送话费、入网费，或者购话费赠手机等）	
企业对累积消费达到一定额度的个人按消费积分反馈礼品	
企业对累积消费达到一定额度的顾客，给予额外抽奖机会，个人的获奖所得	按照"偶然所得"项目计税

（四）其他规定

★ 个人举报、协查各种违法、犯罪行为而获得的奖金，暂免征收个人所得税。

除不征税情形以外，房屋产权所有人将房屋产权无偿赠与他人的，受赠人因无偿受赠房屋取得的受赠所得，按照"偶然所得"项目缴纳个人所得税，税率为20%。对受赠人无偿受赠房屋计征个人所得税时，其应纳税所得额为房地产赠与合同上标明的赠与房屋价值减除赠与过程中受赠人支付的相关税费后的余额。

四、利息、股息、红利所得

（一）应纳税额的计算

利息、股息、红利所得，按次计算，以支付利息、股息、红利时取得的收入为一次。

以每次收入额为应纳税所得额，税率为20%，计算公式如下。

> ⚡ **小贴士**
>
> 持股期限不同，享受的税收优惠不同。

应纳税额 = 应纳税所得额 × 20% = 每次收入额 × 20%

（二）具体规定

股息、利息、红利个人所得税规定如表5-5-4所示。

表5-5-4　股息、利息、红利个人所得税规定

具体情形		适用税目	应纳税额	
分红	持有上市公司股票分得的股息红利	利息、股息、红利所得	持股期限 ≤ 1个月	每次收入额全额 × 20%
			1个月 < 持股期限 ≤ 1年	每次收入额全额 × 50% × 20%
			持股期限 > 1年	暂免征收个人所得税
	持有有限责任公司股权分得的股息红利		每次收入额全额 × 20%	

（三）特殊规定

★ 国债和国家发行的金融债券利息免税。

★ 储蓄存款利息所得暂免征收个人所得税。

房屋买受人在未办理房屋产权证的情况下，按照与房地产公司约定条件（如对房屋的

占有、使用、收益和处分权进行限制）在一定时期后无条件退房而取得的补偿款，应按照利息、股息、红利所得项目缴纳个人所得税，税款由支付补偿款的房地产公司代扣代缴。

【例5-5-2】中国公民李某2023年10月以9万元的资金持有深圳证券交易所的某境内上市公司的股票20 000股。2023年11月，该上市公司宣布实施每股0.5元的分红决定，李某在2023年12月将上述股票以11万元的价格转让。请计算李某应缴纳的个人所得税。

【解析与答案】李某转让境内上市公司股票的行为免征个人所得税；获得的股息、红利所得，持股期限在1个月以上至1年（含）的，暂减按50%计入应纳税所得额。

李某上述行为应纳个人所得税 = 20 000 × 0.5 × 50% × 20% = 1 000（元）

◎ 任务情境分析与实施

根据张明提供的完税凭证及发票，张明租房需要缴纳的个人所得税计算如下。

7—11月租房每月应纳税额 = (3 000 - 160 - 800) × 10% = 204（元）

12月租房应纳税额 = (3 000 - 160 - 600 - 800) × 10% = 144（元）

👤 课堂任务

任务名称	判断利息、股息、红利所得的应税项目
任务目标	熟练区分不同的应税所得；培养勤学善思的职业素养
任务描述	中国公民蔡某在2023年有以下两笔收入。 ①4月从境内公开发行和转让市场购入W上市公司股票，4月取得该上市公司分得的股息48 000元，9月将持有的股票全部卖出 ②8月转让普通住房一套，取得销售收入900 000元，转让时发生合理费用63 000元；该住房原值600 000元，系蔡某2016年8月购进，为蔡某在本地的第二套住房 请分别计算蔡某应纳个人所得税额
任务分析	
任务实施	

👤 课后任务

任务名称	计算财产租赁所得的个人所得税
任务目标	熟练掌握财产租赁的计税方法；提高解决实际问题的能力，树立公平正义、共同富裕的核心价值观
任务描述	我国居民李某将租入的一栋住房转租，原租入租金每月3 200元（能提供合法支付凭证），转租收取租金每月5 600元（不含增值税），出租住房每月实际缴纳增值税以外的税费120元（有相关凭据）。 请计算李某每月应纳的个人所得税
任务分析	
任务实施	

任务评价

知识及技能	评分 （5分）	素质能力	评分 （5分）
1. 掌握四项所得应纳税额的计算		1. 培养公平正义、共同富裕的核心价值观	
2. 熟悉四项所得的特殊规定		2. 培养社会责任感	

任务总结

　　通过本任务，我们学习了财产租赁所得，财产转让所得，偶然所得，利息、股息、红利所得的应纳税所得额和应纳税额的计算。要培养勤学善思的职业素养和解决实际问题的能力，树立公平正义、共同富裕的核心价值观。

任务六　计算特殊事项个人所得税应纳税额

任务情境

　　张明向灾区捐款3 000元，这一支出是否能在计算个人所得税前扣除？3 000元可以全额扣除吗？

任务地图

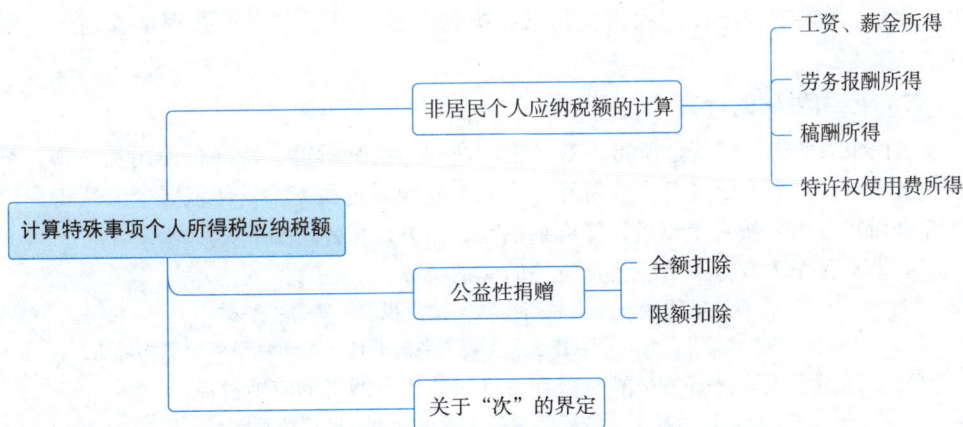

任务描述

　　本任务包含非居民个人应纳税额的计算、公益性捐赠的处理和关于"次"的界定等内容，需要领会计算方法和具体规定。

任务目标

　　1. 熟悉非居民个人应纳税额的计算；

2. 掌握公益性捐赠全额扣除和限额扣除的规定；

3. 掌握个人所得税中关于"次"的界定；

4. 培养自主学习、善于总结的能力；

5. 培养社会责任感。

知 识 链 接

一、非居民个人应纳税额的计算

非居民个人取得的工资、薪金所得、劳务报酬所得、稿酬所得、特许权使用费所得，按月或者按次分项计算个人所得税。

（一）应纳税所得额的确定

非居民个人的工资、薪金所得，以每月收入额减除费用5 000元后的余额为应纳税所得额；劳务报酬所得、稿酬所得、特许权使用费所得，以每次收入额为应纳税所得额。

劳务报酬所得、稿酬所得、特许权使用费所得以收入减除20%的费用后的余额为收入额。稿酬所得的收入额减按70%计算。

应纳税所得额的相关计算公式如下。

（1）非居民个人取得工资、薪金所得的应纳税所得额。

$$应纳税所得额 = 每月工资薪金收入 - 5\ 000\ 元$$

（2）非居民个人取得劳务报酬所得和特许权使用费所得的应纳税所得额。

$$应纳税所得额 = 每次收入 \times (1 - 20\%)$$

（3）非居民个人取得稿酬所得的应纳税所得额。

$$应纳税所得额 = 每次收入 \times (1 - 20\%) \times 70\%$$

非居民个人在中国境内有住所，或者无住所而在一个纳税年度内在中国境内居住累计满183天后，将转变为居民纳税人，其已扣缴的税款，可以在次年办理汇算清缴，多退少补。

（二）应纳税额的计算

非居民个人取得工资薪金所得、劳务报酬所得、稿酬所得、特许权使用费所得，按月或者按次分项计算个人所得税，适用税率为七级超额累进税率。具体依照个人所得税税率表（综合所得适用）按月换算后计算应纳税额。相关计算公式如下。

（1）非居民个人取得工资、薪金所得的应纳税额。

$$月应纳税额 = 应纳税所得额 \times 适用税率 - 速算扣除数$$
$$= (月工资薪金收入 - 5\ 000) \times 适用税率 - 速算扣除数$$

（2）非居民个人取得劳务报酬所得和特许权使用费所得的应纳税额。

$$应纳税额 = 应纳税所得额 \times 适用税率 - 速算扣除数$$
$$= 每次收入 \times (1 - 20\%) \times 适用税率 - 速算扣除数$$

（3）非居民个人取得稿酬所得的应纳税额。

$$应纳税额 = 应纳税所得额 \times 适用税率 - 速算扣除数$$
$$= 每次收入 \times (1 - 20\%) \times 70\% \times 适用税率 - 速算扣除数$$

非居民个人所得适用税率表如表5-6-1所示。

表 5 – 6 – 1　非居民个人所得适用税率表

级数	应纳税所得额	税率	速算扣除数（元）
1	不超过 3 000 元的部分	3%	0
2	超过 3 000 元至 12 000 元的部分	10%	210
3	超过 12 000 元至 25 000 元的部分	20%	1 410
4	超过 25 000 元至 35 000 元的部分	25%	2 660
5	超过 35 000 元至 55 000 元的部分	30%	4 410
6	超过 55 000 元至 80 000 元的部分	35%	7 160
7	超过 80 000 元的部分	45%	15 160

【例 5 – 6 – 1】某德国专家（非居民个人）2023 年 10 月在境内取得特许权使用费 200 000 元，请计算其应纳税额。

【解析与答案】特许权使用费所得以收入减除 20% 的费用后的余额为收入额，适用税率为七级超额累进税率。

应纳税所得额 = 200 000 × （1 – 20%）= 160 000（元）

应纳税额 = 160 000 × 45% – 15 160 = 56 840（元）

二、个人所得税关于公益慈善事业捐赠的政策

（一）全额扣除

1. 向红十字事业的捐赠

个人通过非营利性社会团体和国家机关向红十字事业的捐赠，在计算缴纳个人所得税时，准予在税前的所得额中全额扣除。

2. 向农村义务教育的捐赠

个人通过境内非营利性社会团体和国家机关向农村义务教育的捐赠，在计算缴纳个人所得税时，准予在税前的所得额中全额扣除。

3. 向公益性青少年活动场所（其中包括新建）的捐赠

个人通过非营利性社会团体和国家机关向公益性青少年活动场所（其中包括新建）的捐赠，在计算缴纳个人所得税时，准予在税前的所得额中全额扣除。

4. 向福利性、非营利性老年服务机构的捐赠，以及通过特定基金会用于公益救济性的捐赠

个人通过非营利性社会团体和政府部门向福利性、非营利性老年服务机构捐赠，通过特定的基金会用于公益救济性的捐赠，符合相关条件的，准予在缴纳个人所得税税前全额扣除。

（二）限额扣除

个人将其所得通过中国境内的公益性社会组织、国家机关向教育、扶贫、济困等公益慈善事业的捐赠，捐赠额未超过纳税人申报的应纳税所得额 30% 的部分，可以从其应纳税所得额中扣除。

公益性捐赠在不同所得中的扣除规定如表 5 – 6 – 2 所示。

表 5 - 6 - 2　公益性捐赠在不同所得中的扣除规定

分类	税目	公益捐赠的处理
综合所得	工资、薪金所得	可以在预扣预缴时扣除（按累计预扣法计算扣除限额），也可以在年度汇算清缴时扣除
	劳务报酬、稿酬、特许权使用费所得	预扣预缴时不扣除，统一在年度汇算时扣除
分类所得	经营所得	可以选择在预缴税款时扣除，也可以选择在当年汇算清缴时扣除
	财产转让、财产租赁、利息股息红利、偶然所得	捐赠当月取得的分类计算的所得额中扣除。当月分类所得应扣除未扣除的公益捐赠支出，可按规定追补扣除

三、纳税人取得各项所得"次"的确定

非居民个人取得劳务报酬所得、稿酬所得、特许权使用费所得，按月或者按次分项计算个人所得税。纳税人取得财产租赁所得，财产转让所得，利息、股息、红利所得和偶然所得，按次计算个人所得税。

根据个人所得税法的规定，纳税人按照下列方法确定"每次"。

（1）财产租赁所得，以一个月内取得的收入为一次。

（2）利息、股息、红利所得，以支付利息、股息、红利时取得的收入为一次。

（3）偶然所得，以每次取得该项收入为一次。

（4）非居民个人取得的劳务报酬所得、稿酬所得、特许权使用费所得，属于一次性收入的，以取得该项收入为一次；属于同一项目连续性收入的，以一个月内取得的收入为一次。

两个或者两个以上的个人共同取得同一项目收入的，应当对每个人取得的收入分别按照个人所得税法规定减除费用后计算纳税。

◎ 任务情境分析与实施

根据规定，个人将其所得通过中国境内的公益性社会组织、国家机关向教育、扶贫、济困等公益慈善事业的捐赠，捐赠额未超过纳税人申报的应纳税所得额30%的部分，可以从其应纳税所得额中扣除。张明的3 000元捐款可以在税前扣除。张明选择在综合所得中扣除。

根据任务三，张明2023年综合所得应纳税额计算如下。

（1）不考虑捐赠的综合所得应纳税所得额 $= 13\,000 \times 12 + 25\,000 \times 4 + 20\,000 \times (1 - 20\%) + 3\,000 \times (1 - 20\%) \times 70\% - 60\,000 - 3\,500 \times 12 - 2\,000 \times 2 \times 12 - 3\,000 \times 12 = 87\,680$（元）；

（2）税前允许扣除的捐赠限额 $= 87\,680 \times 30\% = 26\,304$（元）；

（3）张明实际捐赠额3 000元小于捐赠限额，因此3 000元可以在税前全部扣除；

（4）扣除捐赠后的综合所得应纳税所得额 $= 87\,680 - 3\,000 = 84\,680$（元）；

（5）扣除捐赠后的综合所得应纳税额 $= 84\,680 \times 10\% - 2\,520 = 5\,948$（元）。

课堂任务

任务名称	计算非居民个人的应纳税额
任务目标	熟悉非居民个人应纳税额的计算，培养自主学习、善于总结的意识
任务描述	某英国专家（非居民个人）临时来华工作，2023 年 8 月取得由境内企业发放的工资收入 50 000 元；此外还受某大学邀请担任设计比赛评委，取得劳务报酬 3 000 元。 请计算该专家当月应纳的个人所得税额
任务分析	
任务实施	

课后任务

任务名称	在公益性捐赠情况下计算个人所得税
任务目标	熟练掌握公益慈善事业捐赠政策规定；提高解决实际问题的能力，增强社会责任感
任务描述	居民老王 2023 年取得下列收入。 ①在某公司任职，全年共取得扣缴"三险一金"后的工资薪金收入 280 000 元，无专项附加扣除和其他扣除项目 ②3 月出版书籍，取得稿酬所得 5 000 元 ③10 月取得利息所得 25 000 元 ④12 月通过东城区人民政府对外公益慈善捐赠 30 000 元 假如老王根据各项所得的收入、公益捐赠支出、适用税率等情况，自行决定先在分类所得中扣除，后在综合所得中扣除的公益捐赠支出的顺序。 请计算老王 2023 年应纳的个人所得税额
任务分析	
任务实施	

任务评价

知识及技能	评分（5 分）	素质能力	评分（5 分）
1. 熟悉非居民个人应纳税额的计算		1. 培养善于总结的能力	
2. 掌握公益性捐赠全额扣除和限额扣除的规定		2. 培养社会责任感	
3. 掌握个税中关于"次"的界定		3. 提高专业能力	

任务总结

　　通过本任务，我们学习了非居民个人应纳税额的计算、公益性捐赠的具体规定和税法上关于"次"的界定。要培养自主学习和善于总结的意识，增强社会责任感。

任务七　熟悉个人所得税优惠政策

任务情境

党的二十大报告提出："加大税收、社会保障、转移支付等的调节力度。完善个人所得税制度，规范收入分配秩序，规范财富积累机制，保护合法收入，调节过高收入，取缔非法收入。"张明 2023 年的各项收入中，哪些享受了税收优惠政策呢？

任务地图

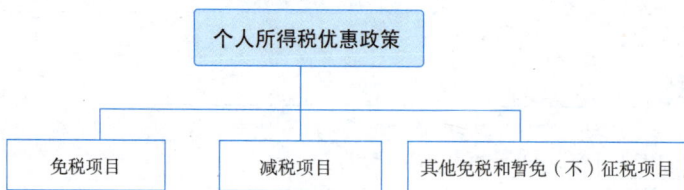

任务描述

个人所得税优惠政策包括免税项目、减税项目，还有其他免税和暂免（不）征税的项目等，要注意区分。

任务目标

1. 掌握免税项目的规定；
2. 熟悉减税项目的规定；
3. 了解特殊政策下的暂免（不）征税项目；
4. 培养社会责任感；
5. 认同并形成正确的价值观，培养爱国情怀。

知识链接

《中华人民共和国个人所得税法》及《中华人民共和国个人所得税法实施条例》以及财政部、国家税务总局的若干规定等，都对个人所得项目给予了减税、免税的优惠。

一、免税项目

个人所得税免税项目如表 5 – 7 – 1 所示。

表 5 – 7 – 1　个人所得税免税项目

项目	主要规定
奖金	省级人民政府、国务院部委和中国人民解放军军以上单位，以及外国组织、国际组织颁发的科学、教育、技术、文化、卫生、体育、环境保护等方面的奖金
利息	国债和国家发行的金融债券利息
补贴津贴	按照国家统一规定发给的补贴、津贴，是指按照国务院规定发给的政府特殊津贴、院士津贴，以及国务院规定免予缴纳个人所得税的其他补贴、津贴

续表

项目	主要规定
福利费、抚恤金、救济金	福利费，是指根据国家有关规定，从企业、事业单位、国家机关、社会团体提留的福利费或者工会经费中支付给个人的生活补助费；救济金，是指各级人民政府民政部门支付给个人的生活困难补助费
保险	保险赔款； 工伤职工及其近亲属按照规定取得的工伤保险待遇； 个人投资者从投保基金公司取得的行政和解金
工资	按照国家统一规定发给干部、职工的安家费、退职费、退休工资、离休工资、离休生活补助； 符合条件的外籍专家取得的工资、薪金所得
军人	军人的转业费、复员费
手续费	个人办理代扣代缴税款手续，按规定取得的扣缴手续费

二、减税项目

有下列情形之一的，可以减征个人所得税。

（1）残疾、孤老人员和烈属的所得。

（2）因自然灾害遭受重大损失的。

上述减征个人所得税的具体幅度和期限，由省、自治区、直辖市人民政府规定，并报同级人民代表大会常务委员会备案。

【例5-7-1】纳税人赵某经营个体工商户E，年应纳税所得额180万元（适用税率35%，速算扣除数65 500），同时享受残疾人政策减免税额6 000元。请计算赵某当年的个人所得税应纳税额。

【解析与答案】可享受的减免税额为：（1 800 000×35% - 65 500 - 6 000）×50% = 279 250（元）

应纳税额为：1 800 000×35% - 65 500 - 6 000 - 279 250 = 279 250（元）

三、其他免税和暂免（不）征税项目

（1）企业依照国家有关法律规定宣告破产，企业职工从该破产企业取得的一次性安置费收入，免征个人所得税。

（2）对被拆迁人依照相关规定的标准取得的拆迁补偿款，免征个人所得税。

（3）个人领取原提存的住房公积金、基本医疗保险金、基本养老保险金，以及失业保险金，免征个人所得税。

（4）对工伤职工及其近亲属按照规定取得的工伤保险待遇，免征个人所得税。

（5）个体工商户、个人独资企业和合伙企业或个人从事种植业、养殖业、饲养业、捕捞业取得的所得，暂不征收个人所得税。

（6）自2022年1月1日起，对法律援助人员依法获得的法律援助补贴，免征个人所得税。

任务情境分析与实施

张明取得的收入里，国债利息收入享受免税优惠政策，经营所得享受减半征收优惠政策。

课堂任务

任务名称	熟悉个人所得税的免税范围
任务目标	掌握个人所得税的税收优惠政策，培养爱国情怀，认同并形成正确的价值观
任务描述	格莱美电器制造有限公司员工王某 2023 年 1 月取得以下收入。 ①工资收入 45 000 元，其中包括差旅费津贴 1 680 元，半年奖 15 000 元 ②购买社会福利有奖募捐奖券中奖 6 000 元 ③将其中一套闲置房出租给张某，每月取得租金收入 1 600 元 请计算王某 2023 年 1 月应纳税款
任务分析	
任务实施	

课后任务

任务名称	运用个人所得税的税收优惠政策
任务目标	运用个人所得税的税收优惠政策，培养学生灵活运用知识的能力和认真负责的工作态度
任务描述	居民个人张某 2023 年 4 月取得国债利息收入 20 000 元，取得乙公司的公司债券利息 50 000 元，针对以上所得，请计算张某应缴纳的个人所得税
任务分析	
任务实施	

任务评价

知识及技能	评分 （5分）	素质能力	评分 （5分）
1. 熟悉个人所得税的优惠政策		1. 培养爱国情怀，认同并形成正确的价值观	
2. 灵活运用个人所得税的减免税规定		2. 能够灵活运用知识并养成认真负责的工作态度	

任务总结

　　通过本任务的学习，我们要熟悉个人所得税的税收优惠政策，能够灵活运用个人所得税的减免税规定，提高灵活运用知识的能力，养成认真负责的工作态度，培养爱国情怀，认同并形成正确的价值观。

任务八　申报与缴纳个人所得税

任务情境

　　张明取得的各项收入，应如何进行个人所得税纳税申报？增值税申报表如何填写？

任务地图

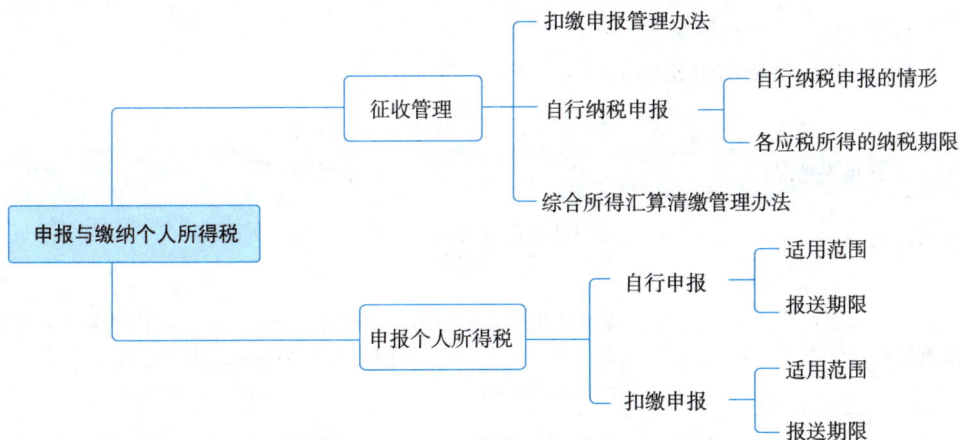

任务描述

本任务包含个人所得税的征收管理和纳税申报两方面的内容，要熟悉征收管理的各项规定，熟练掌握纳税申报表的填制。

任务目标

1. 熟悉征收管理的各项规定；
2. 掌握纳税申报表的填制；
3. 培养动手操作能力；
4. 培养理论联系实际的能力。

知识链接

一、征收管理

我国的个人所得税纳税申报有自行申报纳税和全员全额扣缴申报纳税两种。

（一）扣缴申报管理办法

个人所得税以所得人为纳税人，以支付所得的单位或者个人为扣缴义务人。扣缴义务人应当按照国家规定办理全员全额扣缴申报，并向纳税人提供其个人所得和已扣缴税款等信息。扣缴义务人每月或者每次预扣、代扣的税款，应当在次月15日内缴入国库，并向税务机关报送扣缴个人所得税申报表。

（二）自行纳税申报

1. 自行纳税申报的情形

（1）取得综合所得需要办理汇算清缴。

（2）取得应税所得，没有扣缴义务人。

（3）取得应税所得，扣缴义务人未扣缴税款。

（4）取得境外所得。

（5）因移居境外注销中国户籍。

（6）非居民个人在中国境内从两处以上取得工资、薪金所得。

（7）国务院规定的其他情形。

2. 各应税所得的纳税期限

个人所得税的纳税期限如表5-8-1所示。

表5-8-1　个人所得税的纳税期限

纳税人情况	申报期限
综合所得	需要办理汇算清缴的，应当在取得所得的次年3月1日至6月30日内办理汇算清缴
经营所得	纳税人取得经营所得，按年计算个人所得税，由纳税人在月度或者季度终了后15日内向税务机关报送纳税申报表，并预缴税款；在取得所得的次年3月31日前办理汇算清缴
取得应税所得，没有扣缴义务人	应当在取得所得的次月15日内向税务机关报送纳税申报表，并缴纳税款
取得应税所得，扣缴义务人未扣缴税款	纳税人取得应税所得，扣缴义务人未扣缴税款的，纳税人应当在取得所得的次年6月30日前缴纳税款
取得境外所得	应当在取得所得的次年3月1日至6月30日内申报纳税
因移居境外注销中国户籍	应当在注销中国户籍前办理税款清算
非居民个人在中国境内从两处以上取得工资、薪金所得	应当在取得所得的次月15日内申报纳税

（三）综合所得汇算清缴管理办法

1. 无须办理汇算的情形

纳税人已依法预缴个人所得税且符合下列情形之一的，无须办理汇算。

（1）汇算需补税但综合所得收入全年不超过12万元的。

（2）汇算需补税金额不超过400元的。

（3）已预缴税额与汇算应纳税额一致的。

（4）符合汇算退税条件但不申请退税的。

2. 需要办理汇算的情形

（1）已预缴税额大于汇算应纳税额且申请退税的。

（2）取得的综合所得收入超过12万元且汇算需要补税金额超过400元的。

二、申报个人所得税

（一）个人所得税自行纳税申报

1. 适用范围

个人所得税自行纳税申报表（A表）如表5-8-2所示。本表适用于居民个人取得应税所得，扣缴义务人未扣缴税款，非居民个人取得应税所得，扣缴义务人未扣缴税款，非居民个人在中国境内从两处以上取得工资、薪金所得等情形在办理自行纳税申报时，向税务机关报送。

表5-8-2　个人所得税自行纳税申报表（A表）

税款所属期：　　年　月　日　至　　　年　月　日

纳税人姓名：

纳税人识别号：□□□□□□□□□□□□□□□□□□

金额单位：人民币元（列至角分）

自行申报情形：
□居民个人取得应税所得，扣缴义务人未扣缴税款
□非居民个人取得应税所得，扣缴义务人未扣缴税款
□非居民个人在中国境内从两处以上取得工资、薪金所得
□其他

是否为非居民个人　□是　□否

非居民个人本年度境内居住天数　□不超过90天　□超过90天不超过183天

序号	所得项目	收入额计算				专项扣除				其他扣除			减按计税比例	准予扣除的捐赠额	税款计算							备注
		收入	免税收入	费用	减除费用	基本养老保险费	基本医疗保险费	失业保险费	住房公积金	财产原值	允许扣除的税费	其他			应纳税所得额	税率	速算扣除数	应纳税额	减免税额	已缴税额	应补/退税额	
1	2	3	4	5	6	7	8	9	10	11	12	13	14	15	16	17	18	19	20	21	22	23

谨声明：本表是根据国家税收法律法规及相关规定填报的，是真实的、可靠的、完整的。

纳税人签字：　　　　　　　　年　月　日

经办人签字：
经办人身份证件号码：
代理机构签章：
代理机构统一社会信用代码：

受理人：
受理税务机关（章）：
受理日期：　年　月　日

国家税务总局监制

2. 报送期限

（1）居民个人取得应税所得扣缴义务人未扣缴税款，应当在取得所得的次年6月30日前办理纳税申报。税务机关通知限期缴纳的，纳税人应当按照期限缴纳税款。

（2）非居民个人取得应税所得，扣缴义务人未扣缴税款的，应当在取得所得的次年6月30日前办理纳税申报。非居民个人在次年6月30日前离境（临时离境除外）的，应当在离境前办理纳税申报。

（3）非居民个人在中国境内从两处以上取得工资、薪金所得的，应当在取得所得的次月15日内办理纳税申报。

（4）其他需要纳税人办理自行申报的情形，按规定的申报期限办理。

（二）个人所得税扣缴申报

1. 适用范围

个人所得税扣缴申报表如表5-8-3所示（表5-8-3见下页）。本表适用于扣缴义务人向居民个人支付工资、薪金所得，劳务报酬所得，稿酬所得和特许权使用费所得的个人所得税全员全额预扣预缴申报；向非居民个人支付工资、薪金所得，劳务报酬所得，稿酬所得和特许权使用费所得的个人所得税全员全额扣缴申报；以及向纳税人（居民个人和非居民个人）支付利息、股息、红利所得，财产租赁所得，财产转让所得和偶然所得的个人所得税全员全额扣缴申报。

2. 报送期限

扣缴义务人应当在每月或者每次预扣、代扣税款的次月15日内，将已扣税款缴入国库，并向税务机关报送本表。

🔵 任务情境分析与实施

张明采用扣缴申报和自行申报相结合的方法，个人所得税申报依据《个人所得税自行纳税申报表》和《个人所得税扣缴申报表》，填报过程参考实训任务。

📇 课堂任务

课堂任务

任务名称	熟悉个人所得税的征收管理
任务目标	熟悉个人所得税的征收管理；培养理论联系实际的能力
任务描述	美国人迈克2023年3月在我国境内为格莱美电器制造有限公司进行员工培训，取得培训收入20万元。 请判断迈克应如何缴税，并说明理由
任务分析	
任务实施	

表5-8-3　个人所得税扣缴申报表

税款所属期：　年　月　日至　年　月　日

扣缴义务人名称：

扣缴义务人纳税人识别号（统一社会信用代码）：□□□□□□□□□□□□□□□□□□

金额单位：人民币元（列至角分）

序号	姓名	身份证件类型	身份证件号码	纳税人识别号	是否为非居民个人	所得项目	本月（次）情况														累计情况														税款计算				备注
							收入额计算			专项扣除				其他扣除						累计收入额	累计减除费用	累计专项扣除	累计专项附加扣除					累计其他扣除	减按计税比例	准予扣除的捐赠额	应纳税所得额	税率/预扣率	速算扣除数					
							收入	免税收入	减除费用	基本养老保险费	基本医疗保险费	失业保险费	住房公积金	年金	商业健康保险	税延养老保险	财产原值	允许扣除的税费	其他				子女教育	赡养老人	住房贷款利息	住房租金	继续教育							应纳税额	减免税额	已缴税额	应补/退税额	
1	2	3	4	5	6	7	8	9	10	11	12	13	14	15	16	17	18	19	20	21	22	23	24	25	26	27	28	29	30	31	32	33	34	35	36	37	38	39	40
合计																																							

谨声明：本表是根据国家税收法律法规及相关规定填报的，是真实的、可靠的、完整的。

经办人签字：

经办人身份证件号码：

代理机构签章：

代理机构统一社会信用代码：

扣缴义务人（签章）：　　　　年　月　日

受理人：

受理税务机关（章）：

受理日期：　　年　月　日

国家税务总局监制

课后任务

任务名称	掌握个人所得税汇算清缴的管理办法
任务目标	掌握个人所得税汇算清缴的管理办法；培养动手操作的能力
任务描述	2024年3月2日，刘某接到单位通知，登录个人所得税App办理汇算清缴。已知刘某2023年的综合所得收入为138 900元，已预缴税额1 435元，应缴税额为1 386元。请根据刘某的实际情况判断刘某是否需要办理汇算清缴，并说明理由
任务分析	
任务实施	

任务评价

知识及技能	评分（5分）	素质能力	评分（5分）
1. 熟悉个人所得税的征收管理		1. 培养理论联系实际的能力	
2. 掌握个人所得税纳税申报表的填制		2. 培养动手操作的能力	

任务总结

通过本任务的学习，我们要熟悉个人所得税的征收管理，能够进行个人所得税纳税申报表的填制，增强理论联系实际的能力和动手操作能力。

【实训任务1】个人所得税自行纳税申报

实训要求：根据李明的各项应税所得，填写《个人所得税自行纳税申报表》。

李明（身份证号码370882197710119821）是一名大学老师，2023年取得综合收入情况如下。

（1）工资30 000元/月，个人缴纳三险一金比例：养老保险8%、医疗保险2%、失业保险1%、公积金12%。按照相关规定，自2023年1月1日起，李明可享受的专项附加扣除为：子女教育2 000元/月、住房贷款利息支出1 000元/月。

（2）业余时间为其他企业做系列培训，共取得劳务费40 000元；

（3）出版一部专著，取得收入11 000元；

（4）向出版社提供一项著作权的使用权，取得收入15 000元；

（5）为其他企业做形象设计，取得收入20 000元。

【实训任务2】个人所得税扣缴申报

实训要求：根据格莱美电器制造有限公司的员工信息，填写2023年2月员工代扣代缴纳税申报表。

纳税人名称：格莱美电器制造有限公司

社会信用代码：91110101905484673X

所属行业：电气机械和器材制造业

增值税企业类型：一般纳税人

经营范围：生产经营家用电器、电机及其零部件；工业产品设计；普通货物道路运输

等其他经营项目

　　　生产经营地址：北京市东城区龙泉街道古北路 767 号

　　　电话：010 - 76589012

　　　法定代表人：李华

　　　开户银行及账号：中国建设银行北京市东城区支行　06389747212

　　　员工信息如表 5 - 8 - 4 所示。

表 5 - 8 - 4　员工信息　　　　　　　　　　单位：元

姓名	基本工资	岗位工资	奖金	应发工资	养老保险	医疗保险	失业保险	住房公积金	住房贷款利息	赡养老人	已缴税额	备注
王毅	27 500	1 500	500	29 500	2 360	590	295	1 475	1 000	0	563.4	
张明	27 500	1 500	500	29 500	2 360	590	295	1 475	0	3 000	503.4	
李东	6 000	1 000	800	7 800	624	156	78	390	1 000	0	16.56	
李源	6 000	1 000	600	7 600	608	152	76	380	1 000	0	11.52	
董佳	10 000	1 000	500	11 500	920	230	115	575	1 000	0	109.8	
刘鹏	10 000	1 200	500	11 500	920	230	115	575	0	3 000	49.8	

项目总结

　　本项目系统介绍了个人所得税的概念、纳税人、征税范围及税率；综合所得汇算清缴和预扣预缴的计算方法；经营所得的计税方法；财产租赁所得、财产转让所得、偶然所得、利息股息红利所得的应纳税所得额和应纳税额的计算；非居民个人的计算、公益性捐赠的具体规定；个人所得税的税收优惠政策；个人所得税的缴纳与申报。结合任务地图、任务描述、任务目标、课堂任务、课后任务，提升个人所得税涉税业务的税务处理能力；同时结合实训任务，掌握填报个人所得税自行申报和代扣代缴纳税申报表的方法，提高业务操作能力。

放眼看世界

美国的个人所得税

　　个人所得税是联邦政府税收的主要来源。征收原则是"挣钱就需缴税"。美国个人所得税缴付方式的人性化特征明显，主要有夫妻联合报税、夫妻分别报税、以家庭户主形式报税和单身个人报税四种，个人可以随意选择。个人收入主要包括工资、年薪、小费、利息和股息收入、租金、特许使用费、信托、赌博、遗产、年金、赡养费收入、投资收入和商业经营收入等。

　　美国个人所得税采用累进税率制，税率按收入的不同分为 10%、15%、25%、28%、33% 和 35% 多个税级档次。

项目训练

项目训练试题

项目训练答案

项目 六

计算与申报财产行为税

📍 项目情境

本项目涉及 10 个税种，其中资源税与环境保护税以山东能源集团安顺煤矿公司为例，烟叶税以某烟草公司为例，其他税种以吉源宠物食品有限公司为例，具体各税种的涉税业务见各任务下的"任务情境"及"任务情境分析与实施"。

📍 项目情境分析

本项目涉及的 10 个税种"简并申报，一表多税"，统一使用《财产行为税申报表》。要掌握每个税种的计算方法及税收优惠政策，同时要了解财产行为税申报流程，掌握《财产行为税申报表》的填写方法。

📍 项目导学

```
计算与申报资源税 ─┐
计算与申报环境保护税 ─┤
计算与申报印花税 ─┤                          ┌─ 计算与申报土地增值税
计算与申报车船税 ─┤   计算与申报财产行为税   ├─ 计算与申报耕地占用税
计算烟叶税 ─┤                          ├─ 计算与申报城镇土地使用税
                                     ├─ 计算与申报房产税
填写税源信息表                          └─ 计算与申报契税
申报财产行为税 ─ 申报财产行为税
实训任务
```

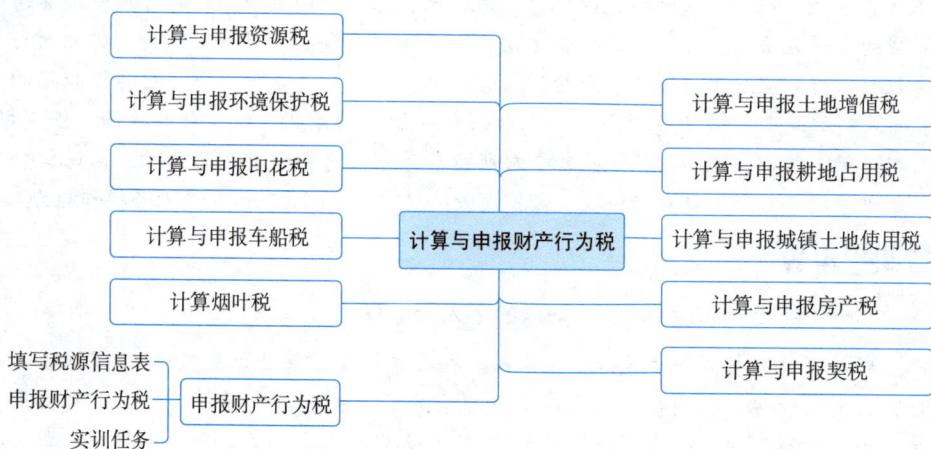

🎋 传统文化一角——聊聊中国古代税制

唐初期的均田制和租庸调制

均田制，是指政府将因战乱而掌握的可耕地或荒地，通过授田行动，分配给农民耕种。武德七年（624 年）的均田制规定：每丁男（21～60 岁）可得田 100 亩，其中 80 亩为口分田，20 亩为永业田，工商业者减半给之。老男、笃疾、废疾者给口分田 40 亩，寡妻妾给口分田 30 亩，其他如道士、女冠、僧尼亦给分田。贵族、官吏皆给永业田，亲王100项，职事管从正一品至九品从60项依次至2项，此外百官还按品级分给职分田。按规定，永业田可传子孙，不在收授之限，口分田在身死之后，还归政府。

在均田制的基础上，唐初期实施了租庸调制。制度要求，每丁每年纳粟二石，是为"租"；每年每户纳绫或绢或给绝二丈、绵三两，产布之乡纳布二丈五尺，麻三斤，是为"调"；每丁岁役二旬，闰年加二日，无事或不愿服役者，收其"庸"，每日折绢三尺，布加四分之一。从租庸调制的征税依据看，三者都高度依赖于税人，事实上都是实物性质的人头税。因此财政状况与对人口的管理状况密切相关。

任务一　计算与申报土地增值税

任务情境

吉源宠物食品有限公司2024年5月将一栋新建宿舍楼转让给某单位，取得不含增值税的转让收入10 000万元，并按规定缴纳了相关税金90万元。

已知该公司为取得土地使用权所支付的金额和按规定缴纳的有关费用共计1 000万元，房地产开发成本为2 000万元，开发期间发生管理费用、销售费用、财务费用共计1 100万元；财务费用中的利息支出400万元（利息支出能够按转让房地产项目分摊且能提供金融机构贷款证明）。当地省级人民政府确定的其他房地产开发费用扣除比例为5%，不考虑印花税扣除因素。请问：吉源宠物食品有限公司转让该写字楼应缴纳多少土地增值税？

任务地图

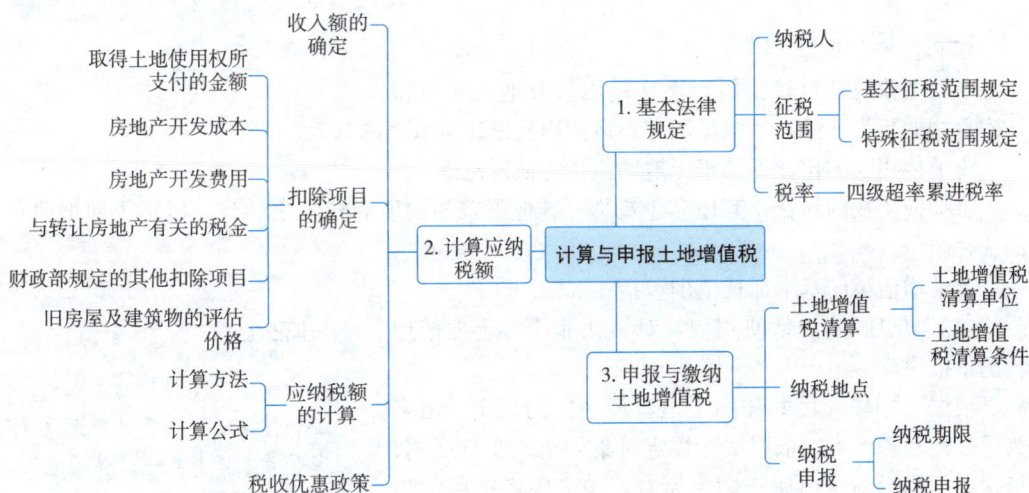

任务描述

熟知土地增值税的纳税人、征税范围和税率，熟练掌握土地增值税应纳税额的计算方法，可以分五步计算，关键要正确计算扣除项目金额和增值额。学习时要注意房企的新建房、其他新建房屋和旧房屋及建筑物的扣除项目不同。能及时正确办理纳税申报，依法履行纳税义务。

任务目标

1. 熟知土地增值税的纳税人、征税范围和税率；
2. 掌握计算土地增值额时允许扣除的项目；
3. 能够正确计算土地增值税应纳税额；
4. 熟知土地增值税清算条件；
5. 能够及时申报纳税，完成纳税义务；
6. 培养学生的思辨能力和严谨求实的职业精神；
7. 培养学生遵法守法、依法纳税的意识。

知识链接

土地增值税是对有偿转让国有土地使用权、地上建筑物及其附着物产权并取得收入的单位和个人，就其所取得的增值额征收的一种税。

一、纳税人

土地增值税的纳税人为转让国有土地使用权、地上建筑及其附着物（以下简称转让房地产）并取得收入的单位和个人。

单位包括各类企业、事业单位、国家机关、社会团体及其他组织。个人包括个体经营者和其他个人。此外，还包括外商投资企业、外国企业、外国驻华机构及海外华侨、港澳台同胞和外国公民。

> ⚡ **小贴士**
>
> 国有土地使用权出让，是指国家以土地所有者身份将土地使用权，在一定年限内让与土地使用者，并由土地使用者向国家支付出让金的行为，属于土地买卖的一级市场。

二、征税范围

（一）基本征税范围

土地增值税是对转让国有土地使用权及地上建筑物和附着物的行为征税，不包括国有土地使用权出让所取得的收入。

土地使用权的出让不属于土地增值税的征税范围。

土地使用权的转让，其地上建筑物、其他附着物的所有权随之转让，属于土地增值税的征税范围。

土地增值税的基本征税范围包括：

（1）转让国有土地使用权。对转让非国有土地使用权的不征税。

根据《中华人民共和国土地管理法》的规定，国家为了公共利益，可以依照法律规定对集体土地实行征用，依法被征用后的土地属于国家所有。未经国家征用的集体土地不得转让，如要自行转让是一种违法行为。对这种违法行为应由有关部门依照相关法律来处理，而不应纳入土地增值税的征税范围。

> ⚡ **小贴士**
>
> 国有土地使用权转让，是指土地使用者通过出让等形式取得土地使用权后，将土地使用权再转让的行为，包括出售、交换和赠与，它属于土地买卖的二级市场。

（2）地上建筑物及其附着物连同国有土地使用权一并转让。

地上的建筑物，是指建于土地上的一切建筑物，包括地上地下的各种附属设施，如厂房、仓库、商店、医院、地下室、围墙、烟囱、电梯、中央空调、管道等。附着物，是指附着于土地上的不能移动或一经移动即遭损坏的物品，如种植物、养殖物及其他物品。

（3）存量房地产的买卖。存量房地产是指已经建成并已投入使用的房地产，其房屋所有人将房屋产权和土地使用权一并转让给其他单位和个人。这种行为按国家相关法律和法规，应当到有关部门办理房产产权和土地使用权的变更手续；原土地使用权属于无偿划拨的，应到土管部门补交土地出让金。

（二）特殊征税范围

土地增值税的征税范围不包括未转让土地使用权、房产产权的行为，是否发生转让行为主要以房地产权属的变更和因此取得收入为标准。凡土地使用权、房产产权未转让的，不征收土地增值税，如房地产的出租；因权属变更未取得收入的，不征收土地增值税，如房地产的继承。土地增值税特殊征税范围如表6-1-1所示。

表6-1-1　土地增值税特殊征税范围

事项	是否征收土地增值税	理由
房地产继承	不征税	被继承人并没有因为权属变更而取得任何收入
房地产赠与	以下两种情形不征税，其他情形均征税。 ①房产所有人、土地使用权所有人将房屋产权、土地使用权赠与直系亲属或承担直接赡养义务人。 ②房产所有人、土地使用权所有人通过中国境内非营利的社会团体、国家机关将房屋产权、土地使用权赠与教育、民政和其他社会福利、公益事业	作为房产所有人、土地使用权的所有人并没有因为权属的转让而取得任何收入
房地产交换	征税，但个人之间互换自有居住用房，免征土地增值税	既发生了房产产权、土地使用权的转移，交换双方又取得了实物形态的收入
房地产抵押	不征税	房产的产权、土地使用权在抵押期间并没有发生权属的变更
房地产出租	不征税	出租人虽取得了收入，但没有发生房产产权、土地使用权的转让
房地产评估增值	不征税	既没有发生房地产权属的转移，房产产权、土地使用权人也未取得收入
房地产的代建房	不征税	没有发生房地产权属的转移，其收入属于劳务收入性质
合作建房	建成后自用的暂免征税；建成之后转让的征税	—

三、土地增值税的税率

土地增值税实行四级超率累进税率，税率表如表6-1-2所示。

表6-1-2　土地增值税四级超率累进税率表

级数	增值额与扣除项目金额的比率	税率（%）	速算扣除系数（%）
1	不超过50%的部分	30	0
2	超过50%～100%的部分	40	5
3	超过100%～200%的部分	50	15
4	超过200%的部分	60	35

四、应纳税额的计算

土地增值税是以转让房地产的增值额为计税依据的，增值额是转让房地产取得的收入减去税法规定的扣除项目后的余额。

（一）收入额的确定

纳税人转让房地产取得的收入，是指转让房地产取得的不含增值税的全部价款及其他相关经济利益。包括货币收入、实物收入和其他收入。

实物收入，要按取得收入时的市场价格折算成货币收入。对取得的无形资产收入，评估后折算成货币收入。

（二）扣除项目的确定

依据相关税法规定，在计算土地增值税的增值额时，准予从房地产转让收入额中扣除下列相关项目金额。

1. 取得土地使用权所支付的金额

取得土地使用权所支付的金额是指纳税人为取得土地使用权支付的地价款和有关费用。对取得土地使用权时未支付地价款，或不能够提供支付凭据的，不允许扣除取得土地使用权所支付的金额。

与转让土地相关的费用包括登记费、过户手续费。房地产开发企业为取得土地使用权所支付的契税，也应计入"取得土地使用权所支付的金额"，相应扣除。

2. 房地产开发成本

房地产开发成本是指纳税人开发房地产项目实际发生的成本，包括土地征用及拆迁补偿费、前期工程费、建筑安装工程费、基础设施费、公共配套设施费、开发间接费用等。这些成本允许凭合法有效凭证予以扣除。

3. 房地产开发费用

房地产开发费用是指与房地产开发项目相关的销售费用、管理费用和财务费用。扣除时，按照《中华人民共和国土地增值税暂行条例实施细则》规定的标准进行扣除。其中财务费用中的利息支出分两种情况。

第一种情况：财务费用中的利息支出，凡能够按转让房地产项目计算分摊并提供金融机构证明的，允许据实扣除，但最高不能超过按银行同类同期贷款利率计算的金额。其他房地产开发费用，按"取得土地使用权所支付的金额和房地产开发成本"金

小贴士

以出让方式取得土地使用权，为支付的土地出让金；以行政划拨方式取得土地使用权，为补缴的出让金；以转让方式取得的，为支付的地价款。

小贴士

房地产开发期间发生的销售费用、管理费用和财务费用，扣除时不按房地产项目实际发生的三项费用进行扣除。

额之和的 5% 以内计算扣除。计算扣除的具体比例，由各省、自治区、直辖市人民政府规定。

第二种情况：财务费用中的利息支出，凡不能按转让房地产项目计算分摊利息支出或不能提供金融机构证明的，房地产开发费用按"取得土地使用权所支付的金额和房地产开发成本"金额之和的 10% 以内计算扣除。计算扣除的具体比例，由各省、自治区、直辖市人民政府规定。

另外，对于超过贷款期限而计征的加息、罚息不允许扣除。

【例 6-1-1】甲公司开发一项房地产项目，取得土地使用权支付的金额为 1 000 万元，发生开发成本 6 000 万元，发生开发费用 2 000 万元，其中利息支出 800 万元无法提供金融机构贷款利息证明。已知，当地房地产开发费用的计算扣除比例为 10%。请问：甲公司计算缴纳土地增值税时可以扣除的房地产开发费用是多少？

【解析与答案】可以扣除的房地产开发费用 =（1 000 + 6 000）× 10% = 700（万元）

4. 与转让房地产有关的税金

与转让房地产有关的税金是指在转让房地产时缴纳的城市维护建设税、教育费附加、印花税，可以在税前扣除。

在计算土地增值税时，房地产开发企业转让房地产时缴纳的印花税，列入管理费用的，不再单独扣除。房地产开发企业以外的其他纳税人，房地产转让环节缴纳的印花税允许扣除。

5. 财政部确定的其他扣除项目

对从事房地产开发的纳税人，可按取得土地使用权所支付的金额和房地产开发成本的金额之和，加计 20% 扣除。此项扣除只适用于从事房地产开发的纳税人，除此之外的其他纳税人不适用。

6. 旧房屋及建筑物的评估价格

旧房屋及建筑物即存量房，是指已建成并办理房屋产权证，或取得购房发票的房产以及虽未办理房屋产权证但已建成并交付使用的房产。

纳税人转让旧房屋及建筑物应按取得土地使用权所支付的地价款或出让金、房屋及建筑物的评估价格、国家统一规定缴纳的有关费用和转让环节缴纳的税金，作为扣除项目计征土地增值税。

对取得土地使用权时未支付地价款或不能提供已支付的地价款凭据的，在计征土地增值税时不允许扣除。

（1）能取得评估价格的。

旧房屋及建筑物的评估价格，是指在转让旧房及建筑物时，由政府批准设立的房地产评估机构，评定的重置成本价乘以成新度折扣率后的价格。评估价格需经当地税务机关确认。所支付的评估费用可以在税前扣除。

$$评估价格 = 重置成本价 × 成新度折扣率$$

【例 6-1-2】2024 年 3 月，甲公司转让一栋办公楼。该办公楼于 2013 年购入，购买价为 1 250 万元。当月由政府批准设立的房地产评估机构评定并经当地税务机关确认，该办公楼的重置成本价为 3 000 万元，成新度折扣率为七成。请问：在计算甲公司该业务土地增值税计税依据时，准予扣除的评估价格是多少？

【解析与答案】评估价格 = 3 000 × 70% = 2 100（万元）

（2）不能取得评估价格但能提供购房发票的。

纳税人转让旧房屋及建筑物，凡不能取得评估价格，但能提供购房发票的，按照发票所载金额从购买年度起至转让年度止每年加计5%计算扣除。

对纳税人购房时缴纳的契税，凡能提供契税完税凭证的，准予作为"与转让房地产有关的税金"予以扣除，但不作为加计5%的基数。

（3）不能取得评估价格也不能提供购房发票的。

对于转让旧房屋及建筑物，既没有评估价格，又不能提供购房发票的，地方税务机关可以根据有关规定，实行核定征收。允许扣除项目及适用情况如表6-1-3所示。

表6-1-3 允许扣除项目及适用情况

允许扣除项目	主要规定		适用情况
①取得土地使用权所支付的金额	为取得土地使用权支付的地价款	以出让方式取得土地使用权，为支付的土地出让金；以行政划拨方式取得土地使用权，为补缴的出让金；以转让方式取得的，为支付的地价款	新建房转让、存量房转让
	取得土地使用权时按国家统一规定缴纳的有关费用	在取得土地使用权时为办理手续时缴纳的登记费、过户手续费、契税等费用	
②房地产开发成本	包括土地征用及拆迁补偿费、前期工程费、建筑安装工程费、基础设施费、公共配套设施费、开发间接费用等		新建房转让
③房地产开发费用	包括销售费用、管理费用和财务费用。按贷款利息的不同分两种情况扣除	（1）凡能够按转让房地产项目计算分摊并提供金融机构证明的，利息支出允许据实扣除，但最高不能超过国家规定银行贷款利息。其他开发费用，按①与②之和的5%以内计算扣除。计算公式如下。允许扣除的③=利息+（①+②）×5%以内	新建房转让
		（2）凡不能按转让房地产项目计算分摊利息支出或不能提供金融机构证明的，开发费用按①与②之和的10%以内计算扣除。计算公式如下。允许扣除的③=利息+（①+②）×10%以内	
④与转让房地产有关的税金	城市维护建设税、教育费附加、印花税等。房地产开发企业转让房地产时缴纳的印花税，列入管理费用的不再单独扣除。其他纳税人，允许扣除转让房地产环节缴纳的印花税		新建房转让、存量房转让
⑤财政部确定的其他扣除项目	对从事房地产开发的纳税人，可按取得土地使用权所支付的金额和房地产开发成本的金额之和加计20%扣除。计算公式如下。加计扣除费用=（①+②）×20%		房地产企业新建房转让

续表

允许扣除项目		主要规定	适用情况
⑥旧房屋及建筑物的评估价格	能取得评估价格的按评估价格扣除	评估价格 = 重置成本价 × 成新度折扣率	存量房转让
	不能取得评估价格,但能提供购房发票,经当地税务部门确认	按照发票所载金额从购买年度起至转让年度止,每年加计5%计算扣除	
	不能取得评估价格也不能提供购房发票的	实行核定征收	

(三)应纳土地增值税额的计算

土地增值税应纳税额,按照纳税人转让房地产所取得的增值额和规定的税率计算征收。土地增值税的计算公式如下。

$$应纳税额 = 土地增值额 × 适用税率 - 扣除项目金额 × 速算扣除系数$$

其中:

$$土地增值额 = 收入额 - 扣除项目金额$$

$$土地增值率 = 增值额 ÷ 扣除项目金额 × 100\%$$

式中,增值额与扣除项目金额的比率,即土地增值率的大小,决定了适用的税率和速算扣除系数的大小。具体计税公式如下。

> **⚡ 小贴士**
>
> 计税公式中的5%、15%、35%分别为2、3、4级的速算扣除系数,见税率表。

1. 土地增值率未超过50%的

$$应纳税额 = 土地增值额 × 30\%$$

2. 土地增值率超过50%,未超过100%的

$$应纳税额 = 土地增值额 × 40\% - 扣除项目金额 × 5\%$$

3. 土地增值率超过100%,未超过200%的

$$应纳税额 = 土地增值额 × 50\% - 扣除项目金额 × 15\%$$

4. 土地增值率超过200%的

$$应纳税额 = 土地增值额 × 60\% - 扣除项目金额 × 35\%$$

土地增值税应纳税额计算步骤如表6-1-4所示。

表6-1-4 土地增值税应纳税额计算步骤

	计算步骤	具体规定	
一	确定转让收入	不含增值税	
二	确定扣除项目金额(以房地产企业新建房转让为例)	①取得土地使用权所支付的金额	地价款 + 相关费用和税金
		②房地产开发成本	

续表

计算步骤	具体规定		
二　确定扣除项目金额（以房地产企业新建房转让为例）	③房地产开发费用	利息支出能分摊且能证明	允许扣除的③＝利息＋（①＋②）×5%以内
		利息支出不能分摊或证明	允许扣除的③＝（①＋②）×10%以内
	④与转让房地产有关的税金		
	⑤财政部确定的其他扣除项目	加计扣除费用＝（①＋②）×20%	
三　计算土地增值额	土地增值额＝收入额－扣除项目金额		
四　计算土地增值率	土地增值率＝增值额÷扣除项目金额×100%		
查税率表	确定适用税率和速算扣除系数		
五　计算应纳土地增值税额	应纳税额＝土地增值额×适用税率－扣除项目金额×速算扣除系数		

【例6-1-3】甲房地产开发公司（增值税一般纳税人）于2024年5月，将一栋新建写字楼转让给某单位，取得不含税转让收入15 000万元，公司即按税法规定缴纳了有关税金90万元。已知：该公司为取得土地使用权而支付的地价款和按国家统一规定缴纳的有关费用共3 000万元；投入房地产开发成本为4 000万元；房地产开发费用中的利息支出为1 200万元（不能按转让房地产项目计算分摊利息支出，也不能提供金融机构贷款证明）；该公司所在省人民政府规定的房地产开发费用的计算扣除比例为10%，不考虑其他扣除因素。请计算该公司转让该写字楼应纳土地增值税额。

【解析与答案】

（1）确定转让房地产取得的不含税转让收入15 000（万元）。

（2）确定转让房地产的扣除项目金额。

①取得土地使用权所支付的金额为3 000万元；

②房地产开发成本为4 000万元；

③房地产开发费用：（3 000＋4 000）×10%＝700（万元）；

④与转让房地产有关的税金90万元；

⑤从事房地产开发的加计扣除：（3 000＋4 000）×20%＝1 400（万元）；

⑥转让房地产的扣除项目金额合计：3 000＋4 000＋700＋90＋1 400＝9 190（万元）。

（3）计算转让房地产的增值额：15 000－9 190＝5 810（万元）。

（4）计算增值额与扣除项目金额的比率：5 810÷9 190×100%＝63.22%。

查税率表可知，适用税率为40%，速算扣除系数为5%。

（5）计算应纳土地增值税额。

应纳土地增值税额＝5 810×40%－9 190×5%＝2 324－459.5＝1 864.5（万元）

【例6-1-4】2023年某企业转让一栋6成新的旧仓库，取得不含税转让收入1 800万元，可扣除的相关税费共计1万元。该仓库原造价1 000万元，重置成本价1 600万元。请计算该企业转让该仓库应纳土地增值税额。

【解析与答案】出售旧房屋及建筑物，首先按评估价格及有关因素确定扣除项目，再根据土地增值税的计算步骤计算应纳税额。

（1）确定转让旧仓库取得不含税转让收入1 800万元。

（2）确定转让旧仓库可扣除项目金额。

①评估价格＝重置成本价×成新度折扣率，已知仓库6成新，即成新度折扣率为60%，则：评估价格＝1 600×60%＝960（万元）。

②可扣除的相关税费共计1万元。

③转让房地产的扣除项目金额合计：960＋1＝961（万元）。

（3）计算转让房地产的增值额：土地增值额＝1 800－961＝839（万元）。

（4）计算增值额与扣除项目金额的比率：839÷961×100%＝87.30%。

查税率表可知，适用40%的税率，速算扣除系数为5%。

（5）计算转让旧仓库应纳土地增值税额：

应纳土地增值税额＝839×40%－961×5%＝335.6－48.05＝287.55（万元）

五、税收优惠

按照《中华人民共和国土地增值税暂行条例》等相关规定，有下列情形之一的，免征土地增值税。

（1）纳税人建造普通标准住宅出售，增值额未超过扣除项目金额之和20%的，免征土地增值税；增值额超过扣除项目金额之和20%的，应就其全部增值额按规定计税。

（2）因国家建设需要依法征用、收回的房地产（指因城市规划、国家建设的需要而被政府批准征用的房产或收回的土地使用权）。

（3）因城市规划、国家建设的需要而搬迁，由纳税人自行转让原房地产的，比照前面第2条免征土地增值税。

（4）个人因工作调动或改善居住条件而转让原自用住房，经向税务机关申报核准，凡居住满5年或5年以上的，免予征收土地增值税；居住满3年未满5年的，减半征收土地增值税。居住未满3年的，按规定计征土地增值税。

（5）对个人之间互换自有居住用房地产的，经当地税务机关核实，可以免征土地增值税。

（6）对个人销售住房暂免征收土地增值税。即个人销售的住房，不论是普通住房还是非普通住房，不论首套住房还是两套及两套以上住房，均免征土地增值税。

（7）企事业单位、社会团体以及其他组织转让旧房作为公租房房源且增值率未超过20%的免征土地增值税。

（8）企事业单位、社会团体以及其他组织转让旧房作为改造安置住房房源且增值额未超过扣除项目金额20%的免征土地增值税。

（9）企业改制重组暂不征收土地增值税。

（10）被撤销金融机构用来清偿债务的房地产免征土地增值税。

（11）合作建房分房作为自用的暂免征收土地增值税。

（12）资产管理公司处置房地产免征土地增值税。

六、征收管理

（一）房地产开发企业土地增值税清算

土地增值税清算是指纳税人在符合土地增值税清算条件后，依照税收法律、法规及土地增值税有关政策的规定，计算房地产开发项目应缴纳的土地增值税额，并填写土地增值税清算申报表，向主管税务机关提供有关资料，办理土地增值税清算手续，结清该房地产项目应缴纳土地增值税税款的行为。

1. 土地增值税的清算单位

土地增值税以国家有关部门审批的房地产开发项目为单位进行清算，对于分期开发的项目，以分期项目为单位清算。开发项目中同时包含普通住宅和非普通住宅的，应分别计算增值额。

2. 土地增值税的清算条件

（1）符合下列情形之一的，纳税人应进行土地增值税的清算。

①房地产开发项目全部竣工、完成销售的。

②整体转让未竣工决算房地产开发项目的。

③直接转让土地使用权的。

（2）符合下列情形之一的，主管税务机关可要求纳税人进行土地增值税清算。

①已竣工验收的房地产开发项目，已转让的房地产建筑面积占整个项目可售面积的比例在85%以上，或该比例虽未超过85%，但剩余的可售建筑面积已经出租或自用的。

②取得销售（预售）许可证满3年仍未销售完毕的。

③纳税人申请注销税务登记但未办理土地增值税清算手续的。

④省税务机关规定的其他情况。

（二）纳税地点

土地增值税的纳税人应向房地产所在地主管税务机关办理纳税申报，并在税务机关核定的期限内缴纳土地增值税。房地产所在地是指房地产的坐落地。纳税人转让的房地产坐落在两个或两个以上地区的，应按房地产所在地分别申报纳税。在实际工作中，纳税地点的确定又可分为以下两种情况。

1. 纳税人是法人的

当转让的房地产坐落地与其机构所在地或经营所在地一致时，则在办理税务登记的原税务机关申报纳税；当转让的房地产坐落地与其机构所在地或经营所在地不一致时，则应在房地产坐落地税务机关申报纳税。

2. 纳税人是自然人的

当转让的房地产坐落地与其居住所在地一致时，则在住所所在地税务机关申报纳税；当转让的房地产坐落地与其居住地不一致时，则在房地产坐落地税务机关申报纳税。

（三）纳税申报

土地增值税纳税人应在转让房地产合同签订后的7日内，到房地产所在地主管税务机关办理纳税申报，如实填写《财产和行为税纳税申报表》及相应的税源明细表。

任务情境分析与实施

（1）确定转让房地产取得的不含税转让收入10 000万元。

（2）确定转让房地产的扣除项目金额：

①取得土地使用权所支付的金额为1 000万元；

②房地产开发成本为2 000万元；

③房地产开发费用 = 400 + （1 000 + 2 000）× 5% = 550（万元）；

④与转让房地产有关的税金 90 万元；

⑤从事房地产开发的加计扣除 = （1 000 + 2 000）×20% = 600（万元）；

⑥转让房地产的扣除项目金额合计 = 1 000 + 2 000 + 550 + 90 + 600 = 4 240（万元）；

（3）计算转让房地产的增值额 = 10 000 - 4 240 = 5 760（万元）。

（4）计算增值额与扣除项目金额的比率 = 5 760 ÷ 4 240 × 100% = 135.85%；

查税率表知：适用税率为 50%，速算扣除系数为 15%。

（5）计算应纳土地增值税税额。

应纳土地增值税税额 = 土地增值额 × 适用税率 - 扣除项目金额 × 速算扣除系数

= 5 760 × 50% - 4 240 × 15% = 2 880 - 636 = 2 244（万元）

课堂任务

课堂任务

任务名称	计算房地产开发公司转入新开发房地产的土地增值税应纳税额
任务目标	能熟练掌握新建房土地增值税的计税方法；提高解决实际问题的能力，培养职业技能
任务描述	甲房地产开发公司出售一栋写字楼，收入总额为 10 000 万元（不含增值税）。开发该写字楼有关支出为：支付地价款及各种费用 1 000 万元；房地产开发成本 3 000 万元，财务费用中的利息支出为 500 万元（可按转让项目计算分摊并提供金融机构证明），但其中有 50 万元属加罚的利息；转让环节缴纳的有关税费计 550 万元。当地政府规定其他房地产费用计算扣除比例为 5%。 　　请计算该房地产开发公司应纳的土地增值税额
任务分析	
任务实施	

课后任务

课后任务

任务名称	计算旧房屋及建筑物（存量房）的土地增值税应纳税额
任务目标	熟练掌握存量房土地增值税的计算方法；提高解决实际问题的能力，培养职业技能
任务描述	位于县城的利民商贸公司，是增值税一般纳税人。2024 年 3 月销售一栋旧办公楼，取得含增值税收入 1 000 万元，缴纳印花税 0.5 万元。无法取得评估价格，公司提供的相关购房发票，表明该办公楼于 2018 年 3 月购入，购买价格 600 万元，缴纳契税 18 万元。该商贸公司选择简易计税方法计算增值税，当地政府规定允许地方教育费附加计入税金及附加。 　　请计算利民商贸公司销售旧办公楼，应缴纳多少土地增值税额
任务分析	
任务实施	

任务评价

知识及技能	评分（5分）	素质能力	评分（5分）
1. 掌握新建房应纳土地增值税的计算方法		1. 提升职业技能	
2. 掌握存量房应纳土地增值税的计算方法		2. 培养严谨求实、依法纳税的意识	

任务总结

　　理解基本征税范围的"国有"和"转让"，注意土地出让和土地转让的不同、转让房地产时权属是否发生变化、是否取得收入，正确判断是否属于土地增值税的应税行为。重点掌握土地增值税征税范围的基本规定和特殊规定。

　　正确计算土地增值税应纳税额，关键在于扣除项目金额的确定，为此要弄清楚六项扣除项目的具体规定及适用对象。还要注意超率累进税率的运用，识记计税公式。

任务二　计算与申报耕地占用税

任务情境

　　吉源宠物食品有限公司经批准占用基本农田 15 000 平方米，其中 1 000 平方米用于建造幼儿园、10 000 平方米用于建造办公场所，其余用于建造厂房。当地耕地占用税税额为 20 元/平方米。请问：吉源宠物食品有限公司应缴纳多少耕地占用税？

任务地图

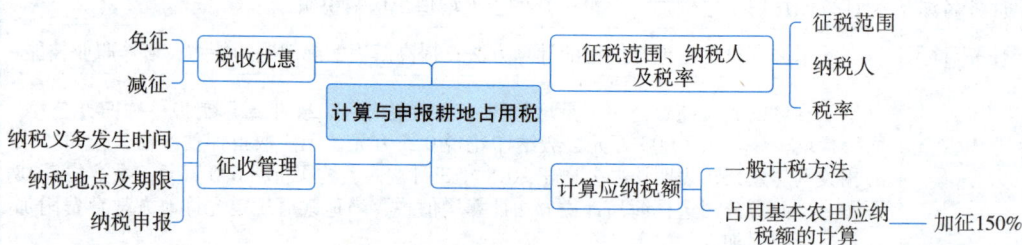

任务描述

　　耕地占用税的征税范围及税收优惠政策是本任务的难点。在计算耕地占用税的应纳税额时，能够灵活应用税收优惠政策，正确计算应纳税额。

任务目标

　　1. 熟悉耕地占用税的征税范围；

2. 掌握耕地占用税应纳税额的计算方法；

3. 掌握耕地占用税税收优惠政策；

4. 能够及时申报纳税，完成纳税义务；

5. 培养保护耕地资源的意识；

6. 树立依法纳税意识。

知 识 链 接

2018 年 12 月，第十三届全国人民代表大会常务委员会第七次会议通过《中华人民共和国耕地占用税法》，该部法律是现行的耕地占用税法律规范。

耕地占用税是对占用耕地建房或从事其他非农业建设的单位和个人，就其实际占用的耕地面积征收的一种税。

我国耕地资源稀缺，为了保护不可再生的土地资源，保障农业可持续生产能力，我国对耕地占用行为进行课税，以引导合理、节约地使用耕地资源。

一、征税范围、纳税人与税率

（一）征税范围

耕地占用税征税范围包括：纳税人占用耕地建设建筑物、构筑物或从事非农业建设的国家所有和集体所有的耕地，具体如表 6－2－1 所示。

表 6－2－1　耕地占用税征税范围

是否征税	范围
应征收耕地占用税	①占用园地、林地、草地、农田水利用地、养殖水面、渔业水域滩涂以及其他农用地建设建筑物、构筑物或者从事非农业建设的 ②纳税人因挖损、采矿塌陷、压占、污染等损毁耕地的 ③纳税人因建设项目施工或者地质勘察临时占用耕地的
不征收耕地占用税	①建设农田水利设施占用耕地的 ②建设直接为农业生产服务的生产设施所占用园地、林地、草地、农田水利用地、养殖水面、渔业水域滩涂以及其他农用地的

耕地是指用于种植农作物的土地，包括菜地、园地。园地包括花圃、苗圃、茶园、桑园、果园、橡胶园及其他种植经济林木的土地。

占用鱼塘及其他农用土地建房或从事其他非农业建设，也视同占用耕地。

（二）纳税人

耕地占用税的纳税人是指在中华人民共和国境内占用耕地建设建筑物、构筑物或从事非农业建设的单位和个人。

1. 经批准占用耕地的

耕地占用税纳税义务人为农用地转用审批文件中标明了的建设用地人。农用地转用审批文件中未标明建设用地人的，纳税人为用地申请人。

2. 未经批准占用耕地的

耕地占用税纳税义务人为实际用地人。

（三）税率

由于我国不同地区之间人口与耕地资源分布极不均衡，考虑到地区差异，耕地占用税税率采用地区差别定额税率。耕地占用税额标准如表6-2-2所示。

表6-2-2　耕地占用税额标准

人均耕地	税额标准
人均耕地不超过1亩的地区	每平方米10～50元
人均耕地超过1亩但不超过2亩的地区	每平方米8～40元
人均耕地超过2亩但不超过3亩的地区	每平方米6～30元
人均耕地超过3亩的地区	每平方米5～25元

占用基本农田的，按照当地适用税额，加按150%征收耕地占用税。

占用园地、林地、草地、农田水利用地、养殖水面、渔业水域滩涂以及其他农用地建设建筑物、构筑物或者从事非农业建设的，适用税额可以适当低于规定的适用税额，但降低的部分不得超过50%。

二、计算应纳税额

（一）计税依据

耕地占用税以纳税人实际占用的属于耕地占用税征税范围的土地（应税土地）面积为计税依据，按应税土地当地适用税额计算应纳税额。

应税土地面积包括：经批准占用耕地面积和未经批准占用耕地面积。

（二）计算应纳税额

1. 一般计税方法

耕地占用税，以纳税人实际占用的应税土地面积为计税依据，以每平方米土地为计税单位，按适用的定额税率计税。

应纳税额＝应税土地面积（平方米）×适用税额

2. 占用基本农田

占用基本农田的，按照当地适用税额，加按150%征收耕地占用税。

应纳税额＝应税土地面积（平方米）×适用税额×150%

三、税收优惠

（一）免征耕地占用税

（1）军事设施占用耕地。

（2）学校、幼儿园、社会福利机构、医疗机构占用耕地。

学校内经营性场所和教职工住房占用耕地的、医疗机构内职工住房占用耕地的，不免税。

（3）农村烈士遗属、因公牺牲军人遗属、残疾军人以及符合农村最低生活保障条件的农村居民，在规定用地标准以内新建自用住宅占用耕地。

（二）减征耕地占用税

（1）铁路线路、公路线路、飞机场跑道、停机坪、港口、航道、水利工程占用耕地，减按每平方米2元的税额征收耕地占用税。

（2）农村居民在规定用地标准以内，占用耕地新建自用住宅，按照当地适用税额减半征收耕地占用税。其中，农村居民经批准搬迁，新建自用住宅占用耕地<u>不超过</u>原宅基地面积的部分，<u>免征</u>耕地占用税。

【例 6 - 2 - 1】某公司 2024 年 5 月经批准占用耕地开发住宅社区，共占用耕地 150 000 平方米，其中 500 平方米用于幼儿园用地，8 000 平方米用于学校用地。已知当地耕地占用税额 30 元/平方米。请计算该公司应缴纳的耕地占用税额。

【解析与答案】学校、幼儿园占用耕地免征耕地占用税。

应纳耕地占用税额 =（150 000 - 500 - 8 000）× 30 = 4 245 000（元）

【例 6 - 2 - 2】农村居民李某 2024 年 7 月经批准，在户口所在地占用耕地 2 500 平方米，其中 2 000 平方米用于种植中药材，500 平方米用于新建住宅。该地区耕地占用税额 25 元/平方米。请计算李某应缴纳的耕地占用税额。

【解析与答案】农村居民在规定用地标准以内，占用耕地新建自用住宅，按照当地适用税额减半征收耕地占用税。占用耕地用于种植中药材，不征收耕地占用税。

应纳耕地占用税额 = 500 × 25 × 50% = 6 250（元）

四、征收管理

（一）纳税义务发生时间

（1）耕地占用税纳税义务发生时间为纳税人收到自然资源主管部门办理占用耕地手续的书面通知的<u>当日</u>。

（2）未经批准占用耕地的，耕地占用税纳税义务发生时间为自然资源主管部门认定的纳税人实际占用耕地的<u>当日</u>。

（3）因挖损、采矿塌陷、压占、污染等损毁耕地的纳税义务发生时间为自然资源、农业农村等相关部门认定损毁耕地的<u>当日</u>。

（二）纳税地点及期限

耕地占用税由税务机关负责征收。纳税人应当在<u>耕地所在地</u>申报纳税，并应当自纳税义务发生之日起 <u>30 日</u>内申报缴纳。

（三）纳税申报

耕地占用税税源信息采集和申报可分为两种方式：一是即采集即申报。在收到农转用批文时即填报采集税源信息并进行申报。二是先采集后申报。收到农转用批文时先分批填报采集税源信息，或在申报前一次性填报采集分批税源信息，再进行一次性合并申报。

耕地占用税纳税人应如实填写《财产和行为税纳税申报表》及相应的税源明细表。

🔵 任务情境分析与实施

学校、幼儿园、社会福利机构、医疗机构占用耕地，免征耕地占用税。占用基本农田的，应按照适用税额加按 150% 征收。耕地占用税一次性征收，不考虑时间权重。

该公司应纳耕地占用税额 =（15 000 - 1 000）× 20 × 150% ÷ 10 000 = 42（万元）

👤 课堂任务

任务名称	掌握耕地占用税的计算方法
任务目标	能应用税收优惠政策，正确计算耕地占用税；培养保护耕地资源的意识

课堂任务

续表

任务描述	某企业占用园地40万平方米建造生态高尔夫球场，同时占用园地100万平方米开发经济林木，所占耕地适用耕地占用税20元/平方米。 请计算该企业应缴纳的耕地占用税额
任务分析	
任务实施	

课后任务

课后任务

任务名称	掌握耕地占用税的计算方法
任务目标	能正确计算耕地占用税；培养保护耕地资源的意识，树立依法纳税意识
任务描述	某地方铁路公司新建办公楼占用耕地20 000平方米，建职工住宅占用耕地3 000平方米，建幼儿园占用耕地500平方米，建地方铁路线路占用耕地18 000 000平方米，当地适用耕地占用税25元/平方米。 请计算该铁路公司应缴纳的耕地占用税额
任务分析	
任务实施	

任务评价

知识及技能	评分 （5分）	素质能力	评分 （5分）
1. 掌握耕地占用税的计算方法		1. 培养保护耕地资源的意识	
2. 能熟练应用耕地占用税的税收优惠政策		2. 树立依法纳税意识	

任务总结

　　耕地占用税是对占用土地资源课征的一种税。由于我国耕地资源分布不均衡，耕地占用税实行地区差异税额。对某些耕地占用免征耕地占用税，部分占用减征耕地占用税，在计算应纳税额时应学会灵活应用税收优惠政策。

任务三　计算与申报城镇土地使用税

任务情境

　　吉源宠物食品有限公司2024年年初占用土地20 000平方米，其中幼儿园占地500平方米，其余为生产经营用地；5月购置厂房，占地600平方米。该公司所在地城镇土地使用税年税额6元/平方米。请问：2024年吉源宠物食品有限公司应缴纳多少城镇土地使用税？

任务地图

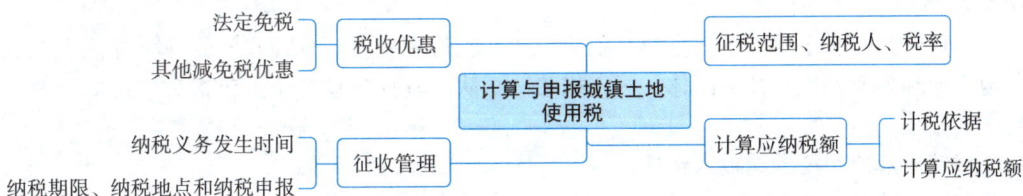

任务描述

掌握城镇土地使用税的纳税人、征收范围、税率及其应纳税额的计算方法，熟悉城镇土地使用税的税收优惠政策、纳税义务发生时间，能够在计算应纳税额时熟练应用税收优惠政策。

任务目标

1. 掌握城镇土地使用税的纳税人、征税范围、税率；
2. 能正确计算应纳城镇土地使用税额；
3. 熟悉城镇土地使用税的税收优惠政策；
4. 熟悉城镇土地使用税的纳税义务发生时间；
5. 能够及时申报纳税，完成纳税义务；
6. 培养职业技能，提升职业素养；
7. 树立依法纳税意识；
8. 树立保护土地资源的意识。

知识链接

城镇土地使用税，是指国家制定的调整城镇土地使用税征收与缴纳权利及义务关系的法律规范。2006 年 12 月 31 日，国务院修改并颁布《中华人民共和国城镇土地使用税暂行条例》，2011 年、2013 年和 2019 年国务院分别做了第二次、第三次、第四次修订。

城镇土地使用税是以国有土地为征税对象，对拥有土地使用权的单位和个人征收的一种准财产税。

一、征税范围、纳税人及税率

（一）征税范围

城镇土地使用税的征税范围，包括在城市、县城、建制镇和工矿区内国家所有和集体所有的土地。不包括农村。

城市、县城、建制镇和工矿区分别按以下标准确认。

（1）城市是指经国务院批准设立的市。

（2）县城是指县人民政府所在地。

（3）建制镇是指经省、自治区、直辖市人民政府批准设立的镇。

（4）工矿区是指工商业比较发达，人口比较集中，符合国务院规定的建制镇标准，但尚未设立建制镇的大中型工矿企业所在地。

（二）纳税人

在城市、县城、建制镇、工矿区范围内使用土地的单位和个人，为城镇土地使用税的纳税人。

单位包括国有企业、集体企业、私营企业、股份制企业、外商投资企业、外国企业及其他企业和事业单位、社会团体、国家机关、军队及其他单位。个人包括个体工商户及其他个人。

城镇土地使用税的纳税人包括：

（1）拥有土地使用权的单位和个人。

（2）拥有土地使用权的纳税人不在土地所在地的，由代管人或实际使用人纳税。

（3）土地使用权未确定或权属纠纷未解决的，其实际使用人为纳税人。

（4）土地使用权共有的，共有各方都是纳税人，由共有各方分别纳税。

> ⚡ **小贴士**
>
> 税额有地区差异，可降可提。降低有度，提高报批。

（三）税率

城镇土地使用税采用定额税率，实行分级幅度税额，按大、中、小城市与县城、建制镇、工矿区分别规定每平方米土地年应纳税额。具体标准如表6-3-1所示。

表6-3-1　城镇土地使用税额标准

征税范围	人口数	每平方米税额（元）
大城市	50万以上	1.5~30
中等城市	20万~50万	1.2~24
小城市	20万以下	0.9~18
县城、建制镇、工矿区		0.6~12

经济落后地区，城镇土地使用税的适用税额标准可适当降低，但降低额不得超过上述规定最低税额标准的30%，经济发达地区的适用税额标准可以适当提高，但须报财政部批准。

二、城镇土地使用税的特点

（一）征税对象是开征范围内的土地

城镇土地使用税是对城市、县城、建制镇和工矿区范围内的土地征税。

（二）税额为差别幅度税额

城镇土地使用税实行差别幅度税额，土地在不同的城镇，所适用的税额不同，即使在同一城镇，由于不同地段的市政建设及经济繁荣程度不同，适用的税额也不同。

（三）对占用土地的行为征税

对土地征税，应该属于财产税范围。但我国城镇土地所有权属于国家，单位和个人对占用的土地只有使用权而无所有权。因此，我国的城镇土地使用税是对占用土地的行为课税，因此属于准财产税，并不是严格意义上的财产税。

（四）征税范围有所限定

城镇土地使用税的征税范围只限于城市、县城、建制镇、工矿区，农村地区的土地不属于城镇土地使用税的征税范围。

三、计算应纳税额

（一）计税依据

城镇土地使用税以纳税义务人实际占用的土地面积为计税依据。

纳税人实际占用的土地面积按下列方法确定。

（1）由省、自治区、直辖市人民政府确定的单位组织测定土地面积的，以测定的面积为准。

> **小贴士**
>
> 实际占用面积，非建筑面积，也非使用面积。

（2）持有政府部门核发的土地使用证书的，以证书确认的土地面积为准。

（3）未核发土地使用证的，由纳税人据实申报土地面积，据以纳税，待核发土地使用证后再调整。

（4）对在城镇土地使用税征税范围内单独建造的地下建筑用地，按规定征收城镇土地使用税。对上述地下建筑用地，暂按应征税款的50%征收城镇土地使用税。但地上地下相连的建筑用地不执行此规定。

（二）计算应纳税额

城镇土地使用税的应纳税额依据纳税人实际占用的土地面积和该土地所在地段的适用税额来计算。

> **小贴士**
>
> 不论自用、出租或其他用途，均属于实际占用。

1. 基本计算公式

全年应纳税额＝实际占用应税土地面积（平方米）×适用税额

2. 单独建造的地下建筑用地的税额计算公式

全年应纳税额＝证书确认应税土地面积或地下建筑物垂直投影面积（平方米）×适用税额×50%

【例6-3-1】甲公司2024年在某城区实际占地面积20 000平方米，其中生产区占地10 000平方米，生活区占地3 000平方米，对外出租7 000平方米，已知城镇土地使用税适用税额为2元/平方米。请计算甲公司当年应纳的城镇土地使用税额。

【解析与答案】企业用于生产、生活、出租的土地，均属于实际占用的土地，均属于城镇土地使用税的征税范围。

全年应纳税额＝20 000×2＝40 000（元）

四、税收优惠

（一）法定免税

（1）国家机关、人民团体、军队自用的土地（办公用地和公务用地）。

（2）由国家财政部门拨付事业经费的单位自用的土地。

如学校的教学楼、操场、食堂等占用的土地，免征城镇土地使用税。

企业办的学校、医院、托儿所、幼儿园，其自用的土地免征城镇土地使用税。

（3）宗教寺庙、公园、名胜古迹自用的土地。

公园、名胜古迹中附设的营业单位，如影剧院、饮食部、茶社、照相馆等所使用的土地，不属于免税范围。

（4）市政街道、广场、绿化地带等公共用地。

非社会性的公共用地不免税，如企业内的广场、道路、绿化等占用的土地，不免税。

（5）直接用于农、林、牧、渔业的生产用地。

这是指直接从事种植、养殖、饲养的专业用地。不包括农副产品加工厂占地，以及从事农、林、牧、渔业生产单位的生活、办公用地。

【例6-3-2】某企业2024年年初占用土地20 000平方米，其中幼儿园占地400平方米，其余为生产经营用地。6月购置一栋办公楼，占地300平方米。该企业所在地适用城镇土地使用税额为6元/平方米。请计算该企业当年应缴纳的城镇土地使用税额。

【解析与答案】企业办的学校、医院、托儿所、幼儿园，其自用的土地免征城镇土地使用税。

全年应纳税额 = $(20\,000 - 400) \times 6 + 300 \times 6 \div 12 \times 6 = 118\,500$（元）

（二）其他减免税优惠

城镇土地使用税其他减免税优惠如表6-3-2所示。

表6-3-2　城镇土地使用税其他减免税优惠

用地情形	减免税政策
1. 免税单位与纳税单位之间无偿使用的土地	（1）对免税单位无偿使用纳税单位的土地（如公安、海关等单位使用铁路、民航等单位的土地），免征城镇土地使用税 （2）对纳税单位无偿使用免税单位的土地，纳税单位应缴纳城镇土地使用税
2. 房地产开发企业开发建造商品房的用地	房地产企业开发建造商品房用地，除经批准开发建设经济适用房的用地外，对各类房地产开发用地一律不得减免城镇土地使用税
3. 企业的铁路专用线、公路等用地	（1）企业的铁路专用线、公路等用地，除另有规定外，在企业厂区（包括生产、办公及生活区）以内的，应征收城镇土地使用税 （2）在厂区以外、与社会公用地段未加隔离的，暂免征收城镇土地使用税
4. 林业系统用地	（1）对林区的育林地、运材道、防火道、防火设施用地、森林公园、自然保护区，免征城镇土地使用税 （2）对林业系统的其他生产用地、办公、生活区用地，均应征收城镇土地使用税
5. 盐场、盐矿用地	（1）盐场的盐滩、盐矿的矿井用地，暂免征收城镇土地使用税 （2）对盐场、盐矿的生产厂房、办公、生活区用地，应征收城镇土地使用税
6. 电力行业用地	（1）火电厂厂区围墙内的用地，应征收城镇土地使用税 （2）厂区围墙外的灰场、输灰管、输油气管道、铁路专用线用地，免征城镇土地使用税 （3）水电站的发电厂房用地，生产、办公、生活用地，征收城镇土地使用税，对其他用地，给予免税照顾 （4）对供电部门的输电线路用地、变电站用地，免征城镇土地使用税
7. 水利设施用地	（1）水利设施及其管护用地（水库库区、大坝、堤防、灌区、泵站等），免征城镇土地使用税 （2）其他用地，如生产、办公、生活用地，应征收城镇土地使用税
8. 港口码头用地	港口码头（泊位）用地，免征城镇土地使用税

用地情形	减免税政策
9. 民航机场用地	（1）机场飞行区（包括跑道、滑行道、停机坪、安全带、夜航灯光区）用地，场内外通信导航设施用地和飞行区四周排水防洪设施用地，免征城镇土地使用税 （2）在机场道路中，场外道路用地免征城镇土地使用税，场内道路用地照章征税 （3）机场工作区（办公、生产和维修用地及候机楼、停车场）用地、生活区用地、绿化用地，征收城镇土地使用税

【例6-3-3】　某盐矿占地情况如下：矿井用地450 000平方米，生产厂房用地40 000平方米，办公用地5 000平方米，已知城镇土地使用税年税额为2元/平方米。请计算该盐矿全年应缴纳的城镇土地使用税。

【解析与答案】　盐矿的矿井用地，暂免征收城镇土地使用税，对盐场、盐矿的生产厂房、办公、生活区用地，应征收城镇土地使用税。

全年应缴纳的城镇土地使用税额 = (40 000 + 5 000) × 2 = 90 000（元）

【例6-3-4】　某民用机场占地100万平方米，其中飞行区用地90万平方米，场外道路用地7万平方米，场内道路用地0.5万平方米，工作区用地2.5万平方米，城镇土地使用税年税额为5元/平方米。请计算该机场全年应缴纳的城镇土地使用税。

【解析与答案】　机场飞行区、场外道路用地，免征城镇土地使用税。机场工作区用地，征收城镇土地使用税。

全年应缴纳的城镇土地使用税额 = (0.5 + 2.5) × 5 × 10 000 = 150 000（元）

五、征收管理

（一）纳税义务发生时间

城镇土地使用税纳税义务发生时间如表6-3-3所示。

表6-3-3　城镇土地使用税纳税义务发生时间

情形	纳税义务发生时间
1. 购置新建商品房	自房屋交付使用之次月起缴纳城镇土地使用税
2. 购置存量房	自办理房屋权属转移、变更登记手续，房地产权属登记机关签发房屋权属证书之次月起，缴纳城镇土地使用税
3. 出租、出借房产	自交付出租、出借房产之次月起，缴纳城镇土地使用税
4. 新征用的耕地	自批准征用之日起满1年时开始缴纳城镇土地使用税
5. 新征用的非耕地	自批准征用次月起，缴纳城镇土地使用税
6. 以出让、转让方式有偿取得土地使用权的	（1）合同约定交付土地时间的，自合同约定交付土地时间的次月起，缴纳城镇土地使用税 （2）合同未约定交付土地时间的，自合同签订的次月起，缴纳城镇土地使用税
7. 通过招标、拍卖、挂牌方式取得的建设用地（不属于新征用的耕地）	

（二）纳税期限、纳税地点和纳税申报

1. 纳税期限

城镇土地使用税按年计算，分期缴纳。缴纳期限由各省、自治区、直辖市人民政府确定。

2. 纳税地点

城镇土地使用税的纳税地点为土地所在地，由土地所在地税务机关负责征收。

纳税人使用的土地不属于同一省（自治区、直辖市）管辖范围内的，由纳税人分别向土地所在地税务机关申报缴纳城镇土地使用税。

在同一省（自治区、直辖市）管辖范围内，纳税人跨地区使用的土地，其纳税地点由各省、自治区、直辖市税务局确定。

3. 纳税申报

纳税人新征用的土地，必须于批准新征用之日起30日内申报登记。纳税人住址变更、土地使用权权属发生变更时，从转移之日起，按规定期限办理申报变更登记。

城镇土地使用税纳税人应如实填报税源采集信息表以及《财产行为税纳税申报表》。

任务情境分析与实施

企业办的各类学校、托儿所、幼儿园自用的土地，免征城镇土地使用税。

该公司本年应纳城镇土地使用税额 = (20 000 − 500) × 6 + 600 × 6 ÷ 12 × 7 = 119 100（元）

课堂任务

任务名称	掌握城镇土地使用税的纳税义务发生时间，掌握应纳税额的计算方法
任务目标	能正确判断土地在不同取得方式下，城镇土地使用税的计税时间；树立保护土地资源的意识
任务描述	某公司2024年3月通过挂牌取得一宗土地，土地出让合同约定2024年4月交付，土地使用证记载占地面积6 000平方米，该土地年税额4元/平方米。 请计算该公司2024年应缴纳的城镇土地使用税额
任务分析	
任务实施	

课后任务

任务名称	掌握城镇土地使用税应纳税额的计算方法，掌握税收优惠政策及其应用
任务目标	能正确应用税收优惠政策，计算城镇土地使用税应纳税额；培养职业技能，树立依法纳税意识
任务描述	某国家级森林公园，2024年共占地2 000万平方米，其中行政管理部门办公用房占地0.1万平方米，所属酒店占地1万平方米，索道经营场所占地0.5万平方米，其余用地为公共参观游览地。公园所在地城镇土地使用税年税额2元/平方米。 请计算该公园2024年应缴纳的城镇土地使用税额

续表

任务分析	
任务实施	

任务评价

知识及技能	评分 （5分）	素质能力	评分 （5分）
1. 掌握城镇土地使用税纳税人、征税范围、税率		1. 提升职业技能	
2. 能正确计算城镇土地使用税的应纳税额		2. 树立依法纳税意识	
3. 能熟练应用税收优惠政策、熟悉纳税义务发生时间		3. 树立保护土地资源的意识	

任务总结

　　城镇土地使用税，其应纳税额的一般计算方法较容易掌握，但如果企业用地涉及税收优惠政策，其应纳税额的计算难度就会比较大，同时还要兼顾城镇土地使用税的纳税义务发生时间，在学习时要注重对税收政策的应用。

任务四　计算与申报房产税

任务情境

　　吉源宠物食品有限公司为增值税一般纳税人，拥有一栋原值1 000万元的厂房，2024年1月在厂房外建造了一处价值20万元的水塔，在厂房中安装了一台与厂房不可分割的价值50万元的升降机。已知，房产税从价计征税率为1.2%。当地政府规定房产原值扣除比例为30%。请问：2024年吉源宠物食品有限公司应缴纳多少房产税？

任务地图

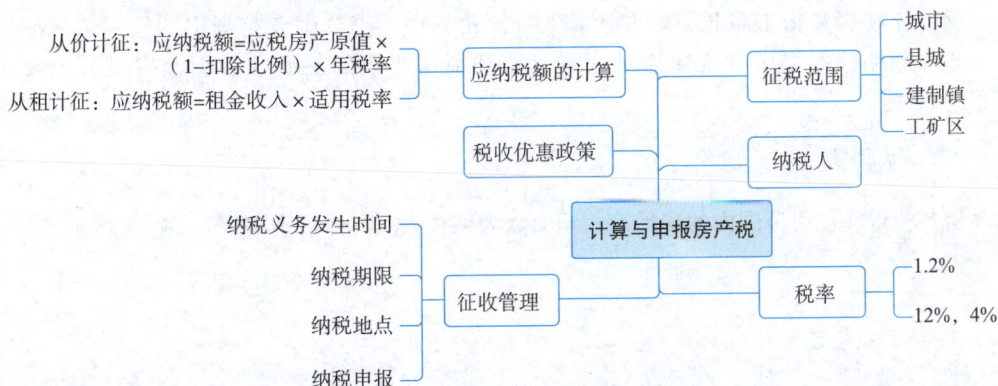

任务描述

　　熟练掌握房产税的纳税人、征税范围、计税方法，尤其是计税依据的确定方法。熟知房产税纳税义务发生时间，按照房产税的征收管理规定及时纳税申报，完成纳税义务。

任务目标

　　1. 熟知房产税的纳税人、征税范围和税率；
　　2. 熟练掌握房产税计税依据的确定方法；
　　3. 掌握房产税的计算方法；
　　4. 能够及时申报纳税，完成纳税义务；
　　5. 培养辨析和解决实际问题的能力；
　　6. 培养实操能力，提升职业技能和水平；
　　7. 树立遵纪守法、依法纳税的意识。

知识链接

一、征税范围

　　房产税以房产为征税对象。所谓房产，是指有屋面和围护结构（有墙或两边有柱），能够遮风避雨，可供人们在其中生产、学习、工作、娱乐、居住或储藏物资的场所。

　　房地产开发企业建造的商品房，在出售前，不征收房产税；但对出售前房地产开发企业已使用或出租、出借的商品房应按规定征收房产税。

　　房产税的征税范围为：城市、县城、建制镇和工矿区。不包括农村。

　　具体规定如下。

　　（1）城市是指国务院批准设立的市，其征税范围为市区、郊区、市辖县县城，不包括农村。

　　（2）县城是指县人民政府所在地的地区。

　　（3）建制镇是指经省、自治区、直辖市人民政府批准设立的镇。建制镇的征税范围为镇人民政府所在地，不包括所辖的行政村。

　　（4）工矿区是指工商业比较发达、人口比较集中、符合国务院规定的建制镇标准但尚未设立建制镇的大中型工矿企业所在地，开征房产税的工矿区必须经省级人民政府批准。

> **💡 小贴士**
>
> 　　房产税的征税范围不包括农村，主要是因为农村的房屋，除农副业生产用房外，大部分是农民居住用房。
>
> 　　居民自住用房免征房产税（上海、重庆试点地区除外）。

二、纳税人

　　房产税以在征税范围内的房屋产权所有人为纳税人。具体规定如表6-4-1所示。

表 6 - 4 - 1　房产税纳税人

要素		规定
纳税人	基本规定	房产税的纳税义务人是指征税范围内的房屋产权所有人
	特殊规定	（1）产权属于国家所有的，由经营管理单位纳税 （2）产权出典的，由承典人纳税 （3）产权所有人、承典人不在房屋所在地，或产权未确定及租典纠纷未解决的，由房产代管人或使用人纳税 （4）无租使用其他单位房产的应税单位和个人，依照房产余值代缴纳房产税

　　所称单位，包括国有企业、集体企业、私营企业、股份制企业、外商投资企业、外国企业以及其他企业和事业单位、社会团体、国家机关、军队以及其他单位。

　　所称个人，包括个体工商户以及其他个人。

　　所谓产权出典，是指产权所有人将房屋等的产权在一定期限内典当给他人使用，而取得资金的一种融资方式。由于房屋在出典期间，产权所有人已无权支配房屋，因此由对房屋有支配权的承典人为纳税人。房产税纳税人的区分如表 6 - 4 - 2 所示。

表 6 - 4 - 2　房产税纳税人的区分

产权所有人		非产权所有人
自行纳税	他人代缴	
产权非全民所有，如属于集体和个人所有的，由集体单位和个人纳税	无租使用其他单位房产的应税单位和个人，依照房产余值代缴纳房产税	（1）产权属于全民所有（国有）的，由经营管理单位纳税 （2）产权出典的，由承典人纳税 （3）产权所有人、承典人不在房屋所在地，或产权未确定及租典纠纷未解决的，由房产代管人或使用人纳税

三、税率

　　房产税采用比例税率。房产税分为从价计征和从租计征两种情况，所以税率也有两档比例税率。另外还有一档优惠税率。房产税税率如表 6 - 4 - 3 所示。

表 6 - 4 - 3　房产税税率

税率	适用情况
年税率1.2%	自有房产用于生产经营
12%	出租非居住的房产
4%	个人出租住房（不区分用途）
	对企业事业单位、社会团体及其他组织向个人、专业化规模化住房租赁企业出租住房

四、应纳税额的计算

　　房产税的计税依据是房产的计税余值或房产的租金收入。按照房产计税余值征税的，称为从价计征；按照房产租金收入征税的，称为从租计征。

（一）从价计征

按照相关法律规定，对经营自用的房产从价计征房产税，以房产的计税余值作为计税依据。计税余值是指依照房产原值一次减除 10% ~ 30% 的损耗价值以后的余值，各地减除比例由省、自治区、直辖市人民政府确定。计税公式如下。

$$应纳税额 = 应税房产原值 × (1 - 扣除比例) × 1.2\%$$

房产原值是指纳税人按照会计制度规定，在账簿"固定资产"科目中记载的房屋原价，没有记载房屋原价的，参照同类房屋确定房产原值。房产原值应包括与房屋不可分割的各种附属设备或一般不单独计算价值的配套设施，主要有暖气、卫生、通风、照明、煤气等设备以及下水管、暖气管等管线。凡以房屋为载体、不可随意移动的附属设备、配套设施，如给排水、采暖、消防、中央空调、智能楼宇设备，无论在会计核算中是否单独记账与核算，都应计入房产原值，计征房产税。

【例 6 - 4 - 1】2024 年甲企业拥有厂房 5 万平方米，厂房原值 9 500 万元。当地政府规定房产原值减除比例为 30%。请计算该年甲企业就厂房应缴纳的房产税额。

【解析与答案】应纳税额 = 应税房产原值 × (1 - 扣除比例) × 1.2%

应纳房产税额 = 9 500 × (1 - 30%) × 1.2% = 79.8（万元）

凡在房产税计征范围内，具备房屋功能的地下建筑，包括与地上建筑相连的地下建筑及完全建在地面以下的建筑、地下人防设施等，均应按照有关规定征收房产税。

对于更换房屋附属设备和配套设施的，在将其价值计入房产原值时，可扣减原来相应设备和配套设施的价值，对附属设备和配套设施中易损坏、需经常更换的零配件，更新后不再计入房产原值，原零配件的原值也不扣除。

纳税人对原有房屋进行改建、扩建的，要相应增加房屋的原值。

【例 6 - 4 - 2】乙企业有一栋厂房原值 200 万元，2024 年年初对该厂房进行扩建，同年 8 月底完工并办理验收手续，增加了房产原值 45 万元，另外对厂房安装了价值 15 万元的排水设备并单独作为固定资产核算。已知当地政府规定计算房产余值的扣除比例为 20%。请计算该年度该企业应缴纳的房产税额。

【解析与答案】相关规定：①纳税人对原有房屋进行改建、扩建的，要相应增加房屋的原值。②原值应包括与房屋不可分割的各种附属设备或一般不单独计算价值的配套设施。③对经营自用的房屋，从价计征房产税。④房产税的纳税义务发生时间。

应纳房产税额 = 200 × (1 - 20%) × 1.2% ÷ 12 × 8 × 10 000 + (200 + 45 + 15) × (1 - 20%) × 1.2% ÷ 12 × 4 × 10 000 = 21 120（元）

（二）从租计征

按照房产税相关法律规定，房产出租的以房产租金收入作为房产税的计税依据。房产的租金收入，是房屋产权所有人出租房屋使用权所取得的报酬，包括货币收入和实物收入。计税公式如下。

$$应纳税额 = 租金收入 × 12\%（或 4\%）$$

对出租房产，租赁双方签订的租赁合同约定有免收租金期限的，免收租金期间由产权所有人按照房产余值计算缴纳房产税。

无租使用房产由房产使用人按房产计税余值代为缴纳房产税。

融资租赁的房产，由承租人自融资租赁合同约定开始日的次月起，依照房产余值缴纳房产税。合同未约定开始日的，由承租人自合同签订的次月起依照房产余值缴纳房产税。

【例 6 - 4 - 3】甲企业与乙商户签订房屋租赁合同，将一栋原值 2 500 万元的写字楼租给乙商户使用。合同规定因乙商户租期为 2 年，可在租赁开始时有 1 个月的免收租金期限。按照合同约定，该写字楼月租金 20 万元（不含增值税），写字楼于 2024 年 1 月 1 日交付承租方，并规定了甲企业自同年 2 月 1 日起向乙商户收取租金。已知当地的房产原值减除比例为 20%。请计算甲企业在 2024 年应缴纳的房产税额。

【解析与答案】甲企业 2024 年对于该写字楼应纳的房产税应在 1 月从价计税，2—12 月从租计税。2024 年甲企业应缴纳的房产税额如下。

应纳税额 $= 2\ 500 \times (1-20\%) \times 1.2\% \div 12 + 20 \times 12\% \times 11 = 2 + 26.4 = 28.4$（万元）

房产税应纳税额计算如表 6 - 4 - 4 所示。

表 6 - 4 - 4　房产税应纳税额计算

计税方法	计税依据	税率	计税公式
从价计征	计税余值即房产原值一次减除 10% ~ 30% 的损耗价值后的余值，各地减除比例由省、自治区、直辖市人民政府确定	1.2%	应纳税额 = 应税房产原值 ×（1 - 扣除比例）× 1.2%
从租计征	房产租金收入，包括货币收入和实物收入，不含增值税	12% 或 4%	应纳税额 = 租金收入 × 12%（或 4%）

房产类建筑物房产税的规定如表 6 - 4 - 5 所示。

表 6 - 4 - 5　房产类建筑物房产税的规定

房产类建筑物	房产税计税依据	
	从价计征	从租计征
地上的	原值扣除一次性损耗	不含增值税的租金收入
地下与地上一体的		
独立地下的	折扣后的原值扣除一次性损耗	

（三）特殊情况

对以房产投资收取固定收入、不承担经营风险的，实际上是以联营名义取得房屋租金，应当根据《中华人民共和国房产税暂行条例》的有关规定以出租方取得的租金收入为计税依据计缴房产税。

对以房产投资联营、投资者参与投资利润分红、共担风险的，按房产余值作为计税依据计缴房产税。投资联营房产税的规定如表 6 - 4 - 6 所示。

表 6 - 4 - 6　投资联营房产税的规定

情形	计税依据	纳税人
参与投资利润分红，共担风险	房产余值	被投资方
只收取固定收入，不承担联营风险	租金收入	出租方

五、税收优惠

《中华人民共和国房产税暂行条例》第五条规定，下列房产免纳房产税。

（1）国家机关、人民团体、军队自用的房产，免征房产税。

人民团体，是指经国务院授权的政府部门批准设立或登记备案，并由国家拨付行政事业费的各种社会团体。自用的房产，是指这些单位本身的办公用房和公务用房。

需要注意的是，上述免税单位的出租房产以及非自身业务使用的、营业用房，不属于免税范围。

（2）由国家财政部门拨付事业经费的单位，如学校、医疗卫生、托幼机构、敬老院、文化、体育、艺术等实行全额或差额预算管理的事业单位所有的，本身业务范围内使用的房产，免征房产税。

需要注意的是，由国家财政部门拨付事业经费的单位，其经费来源实行自收自支后应征收房产税。

（3）宗教寺庙、公园、名胜古迹自用的房产，免征房产税。

宗教寺庙自用的房产，是指举行宗教活动等的房屋和宗教人员使用的生活用房。公园、名胜古迹自用的房产，是指供公共参观游览的房屋及管理单位的办公用房。

宗教寺庙、公园、名胜古迹中附设的营业单位，如影剧院、饮食部、茶社、照相馆等，所使用的房产及出租的房产不属于免税范围，应照章纳税。

（4）个人所有非营业用的房产免征房产税。

个人所有的非营业用房，主要指居民住房，不分面积多少一律免征房产税。

对个人拥有的营业用房或出租的房产，不属于免税房产，应照章纳税。

（5）经财政部批准免税的其他房产。

除本条例第五条规定者外，纳税人纳税确有困难的，可由省、自治区、直辖市人民政府确定，定期减征或者免征房产税。

六、征收管理

（一）纳税义务发生时间

（1）纳税人将原有房产用于生产经营，从生产经营之月起缴纳房产税。

（2）纳税人自行新建房屋用于生产经营，从建成之次月起缴纳房产税。

（3）纳税人委托施工企业建设的房屋，从办理验收手续之次月起缴纳房产税。

（4）纳税人购置新建商品房，自房屋交付使用之次月起缴纳房产税。

（5）纳税人购置存量房，自办理房屋权属转移、变更登记手续，房地产权属登记机关签发房屋权属证书之次月起缴纳房产税。

（6）纳税人出租、出借房产，自交付出租、出借房产之次月起缴纳房产税。

（7）房地产开发企业自用、出租、出借本企业建造的商品房，自房屋使用或交付之次月起缴纳房产税。

（8）纳税人因房产的实物或权利状态发生变化而依法终止房产税纳税义务的，其应纳税款的计算应截至房产的实物或权利状态发生变化的当月末。

（二）纳税期限

房产税实行按年计算、分期缴纳的征收方法，具体纳税期限由省、自治区、直辖市人民政府确定。

（三）纳税地点

房产税在房产所在地缴纳。房产不在同一地方的纳税人，应按房产的坐落地点分别向房产所在地的税务机关申报纳税。

（四）纳税申报

房产税的纳税人应按照《中华人民共和国房产税暂行条例》的有关规定，如实填写《财产和行为税纳税申报表》及相应的税源明细表，及时办理纳税申报，完成纳税义务。

任务情境分析与实施

房产原值应包括与房屋不可分割的各种附属设备或一般不单独计算价值的配套设施。

独立于房屋之外的建筑物，如围墙、烟囱、水塔、室外泳池等不属于房产税的征税范围。

该公司本年度应纳房产税额 = $(1\,000 + 50) \times (1 - 30\%) \times 1.2\% = 8.82$（万元）

课堂任务

任务名称	熟悉房产税的基本法律规定
任务目标	掌握房产税的纳税人、征税范围、税率和应纳税额的计算方法；培养问题辨析能力，树立依法纳税意识
任务描述	甲公司2024年年初房产原值为8 000万元，3月与乙公司签订租赁合同，约定自2024年4月起，将原值500万元房产租赁给乙公司，租期3年，月租金2万元，2024年4—6月为免租使用期间。甲公司所在地计算房产税余值减除比例为30%。 请计算甲公司该年度应缴纳的房产税额
任务分析	
任务实施	

课堂任务

课后任务

任务名称	熟悉房产税的基本法律规定
任务目标	掌握房产税计税依据的确定和应纳税额的计算方法；培养问题辨析能力，树立依法纳税意识
任务描述	某酒厂2024年年初拥有厂房原值600万元，仓库原值200万元。同年年初，将厂房和仓库进行改扩建。6月底完工并办理验收手续，增加了厂房原值50万元，另外仓库安装了10万元的排水设备，并单独作为固定资产核算。当地政府规定房产税减除比例为20%。 请计算该酒厂当年应缴纳的房产税额
任务分析	
任务实施	

课后任务

任务评价

知识及技能	评分 （5分）	素质能力	评分 （5分）
1. 熟悉房产税的基本法律规定		1. 提高问题辨析能力和职业技能	

续表

知识及技能	评分 （5分）	素质能力	评分 （5分）
2. 能正确判定应税行为和确定计税依据		2. 培养遵法守法意识	
3. 能掌握房产税的计算方法		3. 树立依法纳税意识	

任务总结

房产税的征税对象只是房屋，且仅限于城镇的经营性房屋，区分房屋的经营使用方式规定不同的征税办法。自用的经营用房产按房产的计税余值征税，适用税率为1.2%；出租用房产按租金收入征税，适用税率为12%。确定房产税的计税依据既是学习的重点也是难点。

任务五　计算与申报契税

任务情境

因为业务扩展需要，2024年5月，吉源宠物食品有限公司购买1处厂房，合同注明的土地使用权价款3 000万元（不含增值税），厂房及地上附着物价款500万元（不含增值税）。已知，当地规定的契税税率为3%。请问：吉源宠物食品有限公司应缴纳多少契税？

任务地图

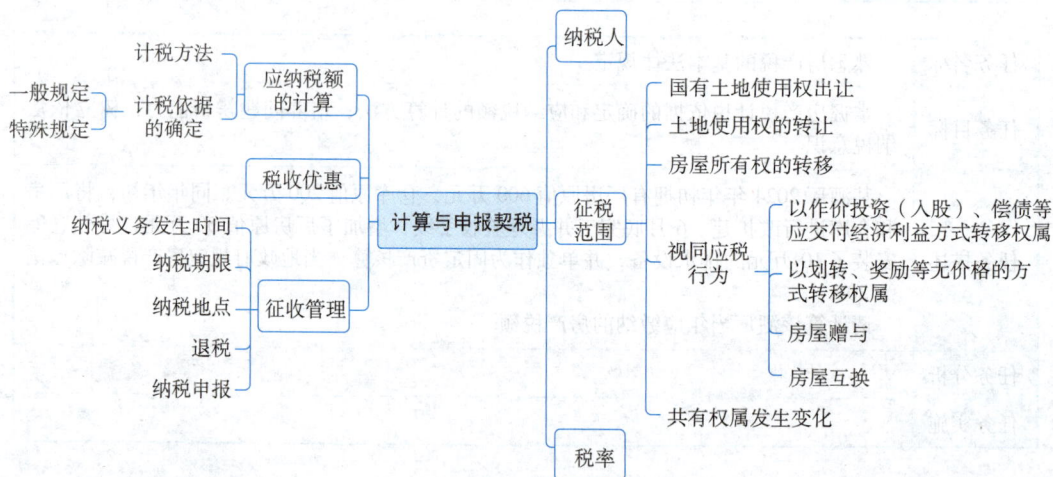

任务描述

熟知契税的纳税人、征税范围和税率，熟练掌握计税依据的确定方法，正确计算应纳税额，及时依法申报纳税。

任务目标

1. 熟知契税的纳税人、征税范围和税率；
2. 熟练确定契税的计税依据；
3. 掌握契税应纳税额的计算方法；
4. 能够及时申报纳税，完成纳税义务；
5. 培养辨析和解决实际问题的能力；
6. 培养实操能力，提升职业技能和水平；
7. 树立遵法守法、依法纳税的意识。

知识链接

契税是以在我国境内转移土地、房屋权属为征税对象，向承受权属的单位和个人征收的一种财产税。征收契税有利于增加地方财政收入，有利于保护合法产权，避免产权纠纷。

> **小贴士**
>
> 征收契税的土地、房屋权属是指土地使用权和房屋所有权。

一、纳税人

契税的纳税人是在境内转移土地、房屋权属，承受的单位和个人。单位是指企业单位、事业单位、国家机关、军事单位和社会团体及其他组织。个人是指个体工商户及其他个人，包括中国公民和外籍人员。

二、征税范围

（一）国有土地使用权出让

国有土地使用权出让，是指土地使用者向国家交付土地使用权出让费，国家将国有土地使用权在一定年限内，让与土地使用者的行为。

（二）土地使用权的转让

土地使用权的转让，是指土地使用者以出售、赠与、互换方式，将土地使用权转移给其他单位和个人的行为。土地使用权转让不包括土地承包经营权和土地经营权的转移。

（三）房屋所有权的转移。包括房屋买卖、房屋赠与和房屋互换

（1）房屋买卖。房屋买卖，是指房屋所有者将房屋产权出售，由承受者交付货币、实物及其他经济利益的行为。

（2）房屋赠与。房屋赠与，是指房屋所有人将房屋产权无偿转让给他人所有。以获奖方式取得房屋产权，实质上是接受赠与房产的行为，也应缴纳契税。

> **小贴士**
>
> 房屋赠与的前提必须是产权无纠纷，赠与人和受赠人双方自愿。

（3）房屋互换。房屋互换，是指房屋所有者之间互相交换房屋产权的行为。

（四）视同应税行为

（1）以作价投资（入股）、偿还债务等应交付经济利益的方式转移土地、房屋权属的，参照土地使用权出让、出售或房屋买卖确定契税适用税率、计税依据等。

以自有房产作股投入本人独资经营的企业，不征契税。

（2）以划转、奖励等没有价格的方式转移土地、房屋权属的，参照土地使用权或房屋赠与确定契税适用税率、计税依据等。

（五）下列权属共有的情形，发生土地、房屋权属转移的，承受方应当依法缴纳契税

（1）因共有不动产份额变化的。

（2）因共有人增加或者减少的。

（3）因人民法院、仲裁委员会的生效法律文书或者监察机关出具的监察文书等因素，发生土地、房屋权属转移的。

三、税率

契税实行3%～5%的幅度比例税率。省、自治区、直辖市可以依照规定程序对不同主体、不同地区、不同类型的住房权属转移，确定差别税率。

对个人购买家庭唯一住房（家庭成员范围包括购房人、配偶以及未成年子女，下同），面积为90平方米及以下的，减按1%的税率征收契税；面积为90平方米以上的，减按1.5%的税率征收契税。

对个人购买家庭第二套改善性住房，面积为90平方米及以下的，减按1%的税率征收契税；面积为90平方米以上的，减按2%的税率征收契税。

北京市、上海市、广州市、深圳市不实施该项规定，采用当地规定的契税税率3%。

四、应纳税额的计算

（一）计税方法

契税应纳税额的计算公式为：

$$应纳税额 = 计税依据 \times 适用税率$$

（二）计税依据的确定

契税以不含增值税的成交价格为计税依据。房地产权属转移方式不同，计税依据的规定也不同。

1. 一般规定

契税计税依据的一般规定如表6-5-1所示。

表6-5-1　契税计税依据的一般规定

应税行为	纳税人	计税依据
土地使用权出让、出售、房屋买卖	受让方	不含增值税的成交价格，包括应交付的货币、实物、其他经济利益
土地使用权互换、房屋互换	差额支付方	不含增值税价格的差额
土地使用权赠与、房屋赠与以及其他没有价格的转移土地、房屋权属行为	受赠方承受方	税务机关参照土地使用权出售、房屋买卖的市场价格依法核定的价格

【例】居民李明有两套住房。将其中一套出售给居民甲，成交价格为不含增值税2 000 000元；将另一套住房与居民乙交换，并支付给乙换房差价款200 000元。已知契税

税率为4%。请计算李明、甲、乙三人相关行为应缴纳的契税额。

【解析与答案】 房屋买卖，由产权承受方甲就成交价格计算缴纳契税；房屋交换，由差额支付方就差额计算缴纳契税。

李明应缴纳契税 = 200 000 × 4% = 8 000（元）

甲应缴纳契税 = 2 000 000 × 4% = 80 000（元）

乙无须缴纳契税。

2. 特殊规定

契税计税依据的特殊规定如表6-5-2所示。

表6-5-2　契税计税依据的特殊规定

权属转移方式		纳税人	计税依据
以划拨方式取得的土地使用权，经批准改为出让方式重新取得该土地使用权的（划拨改为出让）		土地使用权人	补缴的土地出让价款
先以划拨方式取得土地使用权，后经批准转让房地产，划拨土地性质改为出让的（划拨改为出让和转让）		承受方	分别以补缴的土地出让价款和房地产权属转移合同确定的成交价格
先以划拨方式取得土地使用权，后经批准转让房地产，划拨土地性质未发生改变的（划拨经批准转让）			以房地产权属转移合同确定的成交价格
土地使用权及所附建筑物、构筑物等（包括在建的房屋、其他建筑物、构筑物和其他附着物）转让的			应交付的总价款
土地使用权出让的			包括土地出让金、土地补偿费、安置补助费、地上附着物和青苗补偿费、征收补偿费、城市基础设施配套费、实物配建房屋等应交付的货币以及实物、其他经济利益
房屋附属设施（包括停车位、机动车库、非机动车库、顶层阁楼、储藏室及其他房屋附属设施）	与房屋为同一不动产单元的		应交付的总价款
	与房屋为不同不动产单元的		转移合同确定的成交价格
承受已装修房屋的			应交付的总价款（含装修费用）
土地使用权互换房屋互换	互换价格相等的		零
	互换价格不相等的	差额支付方	差额
纳税人申报的成交价格、互换价格差额明显偏低且无正当理由的		承受方	由税务机关按照相关规定核定

五、税收优惠

（1）《中华人民共和国契税法》第六条规定，有下列情形之一的，免征契税。

①国家机关、事业单位、社会团体、军事单位承受土地、房屋权属用于办公、教学、医疗、科研、军事设施；

②非营利性的学校、医疗机构、社会福利机构承受土地、房屋权属用于办公、教学、医疗、科研、养老、救助；

③承受荒山、荒地、荒滩土地使用权用于农、林、牧、渔业生产；

④婚姻关系存续期间夫妻之间变更土地、房屋权属；

⑤法定继承人通过继承承受土地、房屋权属；

⑥依照法律规定应当予以免税的外国驻华使馆、领事馆和国际组织驻华代表机构承受土地、房屋权属。

（2）根据国民经济和社会发展的需要，国务院对居民住房需求保障、企业改制重组、灾后重建等情形可以规定免征或者减征契税，报全国人民代表大会常务委员会备案。

（3）《中华人民共和国契税法》第七条规定，省、自治区、直辖市可以决定对下列情形免征或者减征契税。

①因土地、房屋被县级以上人民政府征收、征用，重新承受土地、房屋权属；

②因不可抗力灭失住房，重新承受住房权属。

前款规定的免征或者减征契税的具体办法，由省、自治区、直辖市人民政府提出，报同级人民代表大会常务委员会决定，并报全国人民代表大会常务委员会和国务院备案。

（4）《中华人民共和国契税法》第八条规定，纳税人改变有关土地、房屋的用途，或者有其他不再属于本法第六条规定的免征、减征契税情形的，应当缴纳已经免征、减征的税款。

六、征收管理

（一）纳税义务发生时间

1. 一般规定

契税申报以不动产单元为基本单位，契税纳税义务发生时间，是纳税人签订土地、房屋权属转移合同的当日，或纳税人取得其他具有土地、房屋权属转移合同性质的凭证的当日。

2. 特殊规定

契税纳税义务发生时间特殊规定如表6-5-3所示。

表6-5-3　契税纳税义务发生时间特殊规定

情形	纳税义务发生时间
因人民法院、仲裁委员会的生效法律文书或者监察机关出具的监察文书等发生土地、房屋权属转移的	为法律文书等生效当日
因改变土地、房屋用途等情形应缴纳已经减征、免征契税的	改变有关土地、房屋用途等情形的当日
因改变土地性质、容积率等土地使用条件需补缴土地出让价款，应当缴纳契税的	改变土地使用条件当日

（二）纳税期限

纳税人应当在依法办理土地、房屋权属登记手续前，申报缴纳契税。

按规定不再需要办理土地、房屋权属登记的，纳税人应自纳税义务发生之日起 90 日内申报缴纳契税。

（三）纳税地点

契税在土地、房屋所在地的税务征收机关缴纳。

（四）退税

纳税人缴纳契税后发生下列情形，可依照有关法律法规申请退税。

（1）因人民法院判决或者仲裁委员会裁决导致土地、房屋权属转移行为无效、被撤销或者被解除，且土地、房屋权属变更至原权利人的。

（2）在出让土地使用权交付时，因容积率调整或实际交付面积小于合同约定面积需退还土地出让价款的。

（3）在新建商品房交付时，因实际交付面积小于合同约定面积需返还房价款的。

纳税人依照规定向税务机关申请退还已缴纳契税的，应提供纳税人身份证件、完税凭证复印件等。

> **小贴士**
>
> 支付凭证有：土地使用权出让为财政票据，土地使用权出售、互换和房屋买卖、互换为增值税发票。

（五）纳税申报

契税纳税人依法纳税申报时，应如实填写《财产和行为税纳税申报表》及税源明细表，并根据具体情形提交下列资料。

（1）纳税人身份证件。

（2）土地、房屋权属转移合同，或其他具有土地、房屋权属转移合同性质的支付凭证。

（3）交付经济利益方式转移土地、房屋权属的，提交土地、房屋权属转移相关价款支付凭证。

（4）因人民法院、仲裁委员会的生效法律文书或者监察机关出具的监察文书等因素发生土地、房屋权属转移的，提交生效法律文书或监察文书等。

符合减免税条件的，应按规定附送有关资料或将资料留存备查。

任务情境分析与实施

土地使用权及所附建筑物、构筑物等（包括在建的房屋、其他建筑物、构筑物和其他附着物）转让的，计税依据为承受方应交付的总价款。"连房带地一块儿卖"，成交价格应当既包括厂房及地上附着物的价款，又包括对应土地使用权的价款，但不含增值税。

该公司应纳契税额 = (3 000 + 500) × 3% = 105（万元）

课堂任务

任务名称	熟悉契税的基本法律规定
任务目标	掌握契税计税依据的确定和应纳税额的计算方法；培养问题辨析和解决能力，树立依法纳税意识
任务描述	某大型国有企业 2024 年承受国有土地使用权，国家给予其照顾，减按应支付土地出让金的 70% 缴纳出让金，该企业实际支付不含税出让金 140 万元，当地省政府规定的契税税率为 3%。 请计算该企业应缴纳的契税额

课堂任务

续表

任务分析	
任务实施	

课后任务

任务名称	熟悉契税的基本法律规定
任务目标	掌握契税的纳税人、征税范围、计税依据的确定和应纳税额的计算方法；培养问题辨析和解决能力，树立依法纳税意识
任务描述	林某拥有面积为140平方米的住宅一套，价值96万元。黄某拥有面积为120平方米的住宅一套，价值72万元。两人进行房屋交换，差价部分黄某以现金补偿林某。已知契税适用税率为3%。 　　请计算黄某应缴纳的契税额（上述金额均不含增值税）
任务分析	
任务实施	

任务评价

知识及技能	评分 （5分）	素质能力	评分 （5分）
1. 能正确判定契税的纳税人、征税范围和计税依据		1. 提升职业技能	
2. 掌握契税的计算方法		2. 树立依法纳税意识	

任务总结

　　在我国境内房地产权属发生转移或视同转移，权属承受方（单位和个人）应缴纳契税。纳税人要根据权属转移的不同方式，按照相关规定计算缴纳契税。正确计算契税应纳税额，关键在于正确判定应税行为，确定相应的计税依据。因此，要熟练掌握税法规定的征税范围，以及计税依据的确定。

任务六　计算与申报资源税

任务情境

　　山东能源集团安顺煤矿公司为增值税一般纳税人，2024年6月销售原煤向购买方收取全部价款1 000万元，其中销售额900万元、从坑口到购买方指定地点的运输费用80万元、装卸费用20万元，均已取得合法有效凭证。另将外购原煤与自采原煤混合销售取得销售额650万元，外购原煤增值税专用发票注明金额400万元。上述价款均不含增值税，当地原煤资源税税率为8%。请问：该公司当月应缴纳多少资源税？

任务地图

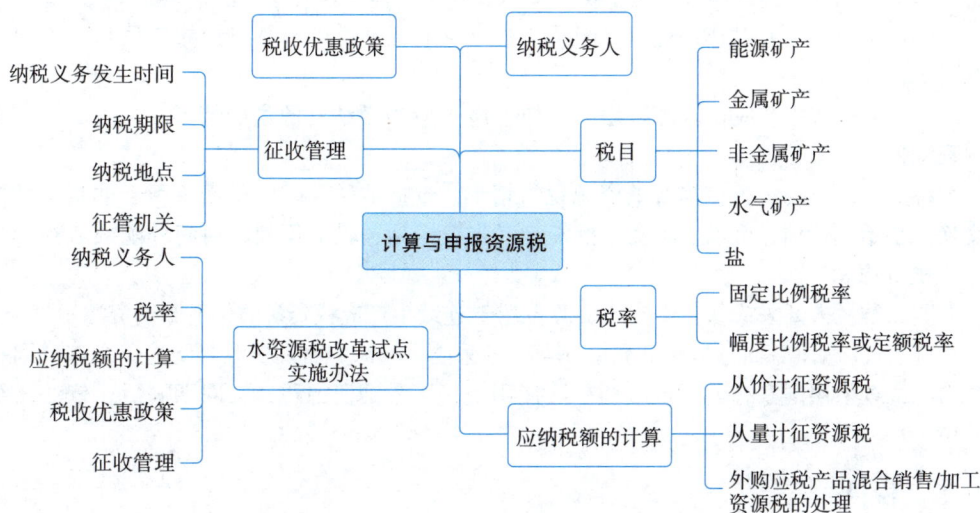

任务描述

　　熟知资源税的纳税人、税目和税率，重点掌握计税依据的确定方法，能够熟练计算资源税应纳税额；能够及时申报缴纳资源税，完成纳税义务。

任务目标

　　1. 熟知资源税的纳税人；

　　2. 熟知资源税的税目和税率；

　　3. 学会正确计算资源税应纳税额；

　　4. 熟知水资源税的改革试点实施办法；

　　5. 能够及时申报纳税，完成纳税义务；

　　6. 提高资源稀缺、保护国家资源的意识；

　　7. 树立遵法守法、依法纳税的意识。

知识链接

　　资源税是对在我国领域和管辖的其他海域开发应税资源的单位和个人，就其应税资源销售额或销售数量为计税依据而征收的一种税。

　　资源一般是指自然界存在的所有天然物质财富，包括地上资源、地下资源、空间资源。从内容看，资源包括矿产资源、土地资源、水资源、动物资源、植物资源、海洋资源、太阳能资源、空气资源等。

　　现行资源税只对矿产品和盐征税。对取用地表水或地下水的单位和个人试点征收水资源税。

一、纳税义务人

　　在中华人民共和国领域和中华人民共和国管辖的其他海域开发应税资源的单位和个人，

为资源税的纳税人。

单位是指国有企业、集体企业、私营企业、股份制企业、其他企业和行政单位、事业单位、军事单位、社会团体及其他单位。**个人**，是指个体经营者及其他个人。

除上述单位和个人以外，**进口**矿产品或盐以及经营已税矿产品或盐的单位和个人均**不缴纳**资源税。

纳税人开采或生产应税资源自用的，如果属于**应当缴纳资源税的情形**，应当依照规定缴纳资源税。

纳税人自用应税资源**应当缴纳资源税**的情形，包括纳税人以应税资源用于**非货币性资产交换、捐赠、偿债、赞助、集资、投资、广告、样品、职工福利、利润分配或者连续生产非应税资源**等。

但是，纳税人开采或者生产应税资源自用于**连续生产应税资源**的，不缴纳资源税。

2011年11月1日前已依法订立中外合作开采陆上、海上石油资源合同的，在该合同有效期内，继续依照国家有关规定缴纳矿区使用费，不缴纳资源税；合同期满后，依法缴纳资源税。

二、税目

我国现行资源税的税目包括**能源矿产、金属矿产、非金属矿产、水气矿产**和**盐**5大类，每个税目下设若干子目。目前所列的税目有164个，涵盖了已经发现的所有矿种和盐。

部分应税资源的征税对象为**原矿产品**，部分应税资源的征税对象为**选矿产品**，还有一部分应税资源的征税对象为**原矿或选矿产品**。具体按照表6-6-1资源税税目税率表的规定执行。

纳税人以**自采原矿直接销售**，或者**自用于应当缴纳**资源税情形的，按照**原矿**计征资源税。

纳税人以**自采原矿**洗选加工为**选矿产品销售**，或者

> **💡 小贴士**
>
> 　　纳税人自用应税产品应缴纳资源税的情形，包括：纳税人以应税产品用于**非货币性资产交换、捐赠、偿债、赞助、集资、投资、广告、样品、职工福利、利润分配或者连续生产非应税产品**等。

将**选矿产品**自用于应当缴纳资源税情形的，按照**选矿产品**计征资源税，在**原矿移送环节不缴纳**资源税。

对于无法区分原生岩石矿种的粒级成型砂石颗粒，按照**砂石**税目征收资源税。

三、税率

资源税对**大部分**资源应税产品采取**从价计征**、部分应税产品**从量**计征的办法。按不同的资源品目分别设置**比例税率**和**定额税率**两种形式。

对原油、天然气、中重稀土、钨、钼等战略资源实行**固定比例税率**，由税法直接确定。

其他应税资源实行**幅度比例或定额**税率，具体适用税率由省、自治区、直辖市人民政府统筹考虑，在规定的税率幅度内提出，报同级人民代表大会常务委员会决定，并报全国人民代表大会常务委员会和国务院备案。

纳税人开采或生产**不同税目**应税产品的，应当**分别核算**不同税目应税产品的销售额或者销售数量；**未分别核算**或不能准确提供不同税目应税产品的销售额或者销售数量的，**从高**适用税率。

纳税人开采或者生产**同一税目**下适用**不同税率**应税产品的，应当**分别核算**不同税率应

税产品的销售额或者销售数量；未分别核算或者不能准确提供不同税率应税产品的销售额或者销售数量的，从高适用税率。具体规定如表6-6-1所示。

表6-6-1　资源税税目税率表

税目		征税对象	税率
能源矿产	原油	原矿	6%
	天然气、页岩气、天然气水合物	原矿	6%
	煤	原矿或选矿	2%~10%
	煤成（层）气	原矿	1%~2%
	铀、钍	原矿	4%
	油页岩、油砂、天然沥青、石煤	原矿或选矿	1%~4%
	地热	原矿	1%~20% 或每立方米1~30元
金属矿产	黑色金属 铁、锰、铬、钒、钛	原矿或选矿	1%~9%
	有色金属 铜、铅、锌、锡、镍、锑、镁、钴、铋、汞	原矿或选矿	2%~10%
	铝土矿	原矿或选矿	2%~9%
	钨	选矿	6.5%
	钼	选矿	8%
	金、银	原矿或选矿	2%~6%
	铂、钯、钌、锇、铱、铑	原矿或选矿	5%~10%
	轻稀土	选矿	7%~12%
	中重稀土	选矿	20%
	铍、锂、锆、锶、铷、铯、铌、钽、锗、镓、铟、铊、铪、铼、镉、硒、碲	原矿或选矿	2%~10%
非金属矿产	矿物类 高岭土	原矿或选矿	1%~6%
	石灰岩	原矿或选矿	1%~6% 或每吨（或每立方）1~10元
	磷	原矿或选矿	3%~8%
	石墨	原矿或选矿	3%~12%
	萤石、硫铁矿、自然硫	原矿或选矿	1%~8%
	天然石英砂、脉石英、粉石英、水晶、工业用金刚石、冰洲石、蓝晶石、硅线石（矽线石）、长石、滑石、刚玉、菱镁矿、颜料矿物、天然碱、硝、钠硝石、明矾石、砷、硼、碘、溴、膨润土、硅藻土、陶瓷土、耐火黏土、铁矾土、凹凸棒石黏土、海泡石黏土、伊利石黏土、累托石粘土	原矿或选矿	1%~12%

续表

税目			征税对象	税率
非金属矿产	矿物类	叶蜡石、硅灰石、透辉石、珍珠岩、云母、沸石、重晶石、毒重石、方解石、蛭石、透闪石、工业用电气石、白垩、石棉、蓝石棉、红柱石、石榴子石、石膏	原矿或选矿	2%~12%
		其他粘土（铸型用粘土、砖瓦用黏土、陶粒用黏土、水泥配料用黏土、水泥配料用红土、水泥配料用黄土、水泥配料用泥岩、保温材料用黏土）	原矿或选矿	1%~5% 或每吨（或每立方米）0.1~5元
	岩石类	大理岩、花岗岩、白云岩、石英岩、砂岩、辉绿岩、安山岩、闪长岩、板岩、玄武岩、片麻岩、角闪岩、页岩、浮石、凝灰岩、黑曜岩、霞石正长岩、蛇纹岩、麦饭石、泥灰岩、含钾岩石、含钾砂页岩、天然油石、橄榄岩、松脂岩、粗面岩、辉长岩、辉石岩、正长岩、火山灰、火山渣、泥炭	原矿或选矿	1%~10%
	宝玉石类	砂石	原矿或选矿	1%~5% 或每吨（或每立方米）0.1~5元
		宝石、玉石、宝石级金刚石、玛瑙、黄玉、碧玺	原矿或选矿	4%~20%
水气矿产		二氧化碳气、硫化氢气、氦气、氡气	原矿	2%~5%
		矿泉水	原矿	1%~20% 或每立方米1~30元
盐		钠盐、钾盐、镁盐、锂盐	选矿	3%~15%
		天然卤水	原矿	3%~15% 或每吨（或每立方米）1~10元
		海盐		2%~5%

四、计算应纳税额

（一）从价计征资源税

1. 计算方法

实行从价计征的，资源税应纳税额按照应税资源产品（以下简称"应税产品"）的销售额乘以适用税率计算。计税公式如下。

$$应纳税额＝计税销售额×适用税率$$

2. 计税销售额的确定

（1）应税产品的销售额，按照纳税人销售应税产品向购买方收取的全部价款确定，不包括增值税税款。

（2）计入销售额中的相关运杂费用，凡取得增值税发票或者其他合法有效凭据的，准予从销售额中扣除。

相关运杂费用是指应税产品从坑口或者洗选（加工）

⚡ **小贴士**

运杂费的处理。

①收取已并入销售额的运杂费，允许从销售额中扣除（须有支付凭证）；

②收取未并入销售额的运杂费，与销售额无关。

地到车站、码头或者购买方指定地点的运输费用、建设基金以及随运销产生的装卸、仓储、港杂费用。

$$计税销售额 = 不含增值税应税资源产品的销售额 - 准予扣除的相关运杂费$$

【例6-6-1】新力矿山为增值税一般纳税人，2023年9月销售大理岩原矿取得不含增值税销售额205万元，计入销售额中的从坑口到车站的运输费用5万元，取得增值税发票。已知当地大理岩原矿适用的资源税税率为5%。请计算新力矿山当月应缴纳的资源税额。

【解析与答案】计入销售额中的相关运杂费用，取得增值税发票，又属于坑口到车站的相关费用，因此准予从销售额中扣除。新力矿山当月应纳资源税额为10万元。

应纳税额 = (205 - 5) × 5% = 10(万元)

（3）核定销售额。

纳税人申报的应税产品销售额，明显偏低且无正当理由的，或有自用应税产品行为而无销售额的，主管税务机关可以按下列方法和顺序，确定其应税产品销售额。

①按纳税人最近时期同类产品的平均销售价格确定。

②按其他纳税人最近时期同类产品的平均销售价格确定。

③按后续加工非应税产品的销售价格，减去后续加工环节的成本利润后确定。

④按应税产品组成计税价格确定。

$$组成计税价格 = 成本 × (1 + 成本利润率) ÷ (1 - 资源税税率)$$

⑤按其他合理方法确定。

（二）从量计征资源税

1. 计税方法

实行从量计征的，应纳税额按照应税产品的销售数量乘以适用的单位税额计算。计税公式如下。

$$应纳税额 = 应税产品的销售数量 × 适用的单位税额$$

2. 计税销售数量的确定

应税产品的销售数量，包括纳税人开采或者生产应税产品的实际销售数量和自用于应当缴纳资源税情形的应税产品数量。资源税从量计征计税依据如表6-6-2所示。

表6-6-2　资源税从量计征计税依据

具体情况	计税数量的确定
各种应税产品，凡直接对外销售的	以实际销售数量为课税数量
各种应税产品，凡自产自用的（包括用于非生产项目和生产非应税产品）	自用于应当缴纳资源税情形的应税产品数量

【例6-6-2】光明砂石厂2023年12月开采砂石5 000立方米，对外销售4 000立方米。已知当地砂石资源税税率为3元/立方米。请计算该厂当月应纳资源税额。

【解析与答案】砂石采用的是从量定额计算资源税；资源税的课税数量是销售量而不是开采量。

该厂应纳资源税额 = 4 000 × 3 ÷ 10 000 = 1.2（万元）

（三）外购应税产品混合销售/加工资源税的处理

纳税人外购应税产品与自采应税产品混合销售，或者混合加工为应税产品销售的，在计算应税产品销售额或者销售数量时，准予扣减外购应税产品的购进金额或者购进数量；

当期不足扣减的，可结转下期扣减。纳税人应当准确核算外购应税产品的购进金额或者购进数量，未准确核算的，一并计算缴纳资源税。

纳税人核算并扣减当期外购应税产品购进金额、购进数量，应当依据外购应税产品的增值税发票、海关进口增值税专用缴款书或者其他合法有效凭据。

纳税人以外购原矿与自采原矿混合为原矿销售，或者以外购选矿产品与自产选矿产品混合为选矿产品销售的，在计算应税产品销售额或者销售数量时，直接扣减外购原矿或者外购选矿产品的购进金额或者购进数量。

纳税人以外购原矿与自采原矿混合洗选加工为选矿产品销售的，在计算应税产品销售额或者销售数量时，按照下列方法进行扣减。

准予扣减的外购应税产品购进金额（数量）=外购原矿购进金额（数量）×（本地区原矿适用税率÷本地区选矿产品适用税率）

不能按照上述方法计算扣减的，按照主管税务机关确定的其他合理方法进行扣减。资源税计税时的扣减方法如表6－6－3所示。

表6－6－3　资源税计税时的扣减方法

原料	混合后的销售对象	应税产品销售额或销售数量的计算方法
外购原矿＋自采原矿	混合为原矿销售	在应税产品销售额或者销售数量中直接扣减外购原矿或者外购选矿产品的购进金额或购进数量
外购选矿产品＋自产选矿产品	混合为选矿产品销售	
外购原矿＋自采原矿	混合洗选加工为选矿产品销售	第1顺位方法：准予扣减的外购应税产品购进金额（数量）=外购原矿购进金额（数量）×（本地区原矿适用税率÷本地区选矿产品适用税率） 第2顺位方法：不能按照上述方法计算扣减的，按照主管税务机关确定的其他合理方法进行扣减

【例6－6－3】新明铁矿厂适用资源税税率情况分别为：铁矿原矿为2%，铁矿选矿为1%。对外购应税产品能够准确核算，并提供合法凭证。2024年9月发生了下列业务（见表6－6－4）。请计算各项业务应纳资源税额（见表6－6－4）。

【解析与答案】

表6－6－4　新明铁矿厂2024年9月发生的业务及应纳资源税

业务	计算应纳资源税
（1）外购铁矿原矿，购进价为不含增值税额3万元，将它和自采的铁矿原矿混合后直接销售，售价为不含增值税10万元	应纳税额＝（10－3）×2%＝0.14（万元）
（2）外购的铁矿选矿，购进价为不含增值税额8万元，将它和自采的铁矿选矿混合后直接销售，售价为不含增值税15万元	应纳税额＝（15－8）×1%＝0.07（万元）
（3）外购的铁矿原矿，购进价为不含增值税3万元，将它和自采的铁矿原矿混合，加工成铁矿选矿销售，售价为不含增值税25万元	应纳税额＝（25－3×2%÷1%）×1%＝0.19（万元）

五、税收优惠

（1）有下列情形之一的，免征资源税。

①开采原油以及在油田范围内运输原油过程中用于加热的原油、天然气；

②煤炭开采企业因安全生产需要抽采的煤成（层）气。

（2）有下列情形之一的，减征资源税。

①从低丰度油气田开采的原油、天然气，减征20%资源税；

②高含硫天然气、三次采油和从深水油气田开采的原油、天然气，减征30%资源税；

③稠油、高凝油减征40%资源税；

④从衰竭期矿山开采的矿产品，减征30%资源税。

（3）根据国民经济和社会发展需要，国务院对有利于促进资源节约集约利用、保护环境等情形可以规定免征或者减征资源税，报全国人民代表大会常务委员会备案。

（4）有下列情形之一的，省、自治区、直辖市可以决定免征或者减征资源税。

①纳税人开采或者生产应税产品过程中，因意外事故或者自然灾害等原因遭受重大损失；

②纳税人开采共伴生矿、低品位矿、尾矿。

前款规定的免征或者减征资源税的具体办法，由省、自治区、直辖市人民政府提出，报同级人民代表大会常务委员会决定，并报全国人民代表大会常务委员会和国务院备案。

纳税人的免税、减税项目，应当单独核算销售额或者销售数量；未单独核算或者不能准确提供销售额或者销售数量的，不予免税或者减税。

六、征收管理

资源税征收管理规定（水资源除外）如表6-6-5所示。

表6-6-5　资源税征收管理规定（水资源除外）

征管要点	具体规定
纳税义务发生时间	①销售应税产品，收讫销售款或者取得索取销售款凭据的当日 ②自用应税产品，移送应税产品的当日
纳税期限	按月或者按季申报缴纳；不能按固定期限计算缴纳的，可以按次申报缴纳。 ①按月或按季申报缴纳的，自月度或季度终了之日起15日内，向税务机关申报缴纳 ②按次申报缴纳的，自纳税义务发生之日起15日内，向税务机关申报缴纳
纳税地点	矿产品的开采地或者海盐的生产地
征管机构	①一般应税产品：开采地或者生产地的税务机关 ②海上开采的原油和天然气：海洋石油税务管理机构
纳税申报	资源税纳税人应如实进行税源信息采集，并填报《财产行为税申报表》

七、水资源税改革试点实施办法

（一）纳税义务人

除规定情形外，水资源税的纳税人，为直接取用地表水、地下水的单位和个人，包括直接从江、河、湖泊（含水库）和地下，取用水资源的单位和个人。

下列情形，不缴纳水资源税。

（1）农村集体经济组织及其成员，从本集体经济组织的水塘、水库中取用水的。

（2）家庭生活和零星散养、圈养畜禽饮用等，少量取用水的。

（3）水利工程管理单位，为配置或者调度水资源取水的。

（4）为保障矿井等地下工程施工安全和生产安全，必须进行临时应急取用（排）水的。

（5）为消除对公共安全或者公共利益的危害，临时应急取水的。

（6）为农业抗旱和维护生态与环境，必须临时应急取水的。

（二）税率

水资源税实行定额税率。试点省份省（区、市）人民政府，在《水资源税改革试点实施办法》所附《试点省份水资源税最低平均税额表》（见表6-6-6）规定的最低平均税额基础上，分类确定具体适用税额。

表6-6-6　试点省份水资源税最低平均税额表　　单位：元/立方米

省（区、市）	地表水最低平均税额	地下水最低平均税额
北京	1.6	4
天津	0.8	4
山西	0.5	2
内蒙古	0.5	2
山东	0.4	1.5
河南	0.4	1.5
四川	0.1	0.2
陕西	0.3	0.7
宁夏	0.3	0.7

为发挥水资源税调控作用，按不同取用水性质实行差别税额。

（1）地下水税额要高于地表水。

（2）超采区地下水税额要高于非超采区，严重超采地区的地下水税额要大幅高于非超采地区。

（3）对超计划或超定额用水加征1~3倍，对特种行业从高征税，对超过规定限额的农业生产取用水、农村生活集中式饮水工程取用水从低征税。

（三）应纳税额的计算

水资源税实行从量计征。对一般取用水按照实际取用水量征税，对采矿和工程建设疏干排水按照排水量征税；对水力发电和火力发电贯流式（不含循环式）冷却取用水按照实际发电量征税。水资源税应纳税额的计算如表6-6-7所示。

表6-6-7　水资源税应纳税额的计算

取水用途	计税依据	计算公式
一般取用水	实际取用水量	应纳税额＝实际取用水量×适用税额
疏干排水	实际取用水量（按照排水量确定）	
水力发电和火力发电贯流式（不含循环式）冷却取用水	实际发电量	应纳税额＝实际发电量×适用税额

（1）疏干排水，是指在采矿和工程建设过程中破坏地下水层、发生地下涌水的活动。

（2）火力发电贯流式冷却取用水，是指火力发电企业从江河、湖泊（含水库）等水源取水，并对机组冷却后将水直接排入水源的取用水方式。

（3）火力发电循环式冷却取用水，是指火力发电企业从江河、湖泊（含水库）、地下等水源取水并引入自建冷却水塔，对机组冷却后返回冷却水塔循环利用的取用水方式。

（四）税收优惠政策

下列情形，予以免征或者减征水资源税。

（1）规定限额内的农业生产取用水免征水资源税。

（2）取用污水处理再生水免征水资源税。

（3）除接入城镇公共供水管网以外，军队、武警部队通过其他方式取用水的免征水资源税。

（4）抽水蓄能发电取用水免征水资源税。

（5）采油排水经分离净化后在封闭管道回注的免征水资源税。

（6）财政部、国家税务总局规定的其他免征或者减征水资源税的情形。

（五）征收管理

水资源税征收管理规定如表6-6-8所示。

表6-6-8　水资源税征收管理规定

征管要点	具体规定
纳税义务发生时间	纳税人取用水资源的当日
纳税期限	除农业生产取用水外，水资源税按季或者按月征收。对超过规定限额的农业生产取用水，水资源税可按年征收。不能按固定期限计算纳税的，可以按次申报纳税
纳税地点与征收管理机关	由生产经营所在地的主管税务机关征收管理；跨省（区、市）调度的水资源，由调入区域所在地的税务机关征收管理；在试点省份内取用水，其纳税地点需要调整的，由省级财政、税务部门决定

◎ 任务情境分析与实施

计入应税产品销售额中的相关运杂费用，凡取得增值税发票或者其他合法有效凭据的，准予从销售额中扣除。纳税人外购应税产品与自采应税产品混合销售的，在计算应税产品销售额或者销售数量时，准予扣减外购应税产品的购进金额或者购进数量。

该公司当月应纳资源税额＝（1 000－80－20）×8%＋（650－400）×8%＝92（万元）

课堂任务

任务名称	计算应缴纳的资源税额
任务目标	能熟练判定资源税的征税对象、适用税目和税率，并会计算应纳税额； 提高资源稀缺、保护国家资源的意识
任务描述	甲煤矿 2024 年 9 月销售自产原煤 1 800 吨，职工食堂领用自产原煤 70 吨，职工宿舍供暖领用自产原煤 120 吨，向丙公司移送自产原煤 15 吨抵偿之前所欠债务，原煤不含增值税单价 530 元/吨。已知原煤适用资源税税率为 8%。 请计算甲煤矿当月应缴纳的资源税额
任务分析	
任务实施	

课后任务

任务名称	计算应缴纳的资源税额
任务目标	能熟练判定资源税的征税对象、适用税目和税率，并会计算应纳税额；提高解决实际问题的能力，培养职业技能
任务描述	某铅矿开采企业为一般纳税人，2024 年 9 月开采并销售铅矿原矿，取得含增值税销售额 678 万元；销售以自采铅矿原矿生产的选矿取得含增值税销售额 1 200 万元。已知，适用的铅矿原矿资源税税率为 6%，铅矿选矿资源税税率为 4%。 请计算该企业 2024 年 9 月应缴纳的资源税额
任务分析	
任务实施	

任务评价

知识及技能	评分（5分）	素质能力	评分（5分）
1. 掌握资源税征税范围及税目		1. 提高资源稀缺、保护国家资源的意识	
2. 掌握资源税的计算方法		2. 树立依法纳税意识，培养严谨求实的职业精神	

任务总结

资源税征税对象涵盖了已经发现的所有矿种和盐，大部分采取从价计征资源税，部分采取从量计征资源税。在计算应纳税额时，要注意计入销售额中的相关运杂费凭有效凭据准予从销售额中扣除；还要注意纳税人外购应税产品与自采应税产品混合销售或者混合加工为应税产品销售的，准予从应税产品销售额或者销售数量扣减外购应税产品的购进金额或者购进数量；当期不足扣减的，可结转下期扣减。

任务七　计算与申报环境保护税

任务情境

山东能源集团安顺煤矿公司，2024年3月产生尾矿1 000吨，其中综合利用的尾矿400吨（符合国家相关规定），在符合国家和地方环境保护标准的设施贮存300吨。已知尾矿环境保护税适用税额为每吨15元。请问：安顺煤矿公司当月尾矿应缴纳多少环境保护税？

任务地图

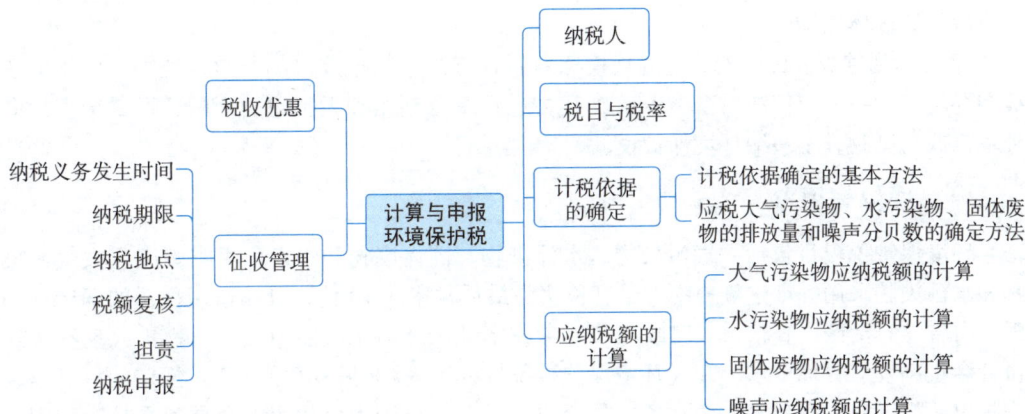

任务描述

熟知环境保护税的纳税人、征税范围及税目的相关规定，能熟练确定计税依据和适应税率，从而正确计算应纳税额；能够及时申报和缴纳环境保护税。

任务目标

1. 掌握纳税人、征税范围和税率；
2. 熟练掌握计税依据的确定方法；
3. 正确计算环境保护税的应纳税额；
4. 熟悉环境保护税的税收优惠；
5. 能够及时申报纳税，完成纳税义务；
6. 牢固树立"绿水青山就是金山银山"的理念；
7. 树立遵法守法、依法纳税的意识；
8. 增强爱护环境、保护环境的意识。

知识链接

环境保护税是对在我国领域以及管辖的其他海域，直接向环境排放应税污染物的企、事业单位和其他生产经营者征收的一种税。应税污染物，是指《环境保护税税目税额表》《应税污染物和当量值表》规定的大气污染物、水污染物、固体废物和噪声。

一、纳税人

在中华人民共和国领域和中华人民共和国管辖的其他海域，直接向环境排放应税污染物的企、事业单位和其他生产经营者为环境保护税的纳税人。

有下列情形之一的，不属于直接向环境排放污染物，不缴纳相应污染物的环境保护税。

（1）企、事业单位和其他生产经营者向依法设立的污水集中处理、生活垃圾集中处理场所排放应税污染物的。

（2）企、事业单位和其他生产经营者在符合国家和地方环境保护标准的设施、场所贮存或者处置固体废物的。

（3）达到省级人民政府确定的规模标准并且有污染物排放口的畜禽养殖场，应当依法缴纳环境保护税，但依法对畜禽养殖废弃物进行综合利用和无害化处理的，不属于直接向环境排放污染物，不缴纳环境保护税。

二、税目与税率

环境保护税税目包括大气污染物、水污染物、固体废物和噪声四大类。应税大气污染物和水污染物采用幅度定额税率，最高税率是最低税率的10倍，具体适用税额的确定和调整，由省、自治区、直辖市人民政府统筹考虑本地区环境承载能力、污染物排放现状和经济社会生态发展目标要求，在《环境保护税税目税额表》（见表6-7-1）规定的税额幅度内提出，报同级人民代表大会常务委员会决定，并报全国人民代表大会常务委员会和国务院备案。

表6-7-1　环境保护税税目税额表

税目		计税单位	税额	备注
大气污染物		每污染当量	1.2~12元	
水污染物		每污染当量	1.4~14元	
固体废物	煤矸石	每吨	5元	
	尾矿	每吨	15元	
	危险废物	每吨	1 000元	
	冶炼渣、粉煤灰、炉渣、其他固体废物（含半固态、液态废物）	每吨	25元	

续表

税目		计税单位	税额	备注
噪声	工业噪声	超标 1 ~ 3 分贝	每月 350 元	1. 一个单位边界上有多处噪声超标，根据最高一处超标声级计算应纳税额；当沿边界长度超过 100 米有两处以上噪声超标，按照两个单位计算应纳税额。 2. 一个单位有不同地点作业场所的，应当分别计算应纳税额，合并计征。 3. 昼、夜均超标的环境噪声，昼、夜分别计算应纳税额，累计计征。 4. 声源一个月内超标不足 15 天的，减半计算应纳税额。 5. 夜间频繁突发和夜间偶然突发厂界超标噪声，按等效声级和峰值噪声两种指标中超标分贝值高的一项计算应纳税额
		超标 4 ~ 6 分贝	每月 700 元	
		超标 7 ~ 9 分贝	每月 1 400 元	
		超标 10 ~ 12 分贝	每月 2 800 元	
		超标 13 ~ 15 分贝	每月 5 600 元	
		超标 16 分贝以上	每月 11 200 元	

三、计税依据的确定

（一）计税依据确定的基本方法

1. 应税大气污染物、水污染物

应税大气污染物的计税依据为污染当量数。污染当量，是指根据污染物或者污染排放活动对环境的有害程度以及处理的技术经济性，衡量不同污染物对环境污染的综合性指标或计量单位。

2. 应税固体废物

应税固体废物的计税依据为固体废物的排放量。应税固体废物的排放量为当期应税固体废物的产生量减去当期应税固体废物贮存量、处置量、综合利用量的余额。纳税人应准确计量应税固体废物贮存量、处置量、综合利用量，未准确计量的，不得从应税固体废物的产生量中扣减。

3. 应税噪声

应税噪声的计税依据为超过国家规定标准的分贝数。噪声超标分贝数不是整数的，按四舍五入取整。环境保护税的计税依据如表 6 - 7 - 2 所示。

表 6 - 7 - 2　环境保护税的计税依据

税目	计税依据	计税依据的确定方法
大气污染物	污染当量数	污染当量数 = 该污染物的排放量 ÷ 该污染物的污染当量值
水污染物		

续表

税目	计税依据	计税依据的确定方法
固体废物	排放量	（1）应税固体废物的排放量＝当期应税固体废物的产生量－当期应税固体废物的综合利用量－当期应税固体废物的贮存量－当期应税固体废物的处置量 （2）纳税人有下列情形之一的，以其当期应税固体废物的产生量作为固体废物的排放量 ①非法倾倒应税固体废物 ②进行虚假纳税申报
噪声	超标分贝数	按超过国家规定标准的分贝数确定

【例6-7-1】某企业2024年3月向水体直接排放第一类水污染物总汞10千克，根据第一类水污染物污染当量值表，总汞的污染当量值为0.000 5千克。

污染当量数＝10÷0.000 5＝20 000

由于每一排放口或者没有排放口的大气、水的污染物不止一种，征收环境保护税的项目也有具体的规定，如表6-7-3所示。

表6-7-3　排放多种污染物的环境保护税计税依据

具体情形	确定征税项目	
每一排放口或者没有排放口的应税大气污染物	按照污染当量数从大到小排序	对前三项污染物征收环境保护税
每一排放口的应税水污染物	按照《中华人民共和国环境保护税法》所附《应税污染物和当量值表》，区分第一类水污染物和其他类水污染物，按照污染当量数从大到小排序	对第一类水污染物按照前五项污染物征收环境保护税
		对其他类水污染物按照前三项污染物征收环境保护税

纳税人有下列情形之一的，以其当期应税大气污染物、水污染物、固体废物的产生量作为污染物的排放量。

（1）未依法安装使用污染物自动监测设备，或者未将污染物自动监测设备与环境保护主管部门的监控设备联网。

（2）损毁或者擅自移动、改变污染物自动监测设备。

（3）篡改、伪造污染物监测数据。

（4）通过暗管、渗井、渗坑、灌注或者稀释排放，以及不正常运行防治污染设施等方式违法排放应税污染物。

（5）非法倾倒应税固体废物。

（6）进行虚假纳税申报。

（二）应税大气污染物、水污染物、固体废物的排放量和噪声分贝数的确定方法

应税大气污染物、水污染物、固体废物的排放量和噪声分贝数，按照下列方法和顺序计算。

（1）纳税人安装使用符合国家规定和监测规范的污染物自动监测设备的，按照污染物自动监测数据计算。

（2）纳税人未安装使用污染物自动监测设备的，按照监测机构出具的符合国家有关规

定和监测规范的监测数据计算。

（3）因排放污染物种类多等原因不具备监测条件的，按照国务院生态环境主管部门规定的排污系数、物料衡算方法计算。

（4）不能按照上述三项规定的方法计算的，按照省、自治区、直辖市人民政府环境保护主管部门规定的抽样测算的方法核定计算。

四、应纳税额的计算

（一）大气污染物应纳税额的计算

应税大气污染物应纳税额，为污染当量数乘以具体适用税额。计算公式如下。

大气污染物的应纳税额＝污染当量数×适用税额

应税大气污染物的污染当量数＝该污染物的排放量÷该污染物的污染当量值

【例 6-7-2】某企业 2024 年 3 月向大气直接排放二氧化硫、氟化物各 100 千克，一氧化碳 150 千克，氯化氢 120 千克，假设当地大气污染物每污染当量税额为 1.2 元，二氧化硫、氟化物、一氧化碳、氯化氢的污染当量值分别为 0.95 千克、0.87 千克、16.7 千克、10.75 千克，该企业只有一个排放口。请计算该企业当月应纳环境保护税额。

【解析与答案】

第 1 步：计算各污染物的污染当量数。

污染当量数＝该污染物的排放量÷该污染物的污染当量值，则：

二氧化硫污染当量数＝100÷0.95＝105.26

氟化物污染当量数＝100÷0.87＝114.94

一氧化碳污染当量数＝150÷16.7＝8.98

氯化氢污染当量数＝120÷10.75＝11.16

第 2 步：按污染当量数给四项污染物排序，对大气污染物确定排序前三项的污染物。

氟化物污染当量数（114.94）＞二氧化硫污染当量数（105.26）＞氯化氢污染当量数（11.16）＞一氧化碳污染当量数（8.98）。

该企业只有一个排放口，排序选取计税前三项污染物为：氟化物、二氧化硫、氯化氢。

第 3 步：就排序前三项污染物的污染当量数之和乘以规定的定额税率，计算应纳税额。

应税大气污染物的应纳税额＝污染当量数×适用税额

$$＝（114.94＋105.26＋11.16）×1.2＝277.63（元）$$

所以，该企业当月应纳环境保护税税额为 277.63 元。

（二）水污染物应纳税额的计算

应税水污染物的应纳税额为污染当量数乘以具体适用税额。

1. 适用监测数据法的水污染物应纳税额的计算

适用监测数据法的水污染物（包括第一类水污染物和第二类水污染物）的应纳税额为污染当量数乘以具体适用税额。计算公式如下。

水污染物的应纳税额＝污染当量数×适用税额

应税水污染物的污染当量数＝该污染物的排放量÷该污染物的污染当量值

【例 6-7-3】甲化工厂是环境保护税纳税人，该厂仅有 1 个污水排放口且直接向河流排放污水，已安装使用符合国家规定和监测规范的污染物自动监测设备。监测数据显示，该排放口 2024 年 2 月共排放污水 5 万吨（折合 5 万立方米），应税污染物为六价铬，浓度为 0.5 毫克/升。已知该厂所在省的水污染物税率为 2.8 元/污染当量，六价铬的污染当量值为 0.02 千克。请计算该化工厂 2 月份应纳环境保护税额。

【解析与答案】

（1）计算污染当量数。

根据环境保护税纳税申报要求，采用监测数据法计算污染物排放量的，污染物排放量＝污水排放量×实测浓度值÷1 000（注：将污染物排放量换算成千克）。

六价铬污染物的排放量＝污水排放总量×浓度值

$$=50\ 000×1\ 000\ 升×0.5\ 毫克/升÷1\ 000÷1\ 000=25（千克）$$

六价铬污染当量数＝污染物排放量÷污染当量值＝25÷0.02＝1 250

（2）计算应纳税额。

应纳税额＝污染当量数×适用税额＝1 250×2.8＝3 500（元）

2. 适用抽样测算法的水污染物应纳税额的计算

适用抽样测算法的情形，纳税人按照《中华人民共和国环境保护税法》所附《禽畜养殖业、小型企业和第三产业水污染物污染当量值》所规定的当量值计算污染当量数。

（1）规模化禽畜养殖业排放的水污染物应纳税额。

禽畜养殖业的水污染物应纳税额为污染当量数乘以具体适用税额。其污染当量数的计算方法是基于畜禽养殖场的月均存栏量除以污染当量值计算。计算公式如下：

应纳税额＝污染当量数×适用税额

污染当量数＝月均存栏量÷污染当量值

【例 6-7-4】 某养殖场 2024 年 2 月养牛平均存栏量为 100 头，已知污染当量值为 0.1 头，当地水污染物适用税额为每污染当量 2.8 元。请计算该养殖场当月应纳环境保护税额。

【解析与答案】 禽畜养殖业水污染物当量数＝月均存栏量÷污染当量值

水污染物污染当量数＝100÷0.1＝1 000

应纳税额＝1 000×2.8＝2 800（元）

（2）小型企业和第三产业排放的水污染物应纳税额。

小型企业和第三产业的水污染物应纳税额为污染当量数乘以具体适用税额。其污染当量数的计算方法是污水排放量（吨）除以污染当量值（吨）。计算公式如下。

应纳税额＝污染当量数×适用税额

污染当量数＝污水排放量（吨）÷污染当量值（吨）

【例 6-7-5】 某餐饮公司通过安装水流量计测得，2024 年 2 月排放污水量为 60 吨。已知污染当量值为 0.5 吨，当地水污染物适用税额为每污染当量 2.8 元。请计算该餐饮公司当月应纳环境保护税额。

【解析与答案】 水污染物当量数＝污水排放量(吨)÷污染当量值(吨)

水污染物当量数＝60÷0.5＝120

应纳税额＝120×2.8＝336（元）

（3）医院排放的水污染物应纳税额。

医院排放的水污染物应纳税额为污染当量数乘以具体适用税额。其污染当量数以医院床位数或者污水排放量除以相应的污染当量值计算。计算公式如下。

应纳税额＝污染当量数×适用税额

污染当量数＝医院床位数÷污染当量值

或：

污染当量数＝污水排放量÷污染当量值

【例6-7-6】某县医院有床位56张，每月按时消毒，无法计量月污水排放量。已知污染当量值为0.14床，当地水污染物适用税额为每污染当量2.8元。请计算该医院当月应纳环境保护税额。

【解析与答案】污染当量数=医院床位数÷污染当量值

污染当量数=56÷0.14=400

应纳税额=400×2.8=1 120（元）

（三）固体废物应纳税额的计算

固体废物的应纳税额为固体废物排放量乘以具体适用税额，其排放量为当期应税固体废物的产生量减去当期应税固体废物的贮存量、处置量、综合利用量的余额。计算公式如下。

应纳税额=固体废物排放量×适用税额

固体废物排放量=当期应税固体废物的产生量－当期应税固体废物的综合利用量－当期应税固体废物的贮存量－当期应税固体废物的处置量

【例6-7-7】某企业2024年3月产生尾矿1 000吨，其中综合利用的尾矿300吨（符合国家相关规定），在符合国家和地方环境保护标准的设施贮存300吨。尾矿环保税适用税额为每吨15元。请计算该企业当月尾矿应纳环境保护税额。

【解析与答案】固体废物排放量=当期应税固体废物的产生量－当期应税固体废物的综合利用量－当期应税固体废物的贮存量－当期应税固体废物的处置量

固体废物排放量=1 000－300－300=400（吨）

环境保护税应纳税额=400×15=6 000（元）

（四）噪声应纳税额的计算

应税噪声的应纳税额为超过国家规定标准的分贝数对应的具体适用税额。计算公式如下。

超标分贝数=产生噪声分贝数－排放标准限值

【例6-7-8】某工业企业只有一个生产场所，只在昼间生产，边界处声环境功能区类型为Ⅰ类，生产时产生噪声为60分贝，《工业企业厂界环境噪声排放标准》规定Ⅰ类功能区昼间的噪声排放限值为55分贝，当月超标天数为18天。请计算该企业当月噪声污染应纳环境保护税额。

【解析与答案】超标分贝数=产生噪声分贝数－排放标准限值

超标分贝数=60－55=5（分贝）

查阅《环境保护税税目税额表》可知，该企业当月噪声污染应纳环境保护税为700元。

环境保护税应纳税额的计算如表6-7-4所示。

表6-7-4　环境保护税应纳税额的计算

应税污染物	计税依据的确定	环境保护税计算公式
应税大气污染物	污染当量数=该污染物的排放量÷该污染物的污染当量值	应纳税额=污染当量数×适用税额

应税污染物	计税依据的确定	环境保护税计算公式
应税水污染物	（1）适用监测数据法的水污染物（包括第一类水污染物和第二类水污染物） 污染当量数＝该污染物的排放量÷该污染物的污染当量值 （2）适用抽样测算法的水污染物 纳税人按照《中华人民共和国环境保护税法》所附《禽畜养殖业、小型企业和第三产业水污染物污染当量值》所规定的当量值计算污染当量数 ①规模化禽畜养殖业排放的水污染物 污染当量数＝月均存栏量÷污染当量值 ②小型企业和第三产业排放的水污染物 污染当量数＝污水排放量（吨）÷污染当量值（吨） ③医院排放的水污染物 污染当量数＝医院床位数÷污染当量值 或：污染当量数＝污水排放量÷污染当量值	应纳税额＝污染当量数×适用税额
应税固体废物	固体废物排放量＝当期应税固体废物的产生量－当期应税固体废物的综合利用量－当期应税固体废物的贮存量－当期应税固体废物的处置量	应纳税额＝固体废物排放量×适用税额
应税噪声	超标分贝数＝产生噪声分贝数－排放标准限值	应纳税额为超过国家规定标准的分贝数对应的具体适用税额

五、税收优惠

（一）暂免征税项目

下列情形，暂免征收环境保护税。

（1）农业生产（不包括规模化养殖）排放应税污染物的。

（2）机动车、铁路机车、非道路移动机械、船舶和航空器等流动污染源排放污染物的。

（3）依法设立的城乡污水集中处理、生活垃圾集中处理场所排放相应应税污染物，不超过国家和地方规定的排放标准的。

（4）纳税人综合利用的固体废物，符合国家和地方环境保护标准的。

（5）国务院批准免税的其他情形。

（二）减征税额项目

（1）纳税人排放应税大气污染物或者水污染物的浓度值低于国家和地方规定的污染物排放标准30%的，减按75%征收环境保护税。

（2）纳税人排放应税大气污染物或者水污染物的浓度值低于国家和地方规定的污染物排放标准50%的，减按50%征收环境保护税。

（3）纳税人噪声声源一个月内累计昼间超标不足15昼，或者累计夜间超标不足15夜的，分别减半计算征收环境保护税。

六、征收管理

环境保护税征收管理规定如表6－7－5所示。

表 6 – 7 – 5　环境保护税征收管理规定

要点	具体规定
纳税义务发生时间	纳税人排放应税污染物的当日
纳税期限	环境保护税按月计算，按季申报缴纳。不能按固定期限计算缴纳的，可以按次申报缴纳。 （1）按季申报缴纳的，应当自季度终了之日起 15 日内，向税务机关办理申报纳税 （2）按次申报缴纳的，应当自纳税义务发生之日起 15 日内，向税务机关办理申报纳税 【提示】纳税人申报缴纳时，应当向税务机关报送所排放应税污染物的种类、数量，大气污染物、水污染物的浓度值，以及税务机关根据实际需要要求纳税人报送的其他纳税资料
纳税地点	应税污染物排放地。 （1）应税大气污染物、水污染物排放口所在地 （2）应税固体废物产生地；应税噪声产生地
税额复核	税务机关发现纳税人的纳税申报数据资料异常，或者纳税人未按照规定期限办理纳税申报的，可以提请生态环境主管部门进行复核，生态环境主管部门应当自收到税务机关的数据资料之日起 15 日内，向税务机关出具复核意见。税务机关应当按照生态环境主管部门复核的数据资料，调整纳税人的应纳税额
担责	直接向环境排放应税污染物的企、事业单位和其他生产经营者，除依照环境保护税法规定缴纳环境保护税外，还应对所造成的损害依法承担责任，即纳税不能免除污染责任
纳税申报	环境保护税纳税人应正确采集税源信息，并正确填报《财产行为税申报表》

任务情境分析与实施

　　固体废物的计税依据需要用减法计算：固体废物排放量 = 当期应税固体废物的产生量 – 当期应税固体废物的综合利用量 – 当期应税固体废物的贮存量 – 当期应税固体废物的处置量。

　　尾矿排放量 = 1 000 – 400 – 300 = 300 （吨）

　　该公司尾矿应纳环境保护税税额 = 300 × 15 = 4 500（元）

课堂任务

任务名称	计算应缴纳的环境保护税额
任务目标	能熟练判定环境保护税的征税对象、适用税目和税率，并会计算应纳税额；提高解决实际问题的能力，培养职业技能，提高环保意识
任务描述	某企业 2024 年 6 月向大气直接排放二氧化硫 160 吨、氮氧化物 228 吨，烟尘 45 吨、一氧化碳 20 吨。该企业所在地区大气污染物的税额标准为 1.2 元/污染当量（千克），该企业只有一个排放口。已知二氧化硫、氮氧化物的污染当量值为 0.95，烟尘污染当量值为 2.18，一氧化碳污染当量值为 16.7。 请计算该企业 6 月大气污染物应缴纳的环境保护税额
任务分析	
任务实施	

课堂任务

课后任务

任务名称	计算应缴纳的环境保护税额
任务目标	能熟练判定环境保护税的征税对象、适用税目和税率，并会计算应纳税额；提高解决实际问题的能力，培养职业技能，提高环保意识
任务描述	某企业2024年4月产生尾矿1 500吨，其中综合利用的尾矿500吨（符合国家和地方环境保护标准），在符合国家和地方环境保护标准的设施贮存300吨，适用税额为15元/吨。 请计算该企业4月尾矿应缴纳的环境保护税额
任务分析	
任务实施	

任务评价

知识及技能	评分 （5分）	素质能力	评分 （5分）
1. 掌握环境保护税的征税对象、适用税目和税率		1. 牢固树立"绿水青山就是金山银山"理念	
2. 掌握环境保护税的计算方法		2. 树立依法纳税、保护环境的意识	

任务总结

　　纳税人是直接向环境排放应税污染物的企、事业单位和其他生产经营者，不包括个人。环境保护税的征税对象不同，其计税依据确定方法和税额计算方法均不同，要注意区分。

任务八　计算与申报印花税

任务情境

　　2024年3月，吉源宠物食品有限公司签订猫粮买卖合同一份，记载不含税销售额120万元；与运输公司签订运输合同一份，记载装卸费2 000元，保险费1 000元，运输费3 000元。请问：吉源宠物食品有限公司应缴纳多少印花税？

任务地图

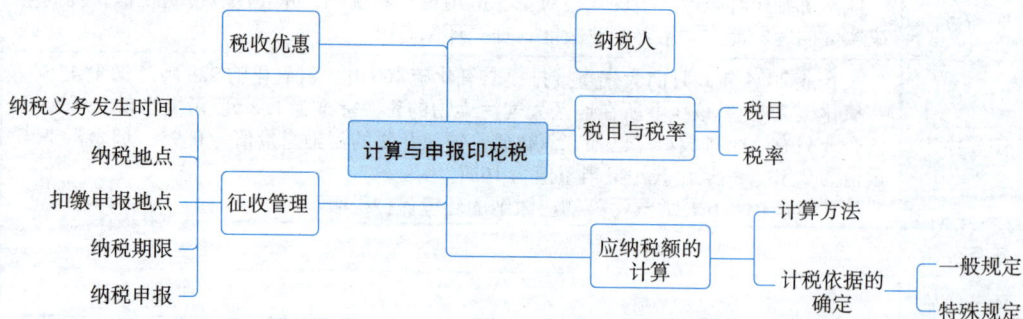

任务描述

印花税是经济活动和经济交往中经常涉及的税种。学习时要熟知纳税人和征税范围，熟练确定计税依据，从而正确计算应纳税额。熟知征收管理规定，及时办理申报纳税，完成纳税义务。

任务目标

1. 熟知纳税人和征税范围；
2. 能熟练确定计税依据；
3. 能熟练计算应纳税额；
4. 培养思辨能力和严谨求实的职业精神；
5. 培养实操能力，提升职业素养；
6. 培养遵守税收法律法规，依法纳税的意识。

知识链接

印花税是对在经济活动和经济交往中，书立、领受应税凭证的行为征收的一种税。因其纳税人采用在应税凭证上粘贴印花税票的方法缴纳税款而得名。

> **小贴士**
>
> 应税凭证，是指《中华人民共和国印花税法》所附《印花税税目税率表》内列明的合同、产权转移书据和营业账簿。

一、纳税人

在我国境内书立应税凭证、进行证券交易，以及在我国境外书立在境内使用的应税凭证的单位和个人，为印花税的纳税人。具体包括立合同人、立据人、立账簿人、证券交易人和使用人，如表6-8-1所示。

> **小贴士**
>
> 证券交易，是指转让在依法设立的证券交易所、国务院批准的其他全国性证券交易场所交易的股票和以股票为基础的存托凭证。

表6-8-1　印花税纳税人

纳税人	具体规定
立合同人	在我国境内书立合同的单位和个人，是指对应税合同负有直接权利义务的单位和个人，但不包括合同的证人、担保人和鉴定人
立据人	在我国境内订立产权转移书据的单位和个人
立账簿人	在我国境内设立并使用营业账簿的单位和个人
证券交易人	在我国境内进行证券交易的单位和个人，仅指证券出让方
使用人	在我国境外书立在境内使用的应税凭证的单位和个人

采用委托贷款方式书立的借款合同纳税人，为受托人和借款人，不包括委托人。

按买卖合同或者产权转移书据税目缴纳印花税的拍卖成交确认书纳税人，为拍卖标的的产权人和买受人，不包括拍卖人。

证券交易印花税对证券交易的出让方征收，不对受让方征收。

纳税人为境外单位或者个人，在境内有代理人的，以其境内代理人为扣缴义务人。纳

> **小贴士**
>
> 发电厂与电网之间、电网与电网之间书立的购售电合同，应当按买卖合同缴纳印花税。

税人为境外单位或者个人，在境内没有代理人的，纳税人应当自行申报缴纳印花税。证券登记结算机构为证券交易印花税的扣缴义务人。

二、税目与税率

　　现行印花税只对印花税条法列举的凭证征税，具体包括经济合同、产权转移书据、营业账簿、权利许可证照和经财政部确定征税的其他凭证。印花税的税目，是指印花税法明确规定的应当征税的项目，它具体划定了印花税的征税范围。

　　印花税采用比例税率，税率水平都比较低，包括 0.05‰、0.25‰、0.3‰、0.5‰、1‰ 五档比例税率，具体如表 6-8-2 所示。

表 6-8-2　印花税税目和税率表

税目		税率	备注
合同（书面合同）	买卖合同	0.3‰	指动产买卖合同，但不包括个人书立的动产买卖合同
	承揽合同	0.3‰	—
	建设工程合同	0.3‰	包括总包合同、分包合同、转包合同
	运输合同	0.3‰	指货运合同和多式联运合同（不包括管道运输合同）
	技术合同	0.3‰	不包括专利权、专有技术使用权转让书据
	保管合同	1‰	不包括所保管物的价值
	仓储合同	1‰	—
	借款合同	0.05‰	银行及其他金融组织和借款人（不包括银行同业拆借）所签订的借款合同
	融资租赁合同	0.05‰	包括融资性售后回租合同
	租赁合同	1‰	含经营租赁合同
	财产保险合同	1‰	含责任、信用、保证合同。不含再保险合同、人身保险合同
产权转移书据	土地使用权出让书据	0.5‰	转让包括买卖（出售）、继承、赠与、互换、分割
	土地使用权、房屋等建筑物和构筑物所有权转让书据（不包括土地承包经营权和土地经营权转移）		
	股权转让书据		
	商标专用权、著作权、专利权、专有技术使用权转让书据	0.3‰	

续表

税目	税率	备注
营业账簿	0.25‰	—
证券交易	1‰	—

三、应纳税额的计算

（一）计算方法

印花税的应纳税额等于计税依据乘以适用税率。计算公式如下。

$$应纳税额 = 计税依据 × 适用税率$$

同一应税凭证载有两个以上税目事项并分别列明金额的，按照各自适用的税目税率分别计算应纳税额；未分别列明金额的，从高适用税率。

> ⚡ **小贴士**
>
> 以电子形式签订的各类应税凭证也需要按规定缴纳印花税。

同一应税凭证由两方以上当事人书立的，按照各自涉及的金额分别计算应纳税额。

已缴纳印花税的营业账簿，以后年度记载的实收资本（股本）、资本公积合计金额比已缴纳印花税的实收资本（股本）、资本公积合计金额增加的，按照增加部分计算应纳税额。

【例6-8-1】甲电厂与乙水运公司签订一份运输保管合同，合同载明的费用为500 000元（运费和保管费未分别记载）。运输合同的印花税税率为0.3‰，保管合同的印花税税率为1‰，该项合同双方各应缴纳的印花税额是多少元？

【解析与答案】同一应税凭证载有两个以上税目事项并分别列明金额的，按照各自适用的税目税率分别计算应纳税额；未分别列明金额的，从高适用税率。该合同运费和保管费没有分别记载，按保管合同适用的1‰税率计税贴花。双方各应缴纳印花税额为500元。

应纳税额 = 500 000 × 1‰ = 500（元）

（二）计税依据的确定

1. 一般规定

印花税的计税依据为各种应税凭证上所记载的计税金额。具体规定为：

（1）应税合同的计税依据，为合同所列金额，不含所列明的增值税税款。合同中价款或报酬与增值税额未分开列明的，按合计金额确定。

（2）应税产权转移书据的计税依据，为产权转移书据所列金额，不含所列明的增值税税款。产权转移书据中价款或报酬与增值税额未分开列明的，按合计金额确定。

（3）应税营业账簿的计税依据，为营业账簿记载的实收资本（股本）、资本公积的合计金额。

（4）证券交易的计税依据，为成交金额。印花税计税依据如表6-8-3所示。

表 6-8-3　印花税计税依据

税目		计税依据
合同 （书面合同）	买卖合同	价款
	承揽合同	报酬金额
	建设工程合同	价款
	运输合同	运输费金额
	技术合同	价款、报酬金额或使用费
	保管合同	保管费金额
	仓储合同	仓储费金额
	借款合同	借款金额
	融资租赁合同	租金金额
	租赁合同	租金金额
	财产保险合同	保险费金额
产权转移 书据	土地使用权出让书据	价款
	土地使用权、房屋等建筑物和构筑物所有权转让书据	
	股权转让书据	价款
	商标专用权、著作权、专利权、专有技术使用权转让书据	
营业账簿		实收资本（股本）与资本公积合计金额
证券交易		成交金额

2. 特殊规定

（1）应税合同、产权转移书据未列明金额的，计税依据应按照实际结算的金额确定。计税依据按照上述规定仍不能确定的，按照书立合同、产权转移书据时的市场价格确定；依法应当执行政府定价或者政府指导价的，按照国家有关规定确定。

（2）证券交易无转让价格的，应按照办理过户登记手续时该证券前一个交易日收盘价计算确定计税依据；无收盘价的，按照证券面值计算确定计税依据。

（3）同一应税合同、应税产权转移书据中涉及两方以上纳税人，且未列明纳税人各自涉及金额的，以纳税人平均分摊的应税凭证所列金额（不含增值税税款）确定计税依据。

（4）未履行的应税合同、产权转移书据，已缴纳的印花税不予退还及抵缴税款。

（5）纳税人多贴的印花税票，不予退税及抵缴税款。

（6）已缴纳印花税的营业账簿，以后年度记载的实收资本（股本）、资本公积合计金额增加的，按照增加部分计算应纳税额。

【例 6-8-2】甲企业与运输公司签订货物运输合同，记载装卸费 20 万元，保险费 10 万元，运输费 30 万元。请确定甲企业按"运输合同"税目计算缴纳印花税的计税依据是多少万元。

【解析与答案】 运输合同计税依据为取得的运输费金额。因此甲企业按"运输合同"税目计算缴纳印花税的计税依据是 30 万元。

【例 6 - 8 - 3】 2024 年 2 月，甲企业接受乙企业委托，为其提供一项加工业务。合同中记载：甲企业收取加工费 10 万元，同时为该业务提供原材料 100 万元，以上款项均不含增值税。请计算甲企业就该合同应计缴的印花税额。

【解析与答案】 分别按"承揽合同"以 10 万元、"买卖合同"以 100 万元为计税依据计缴印花税。甲企业应缴纳的印花税额为 330 元。

应纳税额 = 100 000 × 0.3‰ + 1 000 000 × 0.3‰ = 330（元）

四、税收优惠

（1）《中华人民共和国印花税法》第十二条规定，下列凭证免征印花税。

①应税凭证的副本或者抄本；

②依照法律规定应当予以免税的外国驻华使馆、领事馆和国际组织驻华代表机构为获得馆舍书立的应税凭证；

③中国人民解放军、中国人民武装警察部队书立的应税凭证；

④农民、家庭农场、农民专业合作社、农村集体经济组织、村民委员会购买农业生产资料或者销售农产品书立的买卖合同和农业保险合同；

⑤无息或者贴息借款合同、国际金融组织向中国提供优惠贷款书立的借款合同；

⑥财产所有权人将财产赠与政府、学校、社会福利机构、慈善组织书立的产权转移书据；

⑦非营利性医疗卫生机构采购药品或者卫生材料书立的买卖合同；

⑧个人与电子商务经营者订立的电子订单。

（2）根据国民经济和社会发展的需要，国务院对居民住房需求保障、企业改制重组、破产、支持小型微型企业发展等情形可以规定减征或者免征印花税，报全国人民代表大会常务委员会备案。

五、征收管理

（一）纳税义务发生时间

（1）印花税的纳税义务发生时间为纳税人书立应税凭证或者完成证券交易的当日。

证券交易印花税扣缴义务发生时间为证券交易完成的当日。

（2）应税合同、产权转移书据未列明金额，在后续实际结算时确定金额的，纳税人应当于书立应税合同、产权转移书据的首个纳税申报期申报应税合同、产权转移书据书立情况，在实际结算后下一个纳税申报期，以实际结算金额计算申报缴纳印花税。

（二）纳税地点

纳税人为单位的，应当向其机构所在地的主管税务机关申报缴纳印花税。

纳税人为个人的，应当向应税凭证书立地或者纳税人居住地的主管税务机关申报缴纳印花税。

不动产产权发生转移的，纳税人应当向不动产所在地的主管税务机关申报缴纳印花税。

（三）扣缴申报地点

（1）纳税人为境外单位或者个人，在境内有代理人的，以其境内代理人为扣缴义务人，向境内代理人机构所在地（居住地）主管税务机关申报解缴税款。

在境内没有代理人的，由纳税人自行申报缴纳印花税，境外单位或者个人可以向资产交付地、境内服务提供方或者接受方所在地（居住地）、书立应税凭证境内书立人所在地（居住地）主管税务机关申报缴纳。

涉及不动产产权转移的，应当向不动产所在地主管税务机关申报缴纳。

（2）证券登记结算机构为证券交易印花税的扣缴义务人，应当向其机构所在地的主管税务机关申报解缴税款以及银行结算的利息。

（四）纳税期限

印花税按季、按年或者按次计征。

实行按季、按年计征的，纳税人应当自季度、年度终了之日起15日内申报缴纳税款；实行按次计征的，纳税人应当自纳税义务发生之日起15日内申报缴纳税款。

应税合同、产权转移书据印花税可以按季或者按次申报缴纳，应税营业账簿印花税可以按年或者按次申报缴纳，具体纳税期限由各省、自治区、直辖市、计划单列市税务局结合征管实际确定。

证券交易印花税按周解缴。

证券交易印花税扣缴义务人应当自每周终了之日起5日内申报解缴税款以及银行结算的利息。

（五）纳税申报

（1）纳税人应当根据书立印花税应税合同、产权转移书据和营业账簿情况，如实填写《财产和行为税纳税申报表》及相应税源信息，进行申报。

（2）印花税可以采用粘贴印花税票或者由税务机关依法开具其他完税凭证的方式缴纳。印花税票粘贴在应税凭证上的，由纳税人在每枚税票的骑缝处盖戳注销或者画销。印花税票由国务院税务主管部门监制。

任务情境分析与实施

买卖合同的计税依据为销售价款，运输合同的计税依据为运输费用金额。

该公司应纳印花税税额 = 1 200 000 × 0.3‰ + 3 000 × 0.3‰ = 360 + 0.9 = 360.9（元）

课堂任务

任务名称	计算应缴纳的印花税额
任务目标	能熟练判定印花税的应税行为及适用税率，并会计算应纳税额；提高解决实际问题的能力，培养职业技能
任务描述	甲企业2024年12月成立，发生以下有关业务：与其他企业订立专用技术使用权转移书据1份，所载金额50万元（不含增值税）；订立产品购销合同1份，所载金额为100万元（不含增值税）；与银行订立借款合同1份，所载金额为200万元（不含增值税）。请计算甲企业2024年应纳印花税额
任务分析	
任务实施	

课后任务

课后任务

任务名称	计算应缴纳的印花税额
任务目标	能熟练判定印花税的应税行为及适用税率，并会计算应纳税额；树立依法纳税意识，提升职业素养
任务描述	某运输公司与甲公司 2024 年 2 月签订了一份运输合同，注明运费 45 万元；以价值 60 万元的仓库作为抵押，从银行取得抵押贷款 80 万元，并在合同中规定了还款日期，到期后，该运输公司由于资金周转困难而无力偿还贷款，按合同规定将抵押的仓库的产权转移给银行，签订了产权转移书据，并用现金 20 万元偿还贷款。 　　请计算该运输公司以上经济行为应缴纳的印花税额
任务分析	
任务实施	

任务评价

知识及技能	评分 （5分）	素质能力	评分 （5分）
1. 熟悉相关法律规定		1. 提高辨析问题的能力	
2. 能正确判定印花税的应税行为		2. 提升岗位专业技能	
3. 学会正确计算印花税的应纳税额		3. 树立依法纳税意识	

任务总结

　　印花税纳税人、征税范围是学习重点，确定计税依据是学习难点，学习时要熟练掌握。

　　注意区分书立应税合同、产权转移书据和设立并使用营业账簿等不同情况，要选择合适的纳税方式，如实填写《财产和行为税纳税申报表》，及时纳税申报，完成纳税义务。

任务九　计算与申报车船税

任务情境

　　2024 年年初，吉源宠物食品有限公司拥有载货汽车 1 辆（该货车整备质量为 15 吨/辆）、小轿车 2 辆。当年 4 月 1 辆小轿车被盗，已按照规定办理退税。同年 9 月被盗车辆失而复得，并取得公安机关的相关证明。已知：当地小轿车车船税年税额为 600 元/辆，载货汽车整备质量每吨 100 元。请问：2024 年吉源宠物食品有限公司实际应缴纳多少车船税？

任务地图

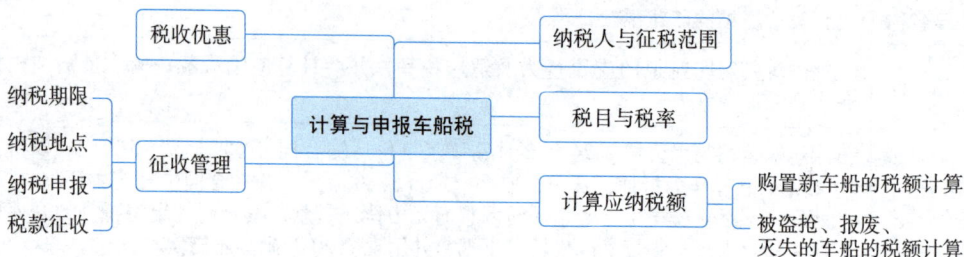

任务描述

熟知车船税的纳税人、征税范围和税目相关规定，能熟练确定计税依据和适应税率，正确计算应纳税额；能够及时申报和缴纳车船税。

任务目标

1. 熟知车船税的纳税人和征税范围；
2. 熟知车船税的税目和税率；
3. 学会正确计算车船税的应纳税额；
4. 能够及时申报纳税，完成纳税义务；
5. 培养严谨求实的职业精神；
6. 树立遵法守法、依法纳税的意识。

知识链接

一、纳税人与征税范围

（一）纳税人

车船税是以车船为征税对象，向拥有车船的单位和个人征收的一种税。

车船税的纳税人，是指在中华人民共和国境内车辆、船舶（以下简称"车船"）的所有人或者管理人。

（二）征税范围

车船税的征税范围，是指在中华人民共和国境内，属于《中华人民共和国车船税法》所附《车船税税目税额表》规定的车辆、船舶。

车辆、船舶是指：

（1）依法应当在车船登记管理部门登记的机动车辆和船舶。

（2）依法不需要在车船登记管理部门登记、在单位内部场所行驶或者作业的机动车辆和船舶。

（3）境内单位和个人将船舶出租到境外的，应依法征收车船税。境内单位和个人租入外国籍船舶的，不征收车船税。

> **小贴士**
>
> 车船登记管理部门，是指公安、交通运输、农业、渔业、军队、武装警察部队等依法具有车船登记管理职能的部门。
>
> 单位，是指依照中国法律、行政法规规定，在中国境内成立的行政机关、企业、事业单位、社会团体以及其他组织。

经批准临时入境的外国车船和香港特别行政区、澳门特别行政区、台湾地区的车船，不征收车船税。车船税征税范围如表6-9-1所示。

表6-9-1　车船税征税范围

	应征税的车船及具体内容	不征税的车船
机动车辆	乘用车、商用车（包括客车、货车）、挂车、专用作业车、轮式专用机械车、摩托车	拖拉机、纯电动乘用车、燃料电池乘用车
船舶	各类机动、非机动船舶以及其他水上移动装置，但是船舶上装备的救生艇筏和长度小于5米的艇筏除外	租入的外国籍船舶

二、税目与税率

车船税实行定额税率，即对征税的车船规定单位固定税额。

车船税的适用税额，按照《中华人民共和国车船税法》所附的《车船税税目税额表》（见表6-9-2）执行。

车辆的具体适用税额由省、自治区、直辖市人民政府依照《中华人民共和国车船税法》所附《车船税税目税额表》规定的税额幅度和国务院的规定确定。

船舶的具体适用税额由国务院在《中华人民共和国车船税法》所附《车船税税目税额表》规定的税额幅度内确定。

表6-9-2　车船税税目税额表

税目		计税单位	年基准税额	备注
乘用车（按发动机气缸容量分档）	1.0升（含）以下的	每辆	60~360元	核定载客人数9人（含）以下
	1.0升以上至1.6升（含）以下的		300~540元	
	1.6升以上至2.0升（含）以下的		360~660元	
	2.0升以上至2.5升（含）以下的		660~1 200元	
	2.5升以上至3.0升（含）以下的		1 200~2 400元	
	3.0升以上至4.0升（含）以下的		2 400~3 600元	
	4.0升以上的		3 600~5 400元	
客车		每辆	480~1 440元	核定载客人数9人以上，包括电车
商用车	货车	整备质量每吨	16~120元	①包括半挂牵引车、挂车、客货两用汽车、三轮汽车和低速载货汽车等②挂车按照货车税额的50%计算

续表

税目		计税单位	年基准税额	备注
摩托车		每辆	36～180 元	
其他车辆	专用作业车	整备质量每吨	16～120 元	不包括拖拉机
	轮式专用机械车			
船舶	机动船舶	净吨位每吨	3～6 元	拖船、非机动驳船分别按照机动船舶税额的50%计算
	游艇	艇身长度每米	600～2 000 元	

（1）机动船舶，具体适用税额为：

①净吨位不超过 200 吨的，每吨 3 元。

②净吨位超过 200 吨但不超过 2 000 吨的，每吨 4 元。

③净吨位超过 2 000 吨但不超过 10 000 吨的，每吨 5 元。

④净吨位超过 10 000 吨的，每吨 6 元。

拖船按照发动机功率每 1 千瓦折合净吨位 0.67 吨计算征收车船税。

（2）游艇艇身长度是指游艇的总长。游艇具体适用税额为：

①艇身长度不超过 10 米的游艇，每米 600 元。

②艇身长度超过 10 米但不超过 18 米的游艇，每米 900 元。

③艇身长度超过 18 米但不超过 30 米的游艇，每米 1 300 元。

④艇身长度超过 30 米的游艇，每米 2 000 元。

⑤辅助动力帆艇，每米 600 元。

（3）所涉及的整备质量、净吨位、艇身长度等计税单位，有尾数的一律按照含尾数的计税单位据实计算车船税应纳税额。计算得出的应纳税额小数点后超过两位的可四舍五入保留两位小数。

（4）乘用车以车辆登记管理部门核发的机动车登记证书或者行驶证书所载的排气量毫升数确定税额区间。

（5）所涉及的排气量、整备质量、核定载客人数、净吨位、功率（千瓦或马力）、艇身长度，以车船登记管理部门核发的车船登记证书或者行驶证相应项目所载数据为准。

（6）依法不需要办理登记、依法应当登记而未办理登记或者不能提供车船登记证书、行驶证的，以车船出厂合格证明或者进口凭证相应项目标注的技术参数、所载数据为准；不能提供车船出厂合格证明或者进口凭证的，由主管税务机关参照国家相关标准核定，没有国家相关标准的参照同类车船核定。

三、计算应纳税额

（一）购置新车船的税额计算

购置的新车船，购置当年的应纳税额自纳税义务发生的当月起按月计算。计算公式如下。

$$应纳税额 = （年应纳税额 \div 12） \times 应纳税月份数$$

应纳税月份数 = 12 - 纳税义务发生时间（取月份）+ 1

【例 6 - 9 - 1】顺风公司 2024 年 3 月 1 日购入一辆载货商用车，当月将全年应纳车船税一次性缴纳完毕。此车整备质量为 20.99 吨，每吨适用的车船税年税额为 108 元。请计算该年顺风公司应纳车船税额。

【解析与答案】顺风公司当年应缴纳 3—12 月共 10 个月的车船税。

顺风公司 2024 年实际应缴纳的车船税 = 20.99 × 108 ÷ 12 × 10 = 1 889.1（元）

（二）被盗抢、报废、灭失的车船的税额计算

（1）在一个纳税年度内，已完税的车船被盗抢、报废、灭失的，纳税人可以凭有关管理机关出具的证明和完税证明，向纳税所在地的主管税务机关申请退还自被盗抢、报废、灭失月份起至该纳税年度终了期间的税款。

（2）已办理退税的被盗抢车船，失而复得的，纳税人应当从公安机关出具相关证明的当月起计算缴纳车船税。

（3）已缴纳车船税的车船在同一纳税年度内办理转让过户的，不另纳税，也不退税。

（4）已缴纳车船税的车船，因质量原因，车船被退回生产企业或者经销商的，纳税人可以向纳税所在地的主管税务机关申请退还自退货月份起至该纳税年度终了期间的税款。退货月份以退货发票所载日期的当月为准。

【例 6 - 9 - 2】顺风公司 2024 年 1 月缴纳了 5 辆客车的车船税，其中一辆 9 月被盗，已办理车船税退还手续；同年 11 月由公安机关找回并出具证明，公司补缴了车船税，假定该类型客车年基准税额为 480 元/辆。请计算顺风公司该年实际应缴纳的车船税额。

【解析与答案】已办理退税的被盗抢车船失而复得的，纳税人应当从公安机关出具相关证明的当月（11 月）起计算缴纳车船税额。

该公司 2024 年实际应纳车船税 = 4 × 480 + 480 ÷ 12 × 10 = 2 320（元）

四、税收优惠

（1）捕捞、养殖渔船免征车船税。

（2）军队、武装警察部队专用的车船免征车船税。

（3）警用车船免征车船税。

（4）悬挂应急救援专用号牌的国家综合性消防救援车辆和国家综合性消防救援专用船舶免征车船税。

（5）依照法律规定应当予以免税的外国驻华使领馆、国际组织驻华代表机构及其有关人员的车船，免征车船税。

（6）对节能汽车（含节能乘用车和商用车），减半征收车船税。

（7）对新能源车船（含新能源汽车和船舶），免征车船税。

纯电动乘用车和燃料电池乘用车不属于车船税征税范围，不征车船税。

（8）省、自治区、直辖市人民政府根据当地实际情况，可以对公共交通车船、农村居民拥有并主要在农村地区使用的摩托车、三轮汽车和低速载货汽车定期减征或者免征车船税。

> **小贴士**
>
> 减半征收车船税的节能汽车包括：商用车和乘用车。含非插电式混合动力、双燃料和两用燃料汽车。

> **小贴士**
>
> 免征车船税的新能源汽车是指纯电动商用车、插电式（含增程式）混合动力汽车、燃料电池商用车。

五、征收管理

（一）纳税期限

车船税纳税义务发生时间为取得车船所有权或者管理权的当月。

取得车船所有权或者管理权的当月，应当以购买车船的发票或者其他证明文件所载日期的当月为准。

（二）纳税地点

纳税人自行申报缴纳车船税的，纳税地点为车船登记地的主管税务机关所在地。

扣缴义务人代收代缴车船税的，纳税地点为扣缴义务人主管税务机关所在地。

依法不需要办理登记的车船，纳税地点为车船的所有人或者管理人主管税务机关所在地。

（三）纳税申报

车船税按年申报，分月计算，一次性缴纳，纳税人应如实填写《财产和行为税纳税申报表》及相应的税源明细表。

纳税年度为公历1月1日—12月31日。具体申报纳税期限由省、自治区、直辖市人民政府规定。

（四）税款征收

车船税由税务机关负责征收。

从事机动车第三者责任强制保险业务的保险机构为机动车车船税的扣缴义务人，应当在收取保险费时依法代收车船税，并在机动车交通事故责任强制保险的保险单以及保费发票上注明已收税款的信息，作为代收税款凭证。

纳税人没有按照规定期限缴纳车船税的，扣缴义务人在代收代缴税款时，可以一并代收缴欠缴税款的滞纳金。

🔵 任务情境分析与实施

吉源宠物食品有限公司对被盗后复得的小轿车应当缴纳7个月（1—3月，9—12月）的车船税。

该公司本年实际应纳车船税额 $= 100 \times 15 + 600 \times 1 + 600 \times 1 \div 12 \times 7 = 2\,450$（元）

👨‍💻 课堂任务

课堂任务

任务名称	计算应缴纳的车船税额
任务目标	能熟练判定车船税的征税对象、适用税目和税率，并会计算应纳税额；提高解决实际问题的能力，培养职业技能
任务描述	顺风渔业公司2024年拥有捕捞渔船10艘，每艘净吨位21吨；非机动驳船6艘，每艘净吨位10吨；机动补给船1艘，净吨位15吨；机动运输船10艘，每艘净吨位8吨。机动船舶净吨位不超过200吨的，车船税适用年税额为每吨4元。 请计算该公司当年应缴纳的车船税额
任务分析	
任务实施	

课后任务

任务名称	计算应缴纳的车船税额
任务目标	能熟练判定车船税的征税对象、适用税目和税率，并会计算应纳税额；提高解决实际问题的能力，培养职业技能
任务描述	甲运输公司拥有载货汽车 15 辆（货车载重净吨位全部为 10 吨），乘人大客车 20 辆，小客车 10 辆。已知：载货汽车每吨年税额 90 元，乘人大客车每辆年税额 1 200 元，小客车每辆年税额 800 元。 请计算该公司应缴纳的车船税额
任务分析	
任务实施	

任务评价

知识及技能	评分 （5 分）	素质能力	评分 （5 分）
1. 能正确判断征税对象、税目和税率		1. 提升职业技能	
2. 掌握车船税应纳税额的计算方法		2. 培养严谨求实、依法纳税的意识	

任务总结

　　车船税的征税对象包括车辆和船舶。不同类型的车船，其车船税的计税依据、计税方法、征收方法都不同，学习时要注意区分。

任务十　计算烟叶税

任务情境

　　2024 年 7 月，某市烟草公司向乙县某烟叶种植户收购了一批烟叶，收购价款 100 万元、价外补贴 10 万元。请问：该公司当月应缴纳多少烟叶税？

任务地图

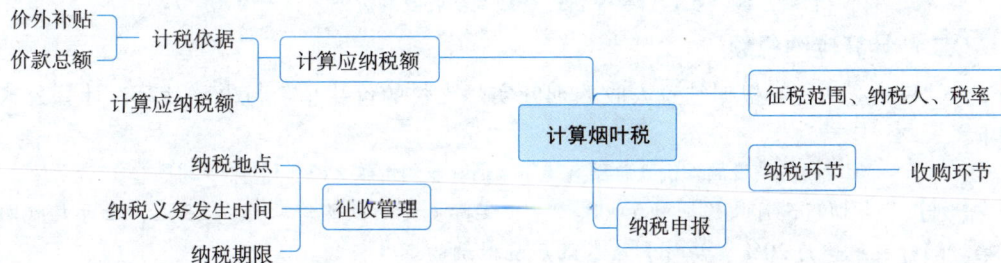

任务描述

　　烟叶税是对在我国境内收购烟叶的单位征收的一种税。应掌握烟叶税的计税依据及征收管理规定。计算烟叶税应纳税额时，要考虑烟叶的价外补贴。这是计算烟叶税的特殊之处。

任务目标

1. 熟悉烟叶税的征税范围及纳税人；
2. 掌握烟叶税的计税依据；
3. 熟悉烟叶税的征收管理规定；
4. 掌握烟叶税应纳税额的计算方法；
5. 能够及时申报纳税，完成纳税义务；
6. 增强"吸烟有害健康"的理念；
7. 提升岗位专业技能。

知识链接

2017年12月，第十二届全国人民代表大会常务委员会第三十一次会议通过了《中华人民共和国烟叶税法》，自2018年7月1日起实施。

烟叶税是以纳税人收购烟叶的收购金额为计税依据征收的一种税。

一、征税范围、纳税人、税率

烟叶税的征税范围包括晾晒烟叶、烤烟叶。

在中华人民共和国境内，依照《中华人民共和国烟草专卖法》的规定，收购烟叶的单位为烟叶税的纳税人。

烟叶税采用比例税率，税率为20%。

二、纳税环节

烟叶税在烟叶收购环节征收。

三、计算应纳税额

（一）计税依据

烟叶税计税依据为纳税人收购烟叶实际支付的价款总额。包括纳税人支付给烟叶生产销售单位和个人的烟叶收购价款和价外补贴。价外补贴统一按烟叶收购价款的10%计入收购金额。

$$价款总额 = 收购价款 + 价外补贴 = 烟叶收购价款 \times (1 + 10\%)$$

（二）计算应纳税额

烟叶税的应纳税额根据纳税人收购烟叶实际支付的价款总额与税率计算，计算公式如下。

$$烟叶税应纳税额 = 价款总额 \times 20\% = 烟叶收购价款 \times (1 + 10\%) \times 20\%$$

【例】某卷烟厂3月收购烟叶5 000千克，实际支付的收购价款为65万元，已开具收购发票。烟叶税税率为20%。请计算该卷烟厂应缴纳的烟叶税额。

【解析与答案】应纳税额 $= 65 \times (1 + 10\%) \times 20\% = 14.3$（万元）

四、征收管理

（一）纳税地点

烟叶税由烟叶收购地的主管税务机关征收。

（二）纳税义务发生时间

烟叶税的纳税义务发生时间为纳税人收购烟叶的当日，具体是指纳税人向烟叶销售者付讫收购款项或者开具收购烟叶凭据的当日。

（三）纳税期限

烟叶税按月计征，纳税人应当于纳税义务发生月终了之日起15日内申报并缴纳税款。

五、纳税申报

自2021年6月1日起，纳税人申报缴纳城镇土地使用税、房产税、车船税、印花税、耕地占用税、资源税、土地增值税、契税、环境保护税、烟叶税中一个或多个税种时，使用《财产和行为税纳税申报表》。

📍 任务情境分析与实施

烟叶税的计税依据为纳税人收购烟叶实际支付的价款总额，包括实际支付的烟叶收购价款和价外补贴。其中，价外补贴统一按烟叶收购价款的10%计算。

该公司应纳烟叶税额＝烟叶收购价款×（1＋10%）×税率＝100×（1＋10%）×20%＝22（万元）

👤 课堂任务

任务名称	掌握烟叶税的计算方法
任务目标	能正确计算烟叶税应纳税额；树立依法纳税意识，提升岗位专业技能
任务描述	某烟厂收购烟叶，支付给烟叶销售者收购价款600万元，开具烟叶收购发票。烟叶税税率为20%。 请计算该烟厂应缴纳的烟叶税额
任务分析	
任务实施	

课堂任务

👤 课后任务

任务名称	掌握烟叶税的计算方法
任务目标	能正确计算烟叶税应纳税额；树立依法纳税意识，提升岗位专业技能
任务描述	某烟草公司（增值税一般纳税人）2024年1月收购烟叶，支付烟草生产者收购价款50 000元，并支付了价外补贴3 000元。已知烟叶税税率为20%。 请计算该公司应缴纳的烟叶税额
任务分析	
任务实施	

课后任务

知识及技能	评分 （5分）	素质能力	评分 （5分）
1. 掌握烟叶税的计算方法		1. 培养专业技能与职业素养	
2. 熟悉烟叶税征收管理规定		2. 树立依法纳税意识	

任务总结

　　烟叶税的特别之处在于烟叶的价外补贴，在计算应纳税额时要考虑进去。熟悉烟叶税的纳税人、纳税地点、纳税义务发生时间及纳税期限。

任务十一　申报财产行为税

任务情境

　　根据本项目前10个任务的具体情境，10个税种统一采用《财产和行为税纳税申报表》申报纳税。申报财产行为税类时，申报流程是什么？如何填报《财产和行为税纳税申报表》？

任务地图

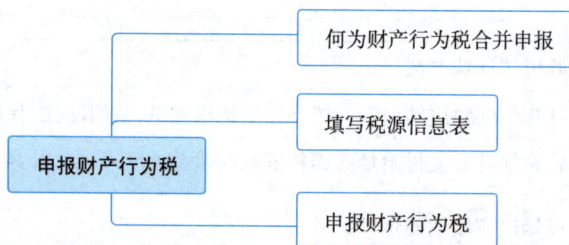

任务描述

　　掌握财产行为税申报的基本步骤，掌握税源填报的方法及申报表的填制方法。

任务目标

1. 能正确填报税源明细表；
2. 能按照各税种的相关规定，正确填制《财产和行为税纳税申报表》；
3. 培养专业技能和严谨求实的工作态度。

知识链接

一、何为财产行为税合并申报

　　财产和行为税，是现有税种中财产类和行为类税种的统称。财产和行为税合并申报，通俗来讲，就是"简并申报表，一表报多税"，纳税人在申报多个财产和行为税税种时，可以在一张纳税申报表上同时申报多个税种。

根据《国家税务总局关于简并税费申报有关事项的公告》（国家税务总局公告 2021 年第 9 号），自 2021 年 6 月 1 日起，纳税人申报缴纳城镇土地使用税、房产税、车船税、印花税、耕地占用税、资源税、土地增值税、契税、环境保护税、烟叶税中一个或多个税种时，使用新的《财产和行为税纳税申报表》。对纳税人而言，合并纳税申报可简化报送资料、减少申报次数、缩短办税时间。

纳税申报时，各税种统一采用《财产和行为税纳税申报表》。该申报表由一张主表和一张减免税附表组成，主表为纳税情况，附表为申报享受的各类减免税情况。纳税申报前，需先维护税源信息。税源信息没有变化的，确认无变化后直接进行纳税申报；税源信息有变化的，通过填报《印花税税源明细表》对数据进行更新维护后再进行纳税申报。

纳税人可登录电子税务局，通过"我要办税—综合信息报告—税源信息报告—财产和行为税税源信息报告"模块，对各税种的税源信息进行填报；通过"我要办税—税费申报及缴纳—财产和行为税纳税申报"模块，进行申报纳税。纳税人还可通过"搜索"栏直接搜索相关模块，办理相关涉税事宜。

纳税人也可根据需要，在当地办税服务厅办税窗口进行财产和行为税申报。

二、填写税源信息表

下面以"印花税"为例，介绍财产和行为税税源信息表的填写。纳税人应当根据书立印花税应税合同、产权转移书据和营业账簿情况，填写《印花税税源明细表》，进行财产行为税综合申报。合同数量较多且属于同一税目的，可以合并汇总填写《印花税税源明细表》。

【例 6-11-1】纳税人甲（统一社会信用代码 0863218ML810072312）按季申报缴纳印花税，2023 年第三季度书立买卖合同 2 份，合同所列价款（不包括列明的增值税税款）共计 60 万元；书立建筑工程合同 1 份，合同所列价款（不包括列明的增值税税款）共计 1 000 万元；书立产权转移书据 1 份，合同所列价款（不包括列明的增值税税款）共计 500 万元。

2023 年第三季度，纳税人甲书立应税合同 3 份、产权转移书据 1 份，属于同一税目的，可以合并汇总填写《印花税税源明细表》。印花税源明细表具体填写如表 6-11-1 所示。

表 6-11-1　印花税税源明细表

纳税人识别号（统一社会信用代码）：
纳税人（缴费人）名称：　　　　　　　　　　　　　　　金额单位：人民币元（列至角分）

序号	应税凭证税务编号	应税凭证编号	*应税凭证名称	*申报期限类型	应税凭证数量	*税目	子目	*税款所属期起	*税款所属期止	*应税凭证书立日期	*计税金额	实际结算日期	实际结算金额	*税率	减免性质代码和项目名称	对方书立人名称	对方书立人纳税人识别号（社会信用代码）	对方书立人涉及金额
1	纳税人甲1		电脑买卖合同	按期申报	1	买卖合同		2023年7月1日	2023年9月30日	2023年8月20日	100 000.00			0.3‰				

续表

序号	应税凭证税务编号	*应税凭证名称	*应税凭证类型	应税凭证数量	申报期限类型	*税目	子目	*税款所属期起	*税款所属期止	*应税凭证书立日期	*计税金额	实际结算日期	实际结算金额	*税率	减免性质代码和项目名称	对方书立人名称	对方书立人纳税人识别号（社会信用代码）	对方书立人涉及金额
																对方书立人信息		
2	纳税人甲2	乘用车买卖合同	按期申报	1	买卖合同			2023年7月1日	2023年9月30日	2023年8月15日	500 000.00			0.3‰				
3	纳税人甲3	××道路施工合同	按期申报	建设工程合同	施工合同			2023年7月1日	2023年9月30日	2023年9月10日	10 000 000.00			0.3‰				
4	纳税人甲4	股权转让协议	按次申报	产权转移书据	股权转移书据（不包括应纳证券交易印花税的）			2023年9月30日	2023年9月30日	2023年9月30日	5 000 000.00			0.5‰				

三、申报财产行为税

申报财产行为税需注意以下问题。

★ 无论选择何种填报方式，纳税人申报时，系统都会根据已经登记的税源明细表自动生成申报表。

★ 合并申报不强制要求一次性申报全部税种，纳税人可以自由选择一次性或分别申报当期税种。

★ 不同纳税期限的财产和行为税各税种可以合并申报。

★ 按期申报与按次申报的税种也可以合并申报。

【例6-11-2】接6-11-1例题，甲应在书立应税合同、产权转移书据时，填写《印花税税源明细表》，在同年10月纳税申报期，进行财产和行为税综合申报。财产和行为税纳税申报表如表6-11-2所示。

表 6 – 11 – 2   财产和行为税纳税申报表

纳税人识别号（统一社会信用代码）：| 0 | 8 | 6 | 3 | 2 | 1 | 8 | M | L | 8 | 1 | 0 | 0 | 7 | 2 | 3 | 1 | 2 |

纳税人名称：   金额单位：人民币元（列至角分）

序号	税种	税目	税款所属期起	税款所属期止	计税依据	税率	应纳税额	减免税额	已缴税额	应补(退)税额
1	印花税	买卖合同	2023 – 07 – 01	2023 – 09 – 30	600 000.00	0.000 3	180.00	0.00	0.00	0.00
2	印花税	建设工程合同	2023 – 07 – 01	2023 – 09 – 30	10 000 000.00	0.000 3	3 000.00	0.00	0.00	0.00
3	印花税	产权转移书据	2023 – 09 – 30	2023 – 09 – 30	5 000 000.00	0.000 5	2 500.00	0.00	0.00	0.00
4										
5										
6	合计	—	—	—	—	—	5 680.00	0.00	0.00	0.00

声明：此表是根据国家税收法律法规以及相关规定填写的，本人（单位）对填报内容（及附带资料）的真实性、可靠性、完整性负责。

纳税人（签章）：
年   月   日

经办人：
经办人身份证号：
代理机构签章：
代理机构统一社会信用代码：

受理人：
受理税务机关（章）：
受理日期：   年   月   日

填表说明：

（1）本表适用于申报城镇土地使用税、房产税、车船税、印花税、耕地占用税、资源税、土地增值税、契税、环境保护税、烟叶税。

（2）本表根据各税种税源明细表自动生成，申报前需填写税源明细表。

任务情境分析与实施

本项目中的 10 个税种在申报时，需要先填写税源信息，然后再填写《财产和行为税纳税申报表》。具体填报方法参考以下实训任务。

【实训任务】《财产和行为税纳税申报表》的填制——以房产税为例

实训要求：根据下列公司的相关信息，填写该公司 2024 年第一季度的《房产税税源明细表》及《财产和行为税纳税申报表》，申报第一季度的房产税。

1. 纳税人相关信息

纳税人名称：深讯教育有限责任公司

社会信用代码：911101012826471060

所属行业：教育

经营范围：经济类职业资格培训、律师执业资格培训、建筑师执业资格培训等

生产经营地址：北京市东城区坛山街道永康路 7689 号

电话：010 – 86572898

法定代表人：陈曦

开户银行及账号：中国农业银行北京市东城区支行 61239205340715801

2. 房产相关信息

深讯教育有限责任公司目前拥有一栋三层办公楼。办公楼信息如下。

（1）房产编号：G873647038K908。

（2）不动产权证号：09836897。

（3）房产所属主管税务机关：北京市东城区国家税务局。

（4）房屋坐落地址：北京市东城区坛山街道永康路7689号。

（5）房产取得时间：1998年10月。

（6）房产用途：商业及办公。

（7）建筑面积：2 490平方米。

（8）房产原值：20 000 000元。

（9）计税比例：70%。

（10）办公楼一部分出租，出租的房产原值5 000 000元，承租方为北京慧达咨询有限责任公司，纳税人识别号：562091MA2717721L65。

（11）第一季度出租的办公楼部分租金收入360 000元。

房产税税源明细表如表6－11－3所示。从租计征房产税税源明细表如表6－11－4所示。

表6－11－3 房产税税源明细表

房产税税源明细					
（一）从价计征房产税明细					
纳税人类型	产权所有人□　经营管理人□　承典人□ 房屋代管人□　房屋使用人□　融资租赁承租人□		所有权人纳税人识别号（统一社会信用代码）	所有权人名称	
房产编号			房产名称		
不动产权证号			不动产单元代码		
房屋坐落地址（详细地址）	省（自治区）　　市（区）　　县（区）　　乡镇（街道）				
房产所属主管税务所（科、分局）					
房屋所在土地编号			房产用途	工业□　商业及办公□ 住房□　其他□	
房产取得时间	年　月	变更类型	纳税义务终止（权属转移□　其他□） 信息项变更（房产原值变更□　出租房产原值变更□　减免税变更□　申报租金收入变更□　其他□）	变更时间	年　月
建筑面积		其中：出租房产面积			
房产原值		其中：出租房产原值		计税比例	

续表

减免税部分	序号	减免性质代码和项目名称	减免起止时间		减免税房产原值	月减免税金额
			减免起始月份	减免终止月份		
	1		年　月	年　月		
	2					
	3					

表6-11-4　从租计征房产税税源明细表

房产编号		房产名称	
房产所属主管税务所（科、分局）			
承租方纳税人识别号		承租方名称	
出租面积		申报租金收入	
申报租金所属租赁期起		申报租金所属租赁期止	

减免税部分	序号	减免性质代码和项目名称	减免起止时间		减免税租金收入	月减免税金额
			减免起始月份	减免终止月份		
	1		年　月	年　月		

项目总结

　　财产与行为税合并申报的税种范围包括：城镇土地使用税、房产税、车船税、印花税、耕地占用税、资源税、土地增值税、契税、环境保护税、烟叶税，共计10个税种。为优化税收营商环境，提高办税效率，减轻办税负担，从2021年6月起，将10个税种合并申报，即"简并申报表，一表报多税"。要重点掌握各税种的征税范围、计税依据及税收优惠政策。熟悉财产与行为税申报流程、《财产和行为税纳税申报表》的填制方法。

放眼看世界

加拿大的房地产税

　　加拿大最古老的税种之一——房地产税，属于地方税。征收对象是拥有房屋、土地的房主。加拿大的房地产税收，是地方财政收入的一个重要来源，占财产税收的40%左右。房地产税的税收立法权在各省，同一省内各市的房地产税的规定大体相同，不同省份有所变化。

　　加拿大的房地产税主要是对土地、建筑物及永久性构筑物征收房地产税。大部分地区，除了征收营业性房地产税外，对市政区居民、农村居民住宅也同样征税，有的地区对农业用地和林业用地也征税。房地产税的课税对象几乎涵盖所有类型的房产、地产，甚至设备和设施。

　　加拿大的地方政府财政管理部门每年初都对本年度的财政支出做出预算，其减去房地产税以外的其他收入，差额的部分就是本年房地产税应纳税款的总额。之后再根据应纳税款总额和辖区内应税房地产评估价值总额的比例来确定当年房地产税税率。

　　每年房地产税税款总额为政府住房评估价乘以税率。房屋的评估价值，一般参考同小区邻居的房屋价值和同小区内房屋的实际销售价格来确定。

　　对于自住房产，省一级政府一般是免收房地产税的。地方政府（市政区）也有权力批准对特定财产给予免税，如政府自用的房地产、学校、公立医院、墓地或教堂。

项目训练

项目训练试题

项目训练答案

项目七

其他税种的计算与申报

◎ 项目情境

本项目除船舶吨税以外，均以吉源宠物食品有限公司3月份典型涉税业务为例，具体内容参见项目二的"项目情境"。

◎ 项目情境分析

船舶吨税是海关对境外港口进入境内港口的船舶征收的一种税，与国内企业无关。

◎ 项目导学

```
计算关税 ─────┐                    ┌───── 计算与申报城市维护建设税、附加费
              ├── 其他税种的计算与申报 ──┤
计算船舶吨税 ──┘                    └───── 计算与申报车辆购置税
```

▶ 传统文化一角——聊聊中国古代税制 ◀

明朝的"一条鞭法"

明朝中期，国家财政收入锐减，支出逐年增长，以致岁入不能充岁出之半。内阁首辅张居正，清丈土地，在"一条鞭法"的改革中，实现了"役归于地、计亩征收"。

《明史·食货志》记载："一条鞭法者，总括一州之赋役，量地计丁，丁粮毕输于官。一岁之役，官为金募。力差则计其工食之货，量为增减，银差则计其交纳之费，加以增耗。凡额办、派办、京库岁需与存留、供亿诸费，以及土贡方物，悉并为一条。皆计亩征银折办于官，故谓之一条鞭。"

"一条鞭法"的主要内容如下：其一，"一条鞭法"的核心要旨，是合并田赋、徭役，取消除米麦之外的实物税，统一改为折收银两。其二，量地计丁，计亩征银。丈量全国土地，统计人口数量。根据各地经济发展状况的不同，将原先主要由人丁承担的徭役改为按人丁和田亩摊派，并依据土地数量折合为白银征收徭役，呈现出"摊丁入亩"的趋势。其三，一岁之役，官为金募。官府雇用专人劳动，不再强迫百姓服役，可以选择以银代役。农民的人身依附关系松弛，适应了商品经济发展的需要，增强了劳动力的商品化趋势。其四，由"民收民解"到"官收官解"。不再采用由地方里长、粮长征收税银的方式，而是由中央统一征收税银、押运。这不仅大大减少了对地方的苛捐杂税，还在一定程度上提高了征税的效率。

任务一　计算与申报城市维护建设税、附加费

任务情境

根据吉源宠物食品有限公司 3 月应纳增值税额，计算当月应缴纳的城市维护建设税和附加税。

任务地图

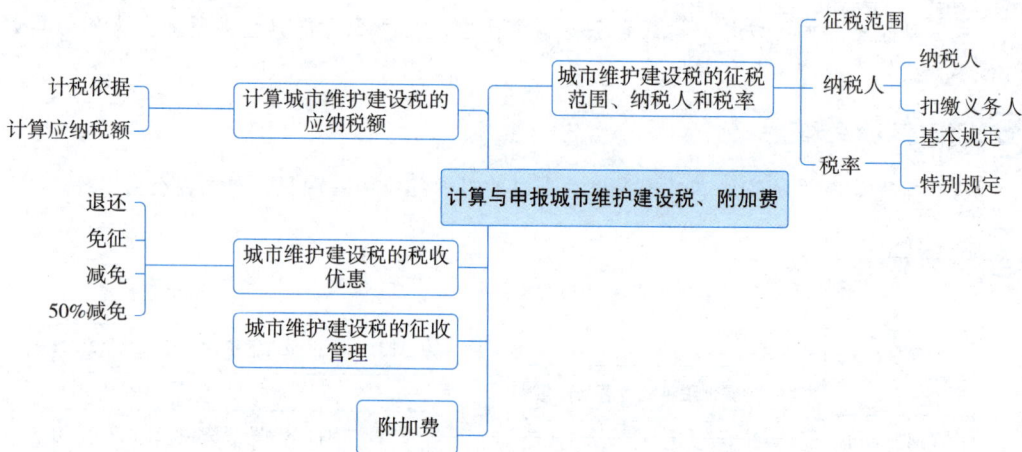

任务描述

掌握城市维护建设税的征税范围和计税依据，计算应纳税额时正确应用税收优惠政策；掌握附加费的计算方法。

任务目标

1. 熟悉城市维护建设税的征税范围；
2. 掌握城市维护建设税的计税依据；
3. 熟悉城市维护建设税的税收优惠政策；
4. 掌握附加费的计算方法；
5. 学会申报城市维护建设税、附加费；
6. 树立依法纳税意识；
7. 树立国家建设大局意识。

知识链接

2020 年 8 月，第十三届全国人民代表大会常务委员会第二十一次会议通过了《中华人民共和国城市维护建设税法》，于 2021 年 9 月 1 日起施行。

城市维护建设税是对缴纳增值税、消费税的单位和个人征收的一种附加税。城市维护建设税有以下特点。

1. 属于附加税

城市维护建设税没有具体的征税对象，而是以纳税人实际缴纳的增值税、消费税税额

为计税依据，具有附加税性质。

2. 实行地区差别比例税率

城市维护建设税根据城镇规模不同，实行地区差别税率。

3. 征收范围广

增值税和消费税是我国两大流转税，城市维护建设税是其附加税，因此征收覆盖面广。

一、城市维护建设税的征税范围、纳税人和税率

（一）征税范围

城市维护建设税征收的区域范围包括城市市区、县城、建制镇，以及税法规定征收增值税、消费税的其他地区。

对进口货物或者境外单位和个人向境内销售劳务、服务、无形资产缴纳的增值税、消费税额，不征收城市维护建设税。

对出口产品退还增值税、消费税的，不退还已缴纳的城市维护建设税。

生产企业出口货物实行免抵退税办法的，当期免抵的增值税额应纳入城市维护建设税的计征范围。

> ⚡ **小贴士**
>
> "进口不征，出口不退，免抵要交。"

（二）纳税人

1. 纳税人

城市维护建设税的纳税人是缴纳增值税、消费税中任何一种税的单位和个人。

2. 扣缴义务人

城市维护建设税扣缴义务人为负有增值税、消费税扣缴义务的单位和个人，在扣缴增值税、消费税的同时扣缴城市维护建设税。

★采用委托代征、代扣代缴、代收代缴、预缴、补缴等方式缴纳两税的，应当同时缴纳城市维护建设税。

（三）税率

1. 基本规定

城市维护建设税实行地区差别比例税率。纳税人所在地，是指纳税人住所地或与纳税人生产经营活动相关的其他地点，具体地点由省、自治区、直辖市确定。具体规定如表7-1-1所示。

表7-1-1　城市维护建设税税率

纳税人所在地	税率
市区	7%
县城、镇	5%
不在市区、县城或者镇的	1%

2. 特别规定

（1）代收代扣城市维护建设税。

对于代收代扣的城市维护建设税，其税率根据扣缴义务人所在地确定。由受托方代扣代缴、代收代缴消费税、增值税的单位和个人，其代扣代缴、代收代缴的城市维护建设税按受托方所在地适用税率计税。

（2）流动经营的单位和个人。

流动经营等无固定纳税地点的单位和个人，其城市维护建设税按照经营地适用税率计税。

二、计算城市维护建设税的应纳税额

（一）计税依据

城市维护建设税的计税依据是纳税人实际缴纳的增值税、消费税税额。

计税依据中不包括以下项目。

（1）因违反增值税、消费税规定而缴纳的滞纳金、罚款。

（2）进口环节缴纳的增值税、消费税。

（3）除增值税、消费税以外的其他税额。

（4）直接减免的增值税、消费税税额。

（5）期末留抵退税退还的增值税额。

对实行增值税期末留抵退税的纳税人，允许从其城市维护建设税的计税依据中扣除退还的增值税额。

实际缴纳的增值税税额 = 缴纳的增值税税额 + 增值税免抵税税额 − 直接减免的增值税税额 − 留抵退税税额

实际缴纳的消费税税额 = 缴纳的消费税税额 − 直接减免的消费税税额

（二）计算应纳税额

应纳税额 =（实际缴纳的增值税税额 + 实际缴纳的消费税税额）× 适用税率

【例】位于市区的某企业属于增值税期末留抵退税的纳税人。4月收到留抵退还增值税18万元，当月缴纳增值税共计462万元，其中进口环节缴纳增值税120万元。请计算该企业当月应缴纳的城市维护建设税额。

【解析与答案】进口环节缴纳的增值税不作为城市维护建设税的计税依据。对实行增值税期末留抵退税的纳税人，允许从其城市维护建设税的计税依据中扣除退还的增值税额。

应纳城市维护建设税额 =（462 − 120 − 18）× 7% = 22.68（万元）

三、城市维护建设税的税收优惠

（一）退还

由于减免增值税、消费税而发生的退税，同时退还已缴纳的城市维护建设税。

（二）免征

对国家重大水利工程建设基金免征城市维护建设税。

（三）减免

自2019年1月1日至2025年12月31日，实施支持和促进重点群体创业就业城市维护建设税减免。

（四）50%减免

自2022年1月1日至2024年12月31日，对增值税小规模纳税人、小型微利企业、个体工商户可以在50%的税额幅度内减征城市维护建设税。

四、城市维护建设税的征收管理

（一）纳税义务发生时间

城市维护建设税的纳税义务发生时间与增值税、消费税的纳税义务发生时间一致，分别与增值税、消费税同时缴纳。

（二）纳税期限、纳税地点和纳税申报

城市维护建设税的纳税期限、纳税地点分别与增值税、消费税的纳税期限一致。不能按照固定期限纳税的，可以按次纳税。

城市维护建设税的计税依据为实际缴纳的增值税、消费税的合计金额。目前，城市维护建设税与增值税、消费税合并申报，申报内容参照增值税、消费税申报表。

五、附加费

附加费包括教育费附加、地方教育附加，是以纳税人实际缴纳的增值税、消费税额为计税依据征收的一种附加费，是为了支持地方教育而征收的一种专项资金，实质上具有税的性质。

（一）附加费的缴费人

教育费附加、地方教育附加的纳税人，是实际缴纳增值税、消费税的单位和个人。

（二）征收比率

教育费附加征收比率为3%，地方教育附加征收比率为2%。

（三）征收依据

教育费附加、地方教育附加的征收依据为实际缴纳的增值税、消费税额。

（四）计算应缴纳费用

应缴纳教育费附加 = （实际缴纳的增值税额 + 实际缴纳的消费税额）× 3%

应缴纳地方教育附加 = （实际缴纳的增值税额 + 实际缴纳的消费税额）× 2%

（五）减免规定

（1）对国家重大水利工程建设基金免征教育费附加。

（2）自2022年1月1日至2024年12月31日，对增值税小规模纳税人、小型微利企业、个体工商户可以在50%的税额幅度内减征教育费附加、地方教育附加。

（3）由于减免增值税、消费税而发生的退税，同时退还已征收的教育费附加。但对出口产品退还增值税、消费税的，不退还已征的教育费附加。

> **小贴士**
>
> 附加费的减免政策与城市维护建设税一致。

任务情境分析与实施

根据项目二中吉源宠物食品有限公司3月份典型涉税业务，得出3月份应纳增值额：

销项税额合计 = 53.27 + 0.23 + 0.12 = 53.62（万元）

进项税额合计 = 12.10 + 0.035 + 8.064 = 20.20（万元）

当月应纳增值税额 = 53.62 − 20.20 = 33.42（万元）

　　因公司设立在市区，城市维护建设税税率适用7%。教育费附加征收比率为3%，地方教育附加征收比率为2%。

　　当月应纳城市维护建设税额 = 33.42 × 7% = 2.34（万元）

　　当月应纳教育费附加 = 33.42 × 3% = 1（万元）

　　当月应纳地方教育费附加 = 33.42 × 2% = 0.67（万元）

📋 课堂任务

课堂任务

任务名称	掌握城市维护建设税的计算方法
任务目标	掌握城市维护建设税的计税依据，正确计算应纳税额；树立国家建设大局意识
任务描述	甲公司是增值税一般纳税人，5月实际缴纳增值税6万元，消费税3万元，预缴企业所得税7.5万元，已知城市维护建设税税率为5%。 请计算甲公司当月应缴纳的城市维护建设税额、教育费附加及地方教育附加
任务分析	
任务实施	

📋 课后任务

课后任务

任务名称	掌握城市维护建设税的计算方法
任务目标	能应用城市维护建设税的征税范围，计算城镇土地使用税额；树立国家建设大局意识
任务描述	甲公司是增值税一般纳税人，2023年11月进口货物缴纳关税60万元，增值税80万元，境内销售货物实际缴纳增值税100万元，已知城市维护建设税税率为7%。 请计算当月甲公司应缴纳的城市维护建设税额、教育费附加及地方教育附加
任务分析	
任务实施	

📋 任务评价

知识及技能	评分（5分）	素质能力	评分（5分）
1. 掌握城市维护建设税纳税人、征税范围		1. 提升专业技能	
2. 能正确计算城市维护建设税、附加费应纳税额		2. 树立依法纳税意识	
3. 熟悉税收优惠政策		3. 树立国家建设大局意识	

📋 任务总结

　　城市维护建设税是附加税。只有正确计算纳税人应纳的增值税额、消费税额，才能正确计算应纳的城市维护建设税额、附加费。正确计算增值税、消费税是基础，要掌握城市维护建设税、附加费的计算特点和税收优惠政策。

任务二　计算与申报车辆购置税

任务情境

吉源宠物食品有限公司5月购进一辆燃油轿车，用于办公出行使用。汽车4S店开出的发票注明价款350 000元（含税）。

任务地图

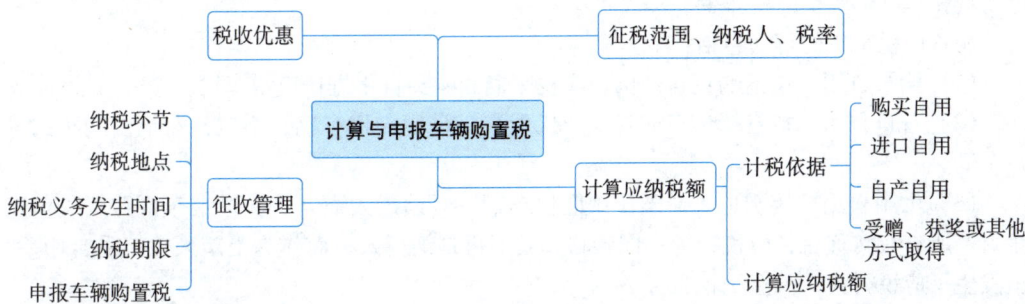

任务描述

掌握车辆购置税的计税特点、征税范围、计税依据。熟悉车辆购置税税收优惠政策；在计算应纳税额时，会应用税收优惠政策，正确计税。

任务目标

1. 熟悉车辆购置税征税范围；
2. 掌握车辆购置税应纳税额计税方法；
3. 熟悉车辆购置税税收优惠政策；
4. 学会申报车辆购置税；
5. 树立依法纳税意识；
6. 树立保障国家交通建设大局观。

知识链接

2018年12月29日，第十三届全国人民代表大会常务委员会第七次会议通过了《中华人民共和国车辆购置税法》，并于2019年7月1日起施行。

车辆购置税是以在中国境内购置规定的车辆为课税对象，在特定的环节向车辆购置者征收的一种税。车辆购置税有以下特点。

1. 征收范围有限

车辆购置税，是以购置的特定车辆为课税对象，而不是对所有的车辆征税。

2. 征收环节单一

车辆购置税实行一次征收，它不是在生产、经营和消费的每一环节实行道道征收，而只是在消费环节征收。

3. 征税目的特定

车辆购置税是一种具有特定目的的税收，可以保证国家财政支出的需要，既有利于统筹合理地安排资金，又有利于保证国家交通建设投资正常运行。

一、征税范围、纳税人、税率

（一）征税范围

车辆购置税的征税范围，是指在中华人民共和国境内购置应税车辆的行为。车辆购置税的应税车辆包括：汽车、有轨电车、汽车挂车、排气量超过150毫升的摩托车。

地铁、轻轨、装载机、平地机、挖掘机、推土机等轮式专用机械车、起重机、叉车、电动摩托车，不属于应税车辆。

购置应税车辆的行为包括：

（1）购买自用：包括购买自用国产应税车辆和购买自用进口应税车辆。

（2）进口自用：指直接进口或者委托代理进口自用应税车辆，不包括在境内购买的进口车辆。

（3）受赠自用：接受他人馈赠使用应税车辆。对馈赠人而言，在缴纳车辆购置税前发生财产所有权转移后，应税行为一同转移，其不再是纳税人；而作为受赠人在接受自用后，就发生了应税行为，承担纳税义务。

（4）自产自用：纳税人将自己生产的应税车辆作为最终消费品自己消费使用。

（5）获奖自用行为：包括从各种奖励形式中取得并自用应税车辆。

（6）其他自用：指除以上行为取得的自用应税车辆，如通过拍卖、抵债、走私、罚没等各种方式取得并自用的应税车辆。

（二）纳税人

车辆购置税的纳税人是指在中华人民共和国境内购置汽车、有轨电车、汽车挂车、排气量超过150毫升的摩托车的单位和个人。车辆购置税实行一次性征收，已征过车辆购置税的车辆，不再重复征收车辆购置税。

（三）税率

车辆购置税实行从价计征，比例税率为10%。

二、计算应纳税额

（一）计税依据

1. 购买自用

纳税人购买自用应税车辆，以发票电子信息中的不含增值税价格为计税依据。

纳税人存在多条发票电子信息，或者没有发票电子信息的，其计税依据为纳税人实际支付给销售方的全部价款，不包括增值税税款。

2. 进口自用

纳税人进口自用的应税车辆，其计税依据为关税完税价格加上关税和消费税。

3. 自产自用

纳税人自产自用的应税车辆，计税依据分为两种情形。

（1）有同类车辆销售价格的：其计税依据为纳税人生产的同类应税车辆（车辆配置序列号相同的车辆）的销售价格，不包括增值税。

（2）没有同类车辆销售价格的：按照组成计税价格计税。

4. 受赠、获奖或其他方式取得

纳税人以受赠、获奖或其他方式取得应税车辆，其计税依据为购置应税车辆时相关凭证载明的价格，不包括增值税。

（二）计算应纳税额

计算车辆购置税应纳税额的基本公式为：

$$应纳税额 = 计税依据 \times 10\%$$

1. 计算购买自用应纳税额

$$应纳税额 = 全部价款 \div (1 + 增值税税率或征收率) \times 10\%$$

2. 计算进口自用应纳税额

$$应纳税额 = (关税完税价格 + 关税) \div (1 - 消费税税率) \times 10\%$$

3. 计算自产自用应纳税额

（1）有同类车辆销售价格的：

$$应纳税额 = 全部价款 \div (1 + 增值税税率或征收率) \times 10\%$$

（2）没有同类车辆销售价格的：

不征消费税的车辆：

$$应纳税额 = 成本 \times (1 + 成本利润率) \times 10\%$$

属于应征消费税的车辆：

$$应纳税额 = 成本 \times (1 + 成本利润率) \div (1 - 消费税税率) \times 10\%$$

4. 计算受赠、获奖或其他方式取得车辆的应纳税额

$$应纳税额 = 全部价款 \div (1 + 增值税税率或征收率) \times 10\%$$

【例7-2-1】7月，某汽车4S店从汽车制造厂购进50辆小汽车，取得增值税专用发票，注明金额15.6万元/辆，当月销售5辆，不含税销售额18万元/辆，1辆留作公司自用，8辆汽车用于抵偿债务，并于当月交付甲公司。请计算当月该4S店应纳的车辆购置税额。

【解析与答案】购买自用属于车辆购置税征税范围。

应纳税额 = 15.6 × 10% = 1.56（万元）

三、税收优惠

（1）外国驻华使馆、领事馆和国际组织驻华机构及其有关人员自用车辆免征车辆购置税。

（2）中国人民解放军和中国人民武装警察部队列入装备订货计划的车辆免征车辆购置税。

（3）设有固定装置的非运输专用作业车辆免征车辆购置税。

（4）城市公交企业购置的公共汽电车辆免征车辆购置税。

（5）对购置日期在2024年1月1日至2025年12月31日期间的新能源汽车免征车辆购置税，其中，每辆新能源乘用车免税额不超过3万元。

对购置日期在2026年1月1日至2027年12月31日期间的新能源汽车减半征收车辆购置税，其中每辆新能源乘用车减税额不超过1.5万元。

（6）对购置挂车减半征收车辆购置税，执行期限至 2027 年 12 月 31 日。

【例 7 - 2 - 2】6 月，某市公交集团购买 10 辆公交巴士，价税合计 115 万元。购买 6 辆无轨电车，价税合计 87 万元。同时公司购入 1 辆轿车作为办公用车，含税价 15.8 万元，支付车辆保险费 1 万元。请计算上述业务公交集团应纳的车辆购置税额。

【解析与答案】城市公交企业购置的公共汽电车辆免征车辆购置税。

应纳税额 = 15.8 ÷ (1 + 13%) × 10% = 1.398（万元）

四、征收管理

（一）纳税环节

纳税人应当在公安机关交通管理部门办理车辆注册登记前，缴纳车辆购置税。

（二）纳税地点

（1）需要办理车辆登记注册手续的纳税人，向车辆登记地的主管税务机关申报纳税。

（2）不需要办理车辆登记注册手续的纳税人，单位向其机构所在地的主管税务机关申报纳税，个人向其户籍所在地或经常居住地的主管税务机关申报纳税。

（三）纳税义务发生时间

车辆购置税的纳税义务发生时间为纳税人购置应税车辆的当日，以纳税人购置应税车辆所取得的车辆相关凭证上注明的时间为准。

（四）纳税期限

（1）购买自用应税车辆，应当自购买之日起 60 日内申报纳税。

（2）进口自用应税车辆，应当自进口之日起 60 日内申报纳税。

（3）自产、受赠、获奖或以其他方式取得自用应税车辆，应自取得之日起 60 日内申报纳税。

（四）申报车辆购置税

车辆购置税实行一车一申报，一次性征收制度。纳税人办理纳税申报时，应当如实填报《车辆购置税纳税申报表》，同时提供车辆合格证明和相关价格凭证。其申报表如表 7 - 2 - 1 所示。

表 7 - 2 - 1　车辆购置税纳税申报表

填表日期：　年　月　日　　　　　　　　　　　　　　　金额单位：元

纳税人名称		申报类型	征税□ 免税□ 减税□
证件名称		证件号码	
联系电话		地址	
合格证编号（货物进口证明书号）		车辆识别代号/车架号	
厂牌型号			
排量		机动车销售统一发票代码	

续表

机动车销售统一发票号码		不含税价	
海关进口关税专用缴款书（进出口货物征免税证明）号码			
关税完税价格		关税	消费税
其他有效凭证名称		其他有效凭证号码	其他有效凭证价格
购置日期		申报计税价格	申报免（减）税条件或者代码
是否办理车辆登记		车辆拟登记地点	

纳税人声明：

本纳税申报表是根据国家税收法律法规及相关规定填报的，我确定它是真实的、可靠的、完整的。

纳税人（签名或盖章）：

委托声明：

现委托（姓名）＿＿＿＿＿＿（证件号码）＿＿＿＿＿＿办理车辆购置税涉税事宜，提供的凭证、资料是真实、可靠、完整的。任何与本申报表有关的往来文件，都可交予此人。

委托人（签名或盖章）：　　　　　　　　　被委托人（签名或盖章）：

以下由税务机关填写

减（免）税条件代码

计税价格	税率	应纳税额	免（减）税额	实纳税额	滞纳金金额

受理人： 　年　月　日	复核人（适用于免、减税申报）： 　年　月　日	主管税务机关（章）

任务情境分析与实施

吉源宠物食品有限公司购进的燃油轿车，应缴纳车辆购置税。

应纳车辆购置税额 = 350 000 ÷ (1 + 13%) × 10% = 30 973.45(元)

课堂任务

任务名称	掌握车辆购置税应纳税额的计算方法
任务目标	掌握车辆购置税的计税依据；树立保障国家交通建设大局观

续表

任务描述	甲公司购买一辆轿车供公司使用，取得机动车销售统一发票注明的不含税价 38 万元，增值税 4.94 万元，另支付保险费 1.5 万元，牌照费 0.1 万元。 请计算甲公司应纳的车辆购置税税额
任务分析	
任务实施	

📖 课后任务

课后任务

任务名称	掌握车辆购置税应纳税额的计算方法
任务目标	准确掌握进口自用应税车辆购置税计税依据；树立依法纳税意识
任务描述	甲公司进口一辆汽车自用，海关审定关税完税价格 60 万元，缴纳关税 15 万元，增值税 13 万元，消费税 25 万元。 请计算甲公司进口该车辆应缴纳的车辆购置税额
任务分析	
任务实施	

📋 任务评价

知识及技能	评分 (5 分)	素质能力	评分 (5 分)
1. 掌握车辆购置税应纳税额的计算方法		1. 树立依法纳税意识	
2. 熟悉车辆购置税税收优惠政策		2. 树立保障国家交通建设大局观	

📝 任务总结

　　车辆购置税有一车一申报、只征一次的特点。应结合车辆购置税免征、减征的税收优惠政策，正确计算应纳税额。

任务三　计算关税

🗨 任 务 情 境

　　吉源宠物食品有限公司 3 月从新西兰进口一批冷冻牛肉，关税完税价格 80 万元，关税税率 12%。请问：吉源宠物食品有限公司应缴纳多少关税？

任务地图

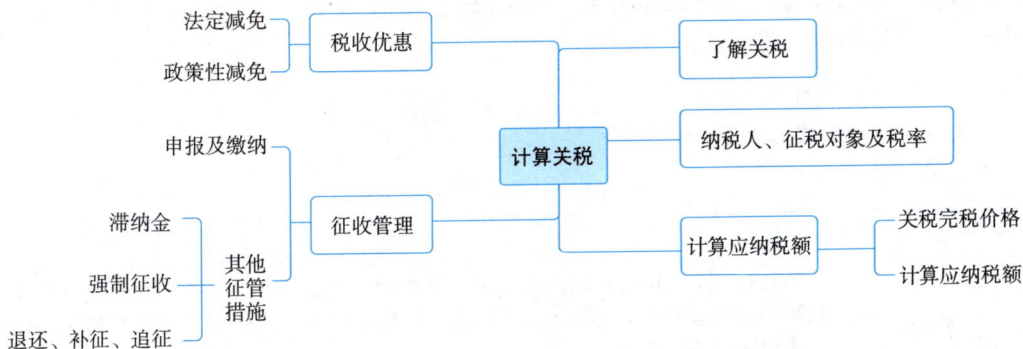

任务描述

关税是由海关而非税务局征收的一种税。关税分为进口关税和出口关税两种，本任务只介绍进口关税。关税的计算重点在于要掌握关税完税价格的构成因素，以及关税的减免税优惠政策。

任务目标

1. 熟悉关税纳税人及征税对象；
2. 了解不同类型的关税税率；
3. 掌握关税完税价格的构成因素；
4. 能正确计算应纳关税额；
5. 熟悉关税税收优惠政策及征管方法；
6. 树立维护国家主权意识；
7. 提升专业实操技能。

知识链接

一、了解关税

关税是海关依法对准许进出口的货物和进出境物品为征税对象而征收的一种税。

关税具有以下特点。

（1）征税的对象是准许进出口的货物和进出境物品。
（2）关税是单一环节的价外税。
（3）关税有较强的涉外性。

二、纳税人、征税对象及税率

（一）纳税人及征税对象

进口货物的收货人、出口货物的发货人、进出境物品的所有人和推定的所有人，是关税的纳税义务人。

一般情况下，对于携带进境的物品，推定携带人为所有人；对分离运输的行李，推定相应的进出境旅客为所有人；对于邮寄方式进境的物品，推定其收件人为所有人；以邮递或其他运输方式出境的物品，推定其寄件人或托运人为所有人。

关税的征税对象是准许进出境的货物或物品。货物是指贸易性商品；物品是指入境旅客随身携带的行李物品、个人邮递物品、各种运输工具上的服务人员携带进口的自用物品、馈赠物品以及其他方式进境的个人物品。

（二）关税税率的形式

关税税率的形式如表7-3-1所示。

表7-3-1 关税税率的形式

税率形式		适用
进口税率	普通税率	①原产于未与我国共同适用最惠国条款的世贸组织成员、未与我国签订有互相给予最惠国待遇、关税优惠条款贸易协定和特殊关税优惠条款贸易协定的国家或地区的进口货物 ②原产地不明的进口货物
	最惠国税率	①原产于与我国共同适用最惠国条款的世贸组织成员的进口货物 ②原产于与我国签订互相给予最惠国待遇的双边贸易协定的国家或地区的进口货物 ③原产于我国的进口货物
	协定税率	原产于与我国签订含有关税优惠条款的区域性贸易协定的国家或地区的进口货物
	特惠税率	原产于与我国签订含有特殊关税优惠条款的贸易协定的国家或地区的进口货物
	配额税率	对实行关税配额管理的进口货物，关税配额内的，适用关税配额税率，对于配额之外的，按不同情况分别适用最惠国税率、协定税率、特惠税率或普通税率
	暂定税率	在海关进出口税则规定的进口优惠税率基础上，对进口的某些重要的工农业生产原材料和机电产品关键部件（但只限于从与中国签订有关税互惠协议的国家和地区进口的货物）和出口的特定货物实施的更为优惠的关税税率
出口税率		国家仅对少数产品征收出口关税

（三）确定关税税率

确定关税税率如表7-3-2所示。

表7-3-2 确定关税税率

情形	适用税率
进出口货物	按海关接受该货物申报进口或出口之日实施的税率征收
进口货物到达之前，经海关核准先行申报的	适用装载此货物的运输工具申报进境之日实施的税率
进口转关运输货物	①适用指运地海关接受该货物申报进口之日实施的税率 ②货物运达指运地前，经海关核准先行申报的，适用装载该货物的运输工具抵达指运地之日实施的税率
经海关批准，实行集中申报的进出口货物	适用每次货物进出口时海关接受该货物申报之日实施的税率

续表

情形	适用税率
因超过规定期限未申报而由海关依法变卖的进口货物	适用装载该货物的运输工具申报进境之日实施的税率
因纳税义务人违反规定需要追征税款的进出口货物	适用违反规定的行为发生之日实施的税率，行为发生之日不能确定的，适用海关发现该行为之日实施的税率

三、计算应纳税额

（一）关税完税价格

1. 一般进口货物的完税价格

进口货物的完税价格由海关以该货物的成交价格、该货物运抵中华人民共和国境内输入地点起卸前的运费、保险费及其他相关费用为基础审查确定。进口货物完税价格的调整项目如表 7-3-3 所示。

进口货物关税完税价格 = 货物价款总额 + 起卸前的运费 + 保险费

表 7-3-3　进口货物完税价格的调整项目

完税价格的构成因素	不计入完税价格的因素
①买方负担、支付的中介佣金、经纪费（卖方佣金） ②买方负担的包装、容器的费用	①向自己的采购代理人支付的购货佣金和劳务费用（购货佣金） ②货物进口后发生的建设、安装、装配、维修和技术服务的费用
③买方付出的其他经济利益	③货物运抵境内输入地点之后的运输费用、保险费用和其他相关费用
④与进口货物有关、买方必须支付的且构成进口条件的特许权使用费	④进口关税和国内税收
⑤卖方直接或间接从买方对该货物进口后销售、处置或者使用所得中获得的收益	—

【例 7-3-1】5 月，某贸易公司进口一批货物，合同中约定成交价格为 600 万元，支付境内特许销售权费用 10 万元，卖方佣金 5 万元。该批货物运抵境内输入地点起卸前发生的运费和保险费共计 8 万元。请计算该批货物关税完税价格。

【解析与答案】进口货物的完税价格包括货物的成交价格、该货物运抵我国境内输入地点起卸前的运费、保险费。另外，卖方佣金、与进口货物有关、买方必须支付的且构成进口条件的特许权使用费，都要计入进口货物的完税价格。

完税价格 = 600 + 10 + 5 + 8 = 623（万元）

2. 出口货物的完税价格

出口货物的完税价格由海关以该货物的成交价格为基础审查确定，并包括该货物运至我国境内输出地点装载前的运输及其相关费用、保险费。

出口货物关税完税价格 = 成交价格 + 装载前的运输费 + 保险费

下列税收、费用不计入出口货物的完税价格。

（1）出口关税。

（2）在货物价款中单独列明的货物运至我国境内输出地点装载后的运输及其相关费用、保险费。

（二）计算应纳税额

关税应纳税额的计算是根据不同货物的关税计税方法来确定的。具体如表7－3－4所示。

表7－3－4　关税应纳税额的计算方法

计算方法	适用范围	计算公式
从价计税	一般进（出）口货物	应纳税额＝应税进（出）口货物数量×单位完税价格×税率
从量计税	啤酒、原油	应纳税额＝应税进（出）口货物数量×单位货物税额
复合计税	广播用录像机、放像机、摄影机	应纳税额＝应税进（出）口货物数量×单位完税价格×税率＋应税进（出）口货物数量×单位货物税额
滑准税	进口规定适用滑准税的货物	关税税额＝应税进（出）口货物数量×单位完税价格×滑准税税率

【例7－3－2】8月，甲公司进口一辆小汽车自用，支付买价17万元，货物运抵我国境内输入地点起卸前的运费和保险费共计3万元，货物运抵我国境内输入地点起卸后的运费和保险费共计2万元，另支付买方佣金1万元。已知：关税税率20%，消费税税率25%，增值税税率13%。

请计算进口小汽车应缴纳的关税额、增值税额、消费税额。

【解析与答案】货物运抵我国境内输入地点起卸后的运费和保险费，不计入完税价格。买方佣金不计入完税价格。

关税完税价格＝17＋3＝20（万元）

应纳关税额＝20×20%＝4（万元）

进口环节应纳消费税额＝（20＋4）÷（1－25%）×25%＝8（万元）

进口环节应纳增值税额＝（20＋4＋8）×13%＝4.16（万元）

四、税收优惠

（一）法定减免

1. 免征关税的进出口货物

（1）关税额在50元以下的货物。

（2）无商业价值的广告品和货样。

（3）外国政府、国际组织无偿赠送的物资。

（4）在海关放行前损失的货物。

（5）进出境运输工具装载的途中必需的燃料、物料和饮食用品。

2. 暂不缴纳关税的进出口货物

经海关批准暂时进境或者暂时出境的下列货物，在进境或者出境时纳税义务人向海关缴纳相当于应纳税款的保证金或者提供其他担保的，可以暂不缴纳关税，并应当自进境或者出境之日起6个月内复运出境或者复运进境；经纳税义务人申请，海关可以根据海关总署的规定延长复运出境或者复运进境的期限。

（1）在展览会、交易会、会议及类似活动中展示或者使用的货物。

（2）文化、体育交流活动中使用的表演、比赛用品。

（3）进行新闻报道或者摄制电影、电视节目使用的仪器、设备及用品。

（4）开展科研、教学、医疗活动使用的仪器、设备及用品。

（5）在上述第（1）～（4）项所列活动中使用的交通工具及特种车辆。

（6）货样。

（7）供安装、调试、检测设备时使用的仪器、工具。

（8）盛装货物的容器。

（9）其他用于非商业目的的货物。

（二）政策性减免

政策性减免也称特定减免，是在关税基本法规确定的法定减免以外，国家按照国际通行规则和我国实际情况，制定发布的有关进出口货物减免关税的政策。

包括：科教用品、残疾人专用品、慈善捐赠物资、重大技术装备、集成电路产业、软件产业。

有下列情形之一的进口货物，海关可以酌情减免税。

（1）在境外运输途中或者在起卸时，遭受损坏或者损失的进口货物。

（2）起卸后海关放行前，因不可抗力遭受损坏或者损失的进口货物。

（3）海关查验时已经破漏、损坏或者腐烂，经证明不是保管不慎造成的进口货物。

五、征收管理

（一）申报及缴纳

进口货物：应自运输工具申报进境之日起14日内，由出口货物的纳税义务人向货物进境地海关申报关税。

出口货物：应在货物运抵海关监管区后装货的24小时以前，由出口货物的纳税义务人向货物出境地海关申报关税。

纳税义务人应当自海关填发税款缴款书之日起15日内，向指定银行缴纳关税。如关税缴纳期限的最后1日是周末或法定节假日，则关税缴纳期限顺延至周末或法定节假日过后的第1个工作日。

关税纳税义务人因不可抗力或者在国家税收政策调整的情形下，不能按期缴纳税款的，经依法提供税款担保后，可以延期缴纳税款，但最长不得超过6个月。

（二）其他征管措施

1. 滞纳金

纳税人未在关税纳税期限内缴纳税款的，构成税款滞纳。滞纳金自关税缴纳期限届满之日起，至纳税义务人缴纳关税之日止，按滞纳税款万分之五的比例按日征收，周末或法定节假日不予扣除。

$$关税滞纳金金额 = 滞纳关税税额 × 0.5‰ × 滞纳天数$$

2. 强制征收

如纳税义务人自缴纳税款期限届满之日起超过3个月仍未缴纳税款，经海关关长批准，海关可以采取以下强制措施。

（1）书面通知其开户银行或者其他金融机构从其存款中扣缴税款。

（2）将应税货物依法变卖，以变卖所得抵缴税款。

（3）扣留并依法变卖其价值相当于应纳税款的货物或者其他财产，以变卖所得抵缴税款。

3. 退还、补征、追征

（1）退还。

按规定有下列情形之一的，进出口货物的纳税义务人可以自缴纳税款之日起1年内，书面声明理由，连同原纳税收据向海关申请退税并加算银行同期活期存款利息。

①因海关误征，多纳税款的。

②海关核准免验进口的货物，在完税后，发现有短卸情形，经海关审查认可的。

③已征出口关税的货物，因故未将其运出口申报退关，经海关查验属实的。

（2）补征。

在纳税人按规定缴纳关税后，海关发现少征或者漏征税款（非因纳税人违规行为），应当自缴纳税款或者货物放行之日起1年内，向纳税义务人补征。

（3）追征。

因纳税义务人违反规定而造成的少征或者漏征的税款，自应缴纳税款之日起3年以内可以追征，并按日加收少征或者漏征税款万分之五的滞纳金。

任务情境分析与实施

吉源宠物食品有限公司进口冷冻牛肉，关税完税价格80万元，关税税率12%。

应纳关税税额 $= 80 \times 12\% = 9.6$（万元）

课堂任务

任务名称	掌握进口关税计算方法
任务目标	能依据关税完税价格，正确计算关税额；树立维护国家主权意识
任务描述	11月，甲公司进口一批服装，海关审定的成交价格为1 500万元，服装运抵我国境内输入地点起卸前的运费为96万元，保险费为4万元，已知关税税率为10%。 请计算甲公司应缴纳的关税额
任务分析	
任务实施	

课后任务

任务名称	掌握关税完税价格的组成部分
任务目标	能正确计算关税完税价格；提升实操技能
任务描述	2月，某公司进口一批玩具，该批玩具货价180万元，运抵我国境内输入地点起卸前的运费、保险费合计20万元，另支付给境外采购代理人买方佣金10万元。 请计算甲公司进口该批玩具的关税完税价格
任务分析	
任务实施	

任务评价

知识及技能	评分 （5分）	素质能力	评分 （5分）
1. 掌握关税完税价格的构成因素		1. 树立维护国家主权意识	
2. 能正确计算应纳关税额		2. 提升专业实操技能	

任务总结

　　确定关税完税价格是计算关税的关键点，需要知道哪些费用计入关税完税价格，哪些费用不计入。熟悉关税的税收优惠政策及税收征管中的退还、补征、追征政策。

任务四　计算船舶吨税

任务情境

　　船舶吨税由税务机关征收还是由海关征收？都对哪些船舶征收？国内船舶需要缴纳船舶吨税吗？船舶吨税的计税依据是什么？带着这些问题一起来学习本任务吧！

任务地图

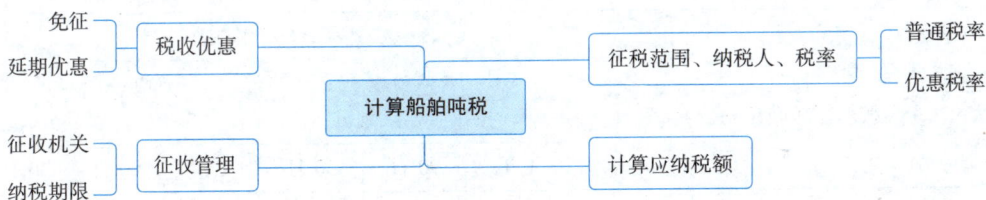

任务描述

掌握船舶吨税的征税范围，重点掌握拖船与非机动驳船的特殊计税方法。

任务目标

1. 熟悉船舶吨税的税目税率；
2. 掌握拖船与非机动驳船的特殊计税方法；
3. 了解船舶吨税的税收优惠范围；
4. 树立维护国家主权意识；
5. 提升职业技能与素养。

知识链接

　　2017年12月27日，第十二届全国人民代表大会常务委员会第三十一次会议通过《中华人民共和国船舶吨税法》，自2018年7月1日起施行。经2018年10月26日第十三届全国人民代表大会常务委员会第六次会议修正，同日，由中华人民共和国主席令第十六号公布。

船舶吨税是因境外船舶使用了我国的航道及导航设施，由海关对自境外港口进入境内港口的船舶征收的一种税。船舶吨税专项用于港口建设维护及海上干线公用航标的建设维护。

一、征税范围、纳税人、税率

（一）征税范围及纳税人

自中华人民共和国境外港口进入境内港口的船舶，应当缴纳船舶吨税，以应税船舶负责人为纳税人。

（二）税率

1. 优惠税率

以下船舶适用优惠税率。

（1）中华人民共和国国籍的应税船舶。

（2）船籍国（地区）与中华人民共和国签订含有相互给予船舶税费最惠国待遇条款的条约或者协定的应税船舶。

2. 普通税率

除以上适用优惠税率的船舶外，其他应税船舶，适用普通税率。船舶吨税税目税率表如表7-4-1所示。

表7-4-1　船舶吨税税目税率表

税目（按船舶净吨位划分）	税率（元/净吨）					
	普通税率（按执照期限划分）			优惠税率（按执照期限划分）		
	1年	90日	30日	1年	90日	30日
不超过2 000净吨	12.6	4.2	2.1	9.0	3.0	1.5
超过2 000净吨，但不超过10 000净吨	24.0	8.0	4.0	17.4	5.8	2.9
超过10 000净吨，但不超过50 000净吨	27.6	9.2	4.6	19.8	6.6	3.3
超过50 000净吨	31.8	10.6	5.3	22.8	7.6	3.8

（1）拖船按照发动机功率每千瓦折合净吨位0.67吨。

（2）拖船和非机动驳船分别按照相同净吨位船舶税税率的50%计征税款。

二、计算应纳税额

船舶吨税按照船舶净吨位和船舶吨税执照期限征收，应纳税额计算公式如下。

应纳船舶吨税额＝船舶净吨位×定额税率

净吨位是指由船籍国（地区）签发或授权签发的船舶吨位证明书上标明的净吨位。

注意：应税船舶在执照期限内，因税目税率调整或船籍改变导致税率变化的，执照继续有效。

【例 7 - 4 - 1】一艘净吨位为 9 000 净吨的美籍货轮，停靠天津港。货轮负责人已向我国海关申领了船舶吨税执照，在港口停留期限 30 天。美国与我国签有相互给予船舶税费最惠国待遇条款。请计算该货轮应缴纳的船舶吨税额。

【解析与答案】根据船舶吨税税目税率表，因美国与我国签有相互给予船舶税费最惠国待遇条款，该货轮享受优惠税率，对应的税额为 2.9 元/净吨。

应纳税额 = 9 000 × 2.9 = 26 100（元）

【例 7 - 4 - 2】某外籍拖船驶入我国某港口，该拖船发动机功率 10 000 千瓦，申领 30 日的船舶吨税执照。请计算该外籍拖船应缴纳的船舶吨税额。

【解析与答案】因该外籍拖船所在国家（地区）与我国没有签订船舶税费最惠国待遇条款，因此适用普通税率。拖船按照发动机功率每千瓦折合净吨位 0.67 吨。拖船和非机动驳船分别按照相同净吨位船舶税率的 50% 计征税款。

拖船折合净吨位：10 000 千瓦 = 10 000 × 0.67 = 6 700（净吨）

应纳税额 = 6 700 × 4 × 50% = 13 400（元）

三、税收优惠

（一）免征

（1）应纳税额在 50 元以下的船舶。

（2）自境外以购买、受赠、继承等方式取得船舶所有权的初次进口到港的空载船舶。

（3）船舶吨税执照期满后 24 小时内不上下客货的船舶。

（4）非机动船舶（不包括非机动驳船）。

（5）捕捞、养殖渔船。

（6）避难、防疫隔离、修理、终止运营或者拆解，并不上下客货的船舶。

（7）军队、武装警察部队专用或征用的船舶。

（8）警用船舶。

（9）依照法律规定应当予以免税的外国驻华使领馆、国际组织驻华代表机构及其有关人员的船舶。

（10）国务院规定的其他船舶。

（二）延期优惠

在船舶吨税执照期限内，应税船舶发生下列情形之一的，海关按照实际发生的天数批准延长执照期限。

（1）避难、防疫隔离、修理、改造，并不上下客货。

（2）军队、武装警察部队征用。

（3）应税船舶因不可抗力在未设立海关地点停泊的，船舶负责人应当立即向附近海关报告，并在不可抗力原因消除后，向海关申报纳税。

四、征收管理

（一）征收机关

船舶吨税由海关负责征收。

（二）纳税期限

船舶吨税的纳税义务发生时间为应税船舶进入港口的当日。应税船舶的负责人应当自海关填发船舶吨税缴款凭证之日起15日内缴清税款。未按期缴清税款的，自滞纳税款之日起，至缴清税款之日止，按日征收滞纳税款的0.5‰滞纳金。

任务情境分析与实施

因境外船舶使用了我国的航道及导航设施，由海关对自境外港口进入境内港口的船舶征收的一种税，称为船舶吨税。因此，船舶吨税由海关征收，只对外籍船舶征收，境内船舶无须缴纳。船舶吨税的计税依据是船舶净吨位。

课堂任务

任务名称	掌握船舶吨税应纳税额计算方法
任务目标	能正确计算船舶吨税税额；树立维护国家主权意识，提升职业技能与素养
任务描述	某韩国籍净吨位为2 500净吨的非机动驳船，停靠在我国某港口。领取了吨税执照，在港口停留期为30天。韩国与我国签订了互相给予船舶税费最惠国待遇条款。请计算该船舶应缴纳的船舶吨税额
任务分析	
任务实施	

课后任务

任务名称	了解船舶吨税税收优惠种类及范围
任务目标	熟悉船舶吨税税收优惠政策；提升职业素养
任务描述	请列举出可以免征船舶吨税的船舶
任务分析	
任务实施	

任务评价

知识及技能	评分（5分）	素质能力	评分（5分）
1. 掌握船舶吨税的计税方法		1. 树立维护国家主权意识	
2. 熟悉船舶吨税的税收优惠政策		2. 提升职业素养	

任务总结

船舶吨税与关税都由海关征收，都是宣示国家主权的税种。掌握船舶吨税的计税方法，熟悉免征范围。

【实训任务】车辆购置税申报表的填制

实训要求：根据以下公司信息及购车情况，填报车辆购置税纳税申报表。

1. 企业信息

纳税人名称：逸香酒业有限责任公司

社会信用代码：91350205403894052J

所属行业：酒、饮料、茶饮料制造业

经营范围：生产原酒、啤酒；酒、饮料批发及零售；受理货物运输（代理运输）

生产经营地址：厦门市海沧区汉江街道四平路6872号

电话：0592－6239621

法定代表人：沈飞岚

开户银行及账号：中国建设银行厦门市海沧区支行　6135020550715823

2. 购车情况

2024年1月，公司从汽车4S店购入两辆汽车：一辆燃油轿车、一辆纯电动车。

（1）燃油轿车信息：

奥迪A6　合格证编号：73649559274　车辆识别代号：7635KIH83649

　　　　排量：3.0　　　　　　　　机动车销售统一发票号码：0361

　　　　不含税价：38万元

（2）纯电动车信息：

理想L8　合格证编号：980543785　　　　车辆识别代号：43676AV7632

　　　　机动车销售统一发票号码：675433　不含税价：35万元

项目总结

本书把城市维护建设税与教育费附加、车辆购置税、关税、船舶吨税归入了"其他税种计算与申报"项目中，这四个税种各有特色。城市维护建设税与教育费附加，属于附加税费，其目前已经与增值税、消费税合并申报，关税和船舶吨税由海关征收。车辆购置税实行"一车一申报，一次性征收"制度。本项目要重点掌握各税种的征收范围、应纳税额的计算方法，同时要熟悉各税种收优惠政策。

放眼看世界

俄罗斯的关税

俄罗斯联邦海关关税是对货物或物品通过海关时征收的一种税，适用于俄罗斯联邦进出口的商品。俄罗斯联邦主要有从价税、从量税和从价税与从量税混合税三种。

出口关税。俄罗斯对特定种类的商品（如石油、天然气、木材）征收出口关税，税率根据货物种类确定。

进口关税。进口货物通常需要缴纳进口关税和进口增值税，对特定种类的商品（如酒、烟、私人轿车、汽油）还征收消费税，关税税率根据商品不同从0%到20%不等。

项目训练

项目训练试题　　　　　　　　项目训练答案

参 考 文 献

［1］中国注册会计师协会．税法［M］.北京：中国财政经济出版社，2023.
［2］全国税务师职业资格考试教材编写组．税法（Ⅰ）［M］.北京：中国税务出版社，2023.
［3］全国税务师职业资格考试教材编写组．税法（Ⅱ）［M］.北京：中国税务出版社，2023.
［4］刘颖．税法［M］.北京：北京科学技术出版社，2023.
［5］初级会计考试辅导研究组．经济法基础［M］.成都：电子科技大学出版社，2023.
［6］黄洁洵．经济法基础［M］.北京：北京科学技术出版社，2023.
［7］喻竹．纳税实务［M］.北京：高等教育出版社，2019.
［8］刘守刚．财政中国三千年［M］.上海：上海远东出版社，2020.
［9］刘德成．中国财税史纲［M］.北京：中国社会科学出版社，2016.
［10］刘剑文，王桦宇．两岸税法比较研究［M］.北京：北京大学出版社，2015.
［11］熊伟．美国联邦税收程序［M］.北京：北京大学出版社，2006.
［12］吴国庆．法国［M］.4版．北京：社会科学文献出版社，2019.
［13］孙世强，尤绪超．中西方税收制度理论与实践比较［M］.北京：中国经济出版社，2017.
［14］中国税务学会课题组．适应数字经济发展的税收制度建设与完善［J］.税务研究，2023（11）：94-98.
［15］山东税务微信公众号.
［16］国家税务总局微信公众号.
［17］国家税务总局广东省税务局官网.
［18］中国税务报微信公众号.
［19］江苏税务微信公众号.
［20］深圳税务微信公众号.
［21］莲子历史微信公众号.
［22］网中网金税实训平台.
［23］锦绣人生税务会计实训平台.